醒脑神句

慕新阳 ○ 主编

哈尔滨出版社
HARBIN PUBLISHING HOUSE

图书在版编目(CIP)数据

醒脑神句 / 慕新阳主编. -- 哈尔滨：哈尔滨出版社, 2025.4. -- ISBN 978-7-5484-8305-2

Ⅰ.H033.3

中国国家版本馆CIP数据核字第2024DB2024号

书　　名：**醒脑神句**
XING NAO SHEN JU

作　　者：慕新阳　主编
责任编辑：李维娜
封面设计：仙境设计
内文排版：宇菲世纪

出版发行：哈尔滨出版社（Harbin Publishing House）
社　　址：哈尔滨市香坊区泰山路82-9号　　邮编：150090
经　　销：全国新华书店
印　　刷：三河市龙大印装有限公司
网　　址：www.hrbcbs.com
E-mail：hrbcbs@yeah.net
编辑版权热线：（0451）87900271　87900272
销售热线：（0451）87900202　87900203

开　　本：710mm×1000mm　1/16　　印张：14　　字数：260千字
版　　次：2025年4月第1版
印　　次：2025年4月第1次印刷
书　　号：ISBN 978-7-5484-8305-2
定　　价：45.00元

凡购本社图书发现印装错误，请与本社印制部联系调换。
服务热线：（0451）87900279

前言 PREFACE

"如何掌握人际交往的底层逻辑?"
"如何摆脱'职场小白'的帽子,在职场上游刃有余?"
"如何面对在感情里受到的欺骗与伤害?"
"如何停止精神内耗,提升快乐的能力?"
……

在人生的长河里,每个人都会遇到这样或那样的困惑与挑战。有时候,我们感到思维和生活陷入了某种瓶颈,似乎无法突破束缚,渴望获得更多的灵感与智慧,让人生更加充实、有意义。

生容易,活容易,生活不容易。在这个世界上,每个人都必须面对残酷的竞争。因为头脑昏沉、智慧蒙尘、欲望膨胀、本性迷失、初心皆无,历史上很多立下汗马功劳的名臣将领,最终落了个被诛杀的下场,鲜血横溅、脑浆四溢。世上没有后悔药。即使有后悔药,后悔也来不及了。他们光辉灿烂的一生,就这样草草收场。如此用鲜血和脑浆写下的沉痛忠告,我们怎能不知,怎能不懂?

世事洞明皆学问,人情练达即文章。无论什么时候,保持头脑清醒,活得通透,挤掉脑子里进的水,在复杂的时代做一个明白人,在无聊的世界做一个有趣的人。

《醒脑神句》是一本兼具实用性和哲理性的书籍,其中的句子涵盖了人际密码、自我疗愈、个人成长、恋爱婚姻等各个方面。无论是在学业上追求进步,职场中寻求突破,还是在人际关系和情感层面寻找平衡,这些"醒脑神句"都将提供宝贵的指引和启发。

书中包含精彩书摘、电影台词、隽永的歌词、名家的语录、格言的联璧、诗词曲赋等一系列句子。这些句子经过精心筛选和编排，是本人多年来思考、学习和实践的结晶，旨在为读者们带来真正的帮助和启示。通过对各个领域的深入研究和整理，我希望能够为你呈现一份独特而丰富的智慧宝库。这些句子所蕴含的智慧和洞察力，不仅源于伟大思想家和先贤们的智慧结晶，更体现了人类对于生活、人性和宇宙的探索与思考。

比如："有些鸟儿是关不住的，它的每一根羽毛都闪耀着自由的光辉。"

比如："善良的人都晚熟，而且是被劣人催熟的，但后来开窍了仍然保持善良和赤诚。"

再比如："后来才知道，人生中大部分的告别是悄无声息的，甚至要很多年后自己才明白，原来那天的相见，竟然已是最后一面。此后即便不是隔山隔水，也没有再重逢。"

这本书的阅读并非一蹴而就，而是需要时间与耐心。相信每一次读到这些句子，你都会有新的感悟和体会。它们会像一盏明灯，指引你走出困惑和迷茫，照亮你前行的道路。

在这个快节奏和浮躁的时代，不仅需要能量的接收，更需要思考的力量和智慧的指引。希望这本书能够发出微光，驱散人生中的黑暗与无助，照亮未来的路。

愿诸君读此书，越读就喜欢，越读就上瘾，越读越清醒！

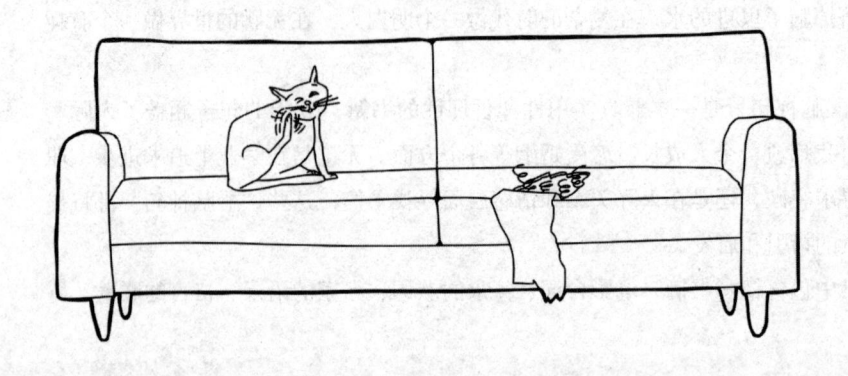

目录
CONTENTS

一、洞见人性

（不是世界太黑暗，而是人性太复杂。） *001*

要想钓到鱼，就要像鱼那样思考。

人性的丑陋之处就在于：一旦习惯了接受，就会忘记感恩。

人越是得意的事情，越爱隐藏，越是痛苦的事情越爱小题大作。

二、玩转职场

（离开学校才发现，原来处处皆课堂。） *031*

想，都是问题；做，才是答案。先起跑，再调整呼吸；先起飞，再调整姿势。

如果你将工作等同于生活，那么你将为工作而生活。

决定你生死的看似是高层，其实都是你的直属领导给他们的建议。

三、活出锋芒

（虽然辛苦，我还是会选择那种滚烫的人生。） 060

没有实力的时候不要说话，有实力的时候不需要说话。

能保护你的既不是盾，也不是铠甲，而是藏于枕边的短剑！

并不是所有人，都值得你善良；并不是所有的错，都值得原谅。忍无可忍，则无需再忍。

四、重建情感

（岁月很长，人海茫茫，别回头也别将就。） 096

伤害你的不是对方的绝情，而是心存幻想的坚持。

简简单单，才能长长久久；平平淡淡，才能细水长流。

如果有个人对你特别好，记得千万别把那个人弄丢了。

五、直面困惑

（别人开导犹如把脉，自己醒悟犹如猛药。） *142*

有些人的存在，就是为了提醒我们，不要成为那样的人。

不乱于心，不困于情。不畏将来，不念过往。如此，安好！

有些事情，要等到你渐渐清醒了，才明白它是个错。

六、摆脱内耗

（且停且忘且随风，且行且看且从容。） *168*

你可以表达愤怒，但不要愤怒地表达。

只有忘记以往的事情，才能够继续前进。

真正的强大，不是原谅别人，而是放过自己。

七、眷恋人间

（祝你历遍山河，依然觉得人间值得。） *193*

你尽管善良，一切美好都在路上！

被人惦念的滋味，是如此让人受宠若惊。

幸福可以超简单：有人爱；有事做；有所期待。

一、洞见人性

（不是世界太黑暗，而是人性太复杂。）

◎ 要想钓到鱼，就要像鱼那样思考。

◎ 人性的丑陋之处就在于：一旦习惯了接受，就会忘记感恩。

◎ 人越是得意的事情越爱隐藏，越是痛苦的事情越爱小题大作。

有些人愤怒的原因，并不是眼前发生的事情，而是针对这件事情背后的人。

有些人之所以骂你或者找你抬杠，不是因为你有问题，而是你的存在刺激了他。

善良要有限度，过度的忍让是软弱，没有锋芒的退让是懦弱。强者的善良叫善良，弱者的善良叫懦弱。你的善良要带点锋芒。

永远都不要选择冷暴力，无论是对谁。

银行是晴天送伞雨天收伞，人性如是。

人们日常所犯的最大错误，是对陌生人太客气，而对亲密的人太苛刻，把这个坏习惯反过来，天下太平。

力微休负重，言轻莫劝人，无钱休入众，遭难莫寻亲。

不爱麻烦别人的人，虽然看起来不太合群，但是他们心里不坏，只是经历了某些事，所以才塑造了现在的处事方式。

最牢固的人际关系，其实就是金钱关系。

屏蔽力是一个人最顶级的能力，任何你讨厌的人、消耗你精气神的人事物，多看一眼都是你的不对。

世上最廉价的就是：一贫如洗的真心和一事无成的温柔。

什么叫人性？恨你有，笑你无；嫌你穷，怕你富。

借钱给仇人，仇人能成为友人；借钱给友人，友人能变仇人。

有时，爱也是一种伤害：残忍的人，选择伤害别人；善良的人，选择伤害自己。

人和人终究是不同的，有人风雨中送来的晚餐，却不及某人随口的一句晚安。

只有碰到喜欢的人才会变成话痨，碰到不喜欢的人一句话也不想说。

盲人一旦恢复视力，第一件事就是扔掉手中的拐杖，即使这个拐杖帮助他很多。

有些事，就是在一次次失望之后，突然就想通了；有些人，就是在一次次看清之后，突然就看轻了。

别人愿意跟你相处的5个原因：
1. 你有用：你能带给人家实用价值。
2. 你有料：跟你相处能打开眼界。
3. 你有识：你能倾听别人的看法并发表有价值的见解。
4. 你有量：你能充分认可别人的价值。
5. 你有趣：你能带给别人愉快的心情。

男人品质优劣，体现在他最有钱的时候，看他放纵什么；女人的人格好坏，往往展现在她最没钱的时候，看她坚持什么。

懦夫在未死以前，就已经死了好多次；勇士一生只死一次。在一切怪事中，人们的贪生怕死就是一件最奇怪的事情。

承认自己的伟大，就是认同自己的愚蠢。

外观往往和事物的本身完全不符，世人都容易被表面的装饰所欺骗。

认识自己，降伏自己，改变自己，才能改变别人。

帮了别人的事，不要总反复提起。

遇事就事论事，不翻旧账，对事不对人。

处人不可任己意，要悉人之情；处世不可任己见，要悉事之理。

钱的背后是：事。把事做到极致，事成则钱自来！

事的背后是：人。把人做好，事就成了最好的果！

人的背后是：命。把生命的维度修好，莫名其妙地就有很多好运！

命的背后是：道。人只要心怀善念真心助人，就走上了正确的大道！

每次话到嘴边无法开口，不是害羞，是害怕得不到心里想要的答案。

把别人看得太重，往往却被别人看成什么都不是。

社会就像江湖，总是让人身不由

己，言不由衷。

只想当听众，是因为不想感染太多尘世喧嚣。

太远容易生疏，太近容易情尽。烂掉的关系，还是断了为好。

曾国藩论人：
小人专望人恩，恩过不感；君子不受人恩，受则难忘。
多思不若养志，多言不若守静，多才不若蓄德。
水道曲折，立岸者见而操舟者迷；棋势胜负，对弈者惑而傍观者审。
倚富者贫，倚贵者贱，倚强者弱，倚巧者拙。
食能止饥，饮能止渴，畏能止祸，足能止贪。

我选择沉默的主要原因之一：从话语中，你很少能学到人性，从沉默中却能。假如还想学得更多，那就要继续一声不吭。

放下你的脾气，毕竟社会上每个人都有脾气。

现实教会我们不痛不痒不在乎，不闻不问不动情。

世界上好的东西都是争来的，只有弱者才等待分配。

也许每个受过伤的人，都会变成一只小刺猬，防御着身边的人，保护着自己。

有些话，说与不说，都是伤害；有些人，留与不留，都会离开。

世界上总有一半人，不理解另一半人的快乐。

越有故事的人越沉静简单，越肤浅单薄的人越浮躁不安。

手与手就算握着也隔有空气，唇与唇就算吻着也还有气息，心与心就算贴着也隔有距离。

有心的人，再远也会记挂对方；无心的人，近在咫尺却远在天涯。

五个社会真相：
感情的真相：谈感情伤钱，谈钱伤感情；
婚姻的真相：女人会老，爱情会冷；
成年人的真相：不讲对错，只讲得益；
社交的真相：你没用的时候，认识谁都没用；
朋友的真相：帮忙是情分，不帮是本分。

原谅别人，就是给自己心中留下空间，以便回旋。

当你的敌人犯错的时候，千万不要去打扰他。

友谊建立在同志中，巩固在真挚

上，发展在批评里，断送在奉承中。

人有绝交，才有至交。

怜悯是一笔借款，为小心起见，还是不要滥用为好。

最高明的博弈手段，却是"成本一人承担，收益大家共享"。

高层社会，是建立在贫穷和无知上的。

有时候疏远不是讨厌，而是太喜欢又很无奈。

生命的广阔，不是跟合适的人相处得投机，而是与不堪的人周旋得从容。

少说多做，句句都会得到别人的重视；多说少做，句句都会受到别人的忽视。

交一个读书破万卷的邪士，不如交一个不识一字的端人。

林语堂说社会十大俗气：
1. 腰有十文必振衣作响；
2. 每与人言必谈贵戚；
3. 遇美人必急索登床；
4. 见问路之人必作傲睨之态；
5. 与朋友聚喋喋高吟其酸腐诗文；
6. 头已花白却喜唱艳曲；
7. 施人一小惠广布于众；
8. 与人交谈借刁言以逞才；
9. 借人之债时其脸如丐，被人索偿时其态如王；

10. 见人常多蜜语而背地却常揭人短处。

最了解自己的，永远只有自己。

比不上你的，才议论你；比你强的，人家忙着赶路，根本不会多看你一眼。

良心是每一个人最公正的审判官，你骗得了别人，却永远骗不了你自己的良心。

时间不仅让你看透别人，也让你认清自己。

退缩得越多，让你喘息的空间就越有限。

人性的本质就是——你越是做事果断、我行我素、不服就干，就越有人欣赏你；你越是老实、善良、心慈手软，就越是有人欺负你。

国小而不处卑，力少而不畏强，无礼而侮大邻，贪愎而拙交者，可亡也。

没有通天手段，哪来家财万贯。永远记住：富在术数，不在劳身；利在局势，不在力耕。所以你要抬头看路，而非只低头干活。

日子不是用来将就的，表现得越卑微，一些幸福的东西就会离你越远。有些事情，无须把自己摆得太低，属于自己的，都要积极地争取；有些人，不必一而再地容忍，别让他人践踏你的底线。只有挺直了腰板，世界给你的回馈才会多点。

世界上根本没有感同身受这回事，针不刺到自己身上，就不知道有多痛。

有时候决绝地伤害一个人，也许是对你们以后生活最大的救赎。

想离开的人，有千万种理由，想陪伴你的人，赶也赶不走。相遇总是猝不及防，而离别多是蓄谋已久，总有一些人会慢慢淡出你的生活，你要学会接受而不是怀念。

每个人都是一个国王，在自己的世界里纵横跋扈。你不要听我的，同时你也不要让我听你的。

曾国藩论处世交友之道：

八交：胜己者；盛德者；趣味者；每事吃亏者；直言者；志趣广大者；惠在当厄者；体人者。

九不交：志不同者；谀人者；恩怨颠倒者；不孝不悌者；迁人者；落井下石者；好占便宜者；德薄者；全无性情者。

所谓欲望：越得到它就越感到不足，越失去它就越感到知足。

其实嘴上说没事的人，心里都有事，其实脸上逗强笑的人，心里都有痛。

人越是得意的事情，越爱隐藏，越是痛苦的事情越爱小题大作。

在人之初，别拿人当幼欺；在人之暮，别拿人当弱辱；在人之前，别拿己当众扬；在人之后，别拿人当猴谤；在人之上，别拿人不当人；在人之下，别拿己不当人。

有人会因为你的缺点而讨厌你，也会有人因为你的真实自然而喜欢你。

认识一个人很难，理解一个人更难，有时候不是不想说话，而是有很多话说不出来，放在心里会安全点。

人再豁达，也会有块心底的伤；心再冷漠，有时也会红了眼眶。走得再潇洒，途中也会有迷茫；活得再漂亮，背后也会有凄凉。不是你倦了，就会有温暖的巢穴；不是你渴了，就会有潺潺的山泉。每个人的内心，都有几处不为人知的暗伤。

三种话能不说就不说：

1. 太狂妄的话不能说，天狂必有雨，人狂必有祸；

2. 不吉利的话不要说，口是患苦之门，所谓一语成谶；

3. 诅咒人的话不能说，恶言恶念的杀伤力有时候比恶行还差。

人与人之间的很多矛盾都是从傲慢中来的。都觉得自己比别人更高明，比别人更有见识，比别人更正确，于是相互轻视，矛盾也就逐渐生起了。

活着，一定要有气度，这不仅仅是

涵养，也是一种标识。与人交往中，为人所看中的第一要素即是气度。

当一个人理智到了极端，便可以承受任何代价，默不作声地及时止损，甚至可以亲手毁掉自己曾经在乎的一切。

人人都有能力去解决别人的问题，却没有自信面对自己的困难。

有时候理智叫我们做一些清醒正确的事，可感情偏偏逆道而行。

与别人相处和睦最重要的一点：不要拿自己的生活方式去要求别人。

无言的纯朴所表示的情感，才是最丰富的。

人的情感与理智，这两种灵性的发达与天赋，不一定是平均的。

有些人是理智胜于情感，有些人是情感溢于理智。

一个英勇无比、视死如归的人，比意志薄弱的人更不易经受感情上的刺激。

人心都是慢慢打开的，建立在足够多的陪伴和信任上。人心也是一瞬间关闭的，有过任何一次失望，就再也不会如开始那样无条件信任了。

冷漠无情，就是灵魂的瘫痪，就是过早的死亡。

顿悟：

1. 能看懂一件事情的时候，说明你长大了；
2. 能看清一件事情的时候，说明你开窍了；
3. 能看破一件事情的时候，说明你理性了；
4. 能看透一件事情的时候，说明你成熟了；
5. 能看穿一件事情的时候，说明你悟透了；
6. 能看淡一件事情的时候，说明你放下了。

世上人心事，犹如各色花，色花容易变，心变多如麻，这世上最善变的就是人心。

穷不可怕，最怕没志气。做人最重要是人格完整，最需要是取得他人信任。

不要随意说脏话，让别人感到你没修养，不乐意和你来往。即便来往，也

是应付。

被特别在乎的人忽略会很难过，而更难过的，是你还要装作不在乎。

许多人都不懂得珍惜拥有，直到失去才看到，其实那最熟悉的才是最珍贵的。

没有人会喜欢孤独，只是比起失望、随欲以及冷热交替后的纵横来说，孤独会让人更踏实。

中国式沟通智慧：与老人沟通，不要忘了他的自尊；与男人沟通，不要忘了他的面子；与女人沟通，不要忘了她的情绪；与上级沟通，不要忘了他的尊严；与年轻人沟通，不要忘了他的直接；与儿童沟通，不要忘了他的天真。一种态度走天下，必然处处碰壁；因地制宜，因人而异，才能四海通达！

不论以前什么关系，已经疏远的人，就不要再勉强。

直到累了才发现，自己内心的天真与这冷酷的现实格格不入。

不管你承不承认，人确实是经历了一些事之后，就悄悄换了一种性格。

有时候，我们就像鱼缸里的鱼，想说的话很多，一开口就化成了一串省略号，最后都默默地留在了心里。

人常常都是这么误会自己的：以为自己恋旧，以为自己长情。其实，只是现在过得不好而已。

凡是总需要反复向人倾诉的问题，都是为了在答案上努力欺瞒自己，而唯一能解决问题的方式不是倾诉，而是醒过来。

成年人现状：能打开内心的人越来越少，诚心给你添堵的人越来越多。

清晨的粥比深夜的酒好喝，骗你的人比爱你的人会说。

有的人疏远到快忘了多久没有说过话了，也忘了当初为什么有那么多话可以说。

或许每个人都要经历掏心掏肺的付出，然后换来撕心裂肺的结果，从此以后就会发现没心没肺的好处。

谁都不傻，总是敷衍，都会渐行渐远。谁也不笨，没被看重，都要越来越淡。

时间令人变了心，距离令人伤了神。有些人、有些事看清了，也就看轻了。

不要以为你放不下的人同样会放不下你，鱼没有水会死，水没有鱼却会更清澈。

人人都有精神病，只不过有的人频繁发作、有的人偶尔发作，有的人不善隐藏，有的人深埋于心底。

成年人的普遍特征：大事淡然处之，小事随时崩溃。

没有一个人是禁得起分析的，能够试着了解，就已是不易了。

别和我说对不起，对不起只能换来你的安心，而非我的释然。

别蠢到用暴露自己软肋的方式，去表达你对别人的信任。

人的欲望是个奇怪的东西，我们渴望得到一些东西，得到后却又很快失去兴致；手中明明握着别人羡慕的东西，却又总在羡慕别人的手里。或许，只有历尽世事，我们才会明白：眼前拥有的，才是真正应该珍惜的。毕竟，远处是风景，近处的才是人生。

若想彻底认清自己，不妨多留意一下别人在气急败坏时，对你所说过的那些话，毕竟，气话就是失控的真心话。

慢慢地发现，有一颗好心，不如有一张好嘴，因为好心永远比不过好嘴。

男人最不可信的一句话是"她跟我只是普通朋友"；女人最不可信的一句话是"你走吧，我没事"。

世人的刻薄，在于他们甚至不允许抑郁症患者弯一弯嘴角。

人表达的永远不是他所说的内容，而是渴望被理解的心情。

暴躁的人其实挺容易哄，反倒那些看似永远没脾气的人，一旦离开就无影无踪了。

降低对他人的期望，贪心是让期望失控的重要原因。

事不能拖，话不能多。与你无关的事：别问、别想、别说。

别嫌弃一直陪你的人，别陪一直嫌弃你的人。

不要跟那些牙尖嘴利的人计较，过得好的人，都在忙着享受生活呢，过得不好又心眼儿脏的人，才巴望别人也一样不如意，才试图用自己的刻薄，削去别人的幸福感。别理这些人，好好爱自己。

许多时候，往往就是因为你要得太少，别人才索性什么都不给你，结果你一无所有。

小时候我们词不达意，长大了我们言不由衷。

看人，不要用眼睛去看，容易看走眼，更不要用耳朵去听，因为可能是谎言。只要用时间，用心去感受，真的假不了，假的也真不了。

在世上所有的手法里面，奉承是最巧妙、最狡猾的一种。

在不知道想要什么的时候，人们总是害怕错过；在知道了想要什么的时候，人们常常后悔错过。

过分善良不是件好事，因为你给了别人伤害你的资本。

始于无话不谈，终于无话可说。世间的关系，爱情也罢，友情也罢，管理也好，人与社会之间的关系，大多如此。

热情给错了人，到最后什么都是自作多情。

有些人在自己的周围筑起了高墙，没有哪个人能够入内，也尽量不放自己出去。

写了又删的消息，是说不出口的心里话。

不是看一个人有多少，而是看一个人能给你多少；不是看一个人有多好，而是看他对你多好。

对待有些人真不能太温柔和忍耐，因为过分善良会让我们丢失自己的价值和尊严。

女人不是爱哭，只是刺痛到了心里最黑暗的最深处。

欲盖弥彰，因为缺少而不想被别人知道，所以就会以炫耀来掩盖。

有些人的通病是：容易看清楚别人，不容易看清楚自己。在别人的问题上可以斟酌到锱铢必较，而在自己的问题上却可以粗略到走马观花。一颗自私的心，自然会豢养出一双自私的眼睛，一种计较的活法，以及，一腔热衷于背后说人是非的态度。一辈子看不上别人，换一种说法就是，从来没看清过自己。

不同的人，为你做同一件事，你会感到天壤之别。因为我们在意的，往往不是人做的事，而只是做事的人。

那些花了好久才想明白的事，最终会被一次情绪失控全部推翻。

我们花了很多时间来找寻最便捷的沟通方式，却忘了面对面的一个眼神、一句话才是最贴心的交流。

嘴上不饶人的，心肠一般都很软。心里不饶人的，嘴上才会说好听话。所以好人心善，坏人嘴善。

如果你每天给他一块钱，只要一天不给，他就会恨你。如果每天给他一个巴掌，只要一天不打，他就会跪谢。人性如此，生活如此，爱情亦如此。

成熟的人需要面具，戴上坚强面对社会，摘下温柔面对家人。

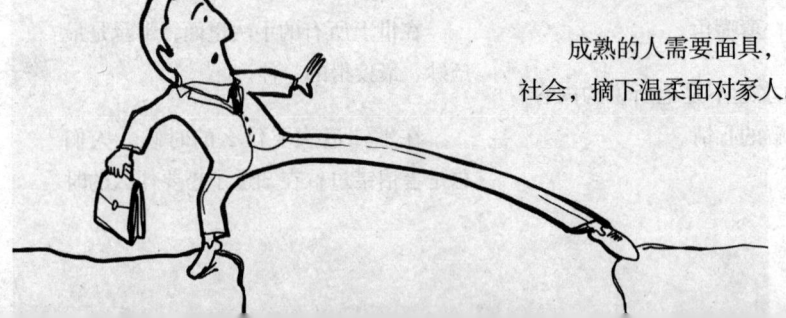

我们都爱逞强，心里流着眼泪却笑着说没事。

如果我们怀疑一个人说谎，我们就应该假装相信他，因为他会变得愈来愈神勇而有自信，并更大胆地说谎，最后会自己揭开自己的面具。

好脾气的人不轻易发火，不代表不会发火；性格好的人只是装糊涂，不代表没有底线。

有些人，有些事，该忘就忘了吧，人家从没把你放心里过，你又何必自作多情。

有时候，人与人之间，会因为经历、背景、阅历、不同文化等而产生误解甚至冲突，心怀善意，努力化解，化解不了，避而远之就行了。世界有时候是很大的，而胸怀也要宽大一些为好。

对待一切善良的人，不管是家属，还是朋友，都应该有一个两字箴言：一曰真，二曰忍。

大多数人总是觉得自己还年轻，便不甘心对世界认输。有自己的脾气，有死都不放的固执。有一天，岁月磨平了棱角，年华腐蚀了心气，才开始在渐行渐远的时候，怀念最初的自己。

站在山顶和山脚下的人，虽然地位不同，可在对方眼里，同样的渺小。

口不饶人心地善，心不饶人嘴上甜；心善之人敢直言，嘴甜之人藏迷奸。

人与人最短的距离叫拥抱，人与人最长的距离叫等待，人与人最看不见的距离叫包容，人与人最可怕的距离叫漠视对方的存在。

最不被珍惜的三类人：一是轻易得到的；二是永远不会离开的；三是那个一直对你很好的。可是，这三种人一旦离开就永远不会再回来。

人们出于两点才改变：要不就是懂了很多，想改变；要不就是伤得太深，必须改变。

对任何人都不要毫无顾忌地说出自己的秘密，因为你的每一次袒露胸怀都有可能在未来的某个时刻成为别人专戳你软肋的导航。

一个人如果还知道流泪、还知道痛苦，那必然就还有他要守护的东西。

人和人之间想要保持长久舒适的关系，靠的是共性和吸引。而不是压迫、捆绑、奉承，和一味地付出以及道德式的自我感动。

千万别仗着关系好，就对身边的人肆无忌惮，无论是亲情、友情、爱情，都需要尊重。

人和人刚相识的时候总是习惯把最好的一面呈现给对方，相处时间久了各种缺点就渐渐暴露出来了。有一天你不用装，不那么累，该干啥干啥，而对方把你看得透透的，却依然不嫌弃你，那就是朋友了。

不是不想说话，而是有很多话讲不出来，觉得放在心里会安全点。

卑微地讨好别人，只会换来别人的无视，只有不卑不亢，才能迎来别人的重视。

远离，不是放弃你，只是无法再接受你以我不愿意、不合适的方式来对待我。不愿意待在一个一点都不美丽，一点都不符合我本性的关系里。

越是熟悉你的人，越知道捅哪里会让你痛。

原来，只要分开了的人，无论原来多么熟悉，也会慢慢变得疏远。

成年人的客套：
下次请你吃饭＝再见；
有时间一起聚聚＝再见；
哪天咱们找个地方喝点＝再见。

哭，并不是因为脆弱，而是因为坚强得太久。

我们都是这样的人：面对压力，我们本能地选择顺从，因为我们没有被说服过，也懒得说服别人；人，都是骄傲和自以为是的，相安无事的唯一办法是欺骗。

永远不要完全相信你眼睛看到的，可能那只是你愿意看到的。

速热的人也速冻，慢热的人最长情。

世上没有永远不被毁谤的人，也没有永远被赞叹的人。当你话多的时候，别人批评你，当你话少的时候，别人批评你，当你沉默的时候，别人还是批评你，这个世界上，没有一个不被批评的人。

有很多事情，自己其实明明知道真相，却总是忍不住拼命找到漏洞和借口来推翻真相，来成全心里想要的答案。

人都是矛盾的，渴望被理解，又害怕被看穿。有些事，想多了头疼，想通了心疼。

怜悯容易，因为它是优越感；宽容不易，因为你实际承认了被伤害。

再好的朋友，也抵不过无底线的直白，记得：讲话的时候记得拐个弯。别把自己的口无遮拦当大气，在别人看来那只是幼稚；别把自己的直白当亮点，那也只是自私。

不是所有人都适合让你去分享成功的喜悦。有的埋怨你炫耀，有的妒忌，有的不屑。到最后，那些能让你毫无保留地分享骄傲心情的人，那些在你得意忘形时也不会反感而带着微笑的人，才是你最重要的人。

长大的一个坏处是：深信不疑的东西，越来越少了；长大的一个好处是：越来越不需要对一些东西深信不疑了。

想一起到老的人，再大的吵闹也会各自找台阶，速度重归于好。不想接着走的人，一次小别扭，也会乘机找借口溜掉。

与人相处最怕的就是：你不相信你看到的我，却相信别人口中说的我。

每个忽冷忽热的人，心里都烙着一个曾经烫伤自己的人。

总有那么一些时候，别人已经说到我们心坎里了，可我们却不愿意承认。

当你做对的时候，没有人会记得；当你做错的时候，连呼吸都是错。所以，人不要太任性，因为你是活给未来的自己。

好脾气都是磨出来的，坏毛病都是惯出来的，爱挑事都是闲出来的。

其实有点怕一开始就特别热情的人，这类人的目光很容易被吸引走，热情来得快，去得也快。而真正深情的人往往不易表达，因为水总是流到深处才发不出声音。

人都有宽容和苛责的一面，遗憾的是，许多人把苛责留给了最亲的人。

小孩子在很多时候比大人还爱面子，因为世界小，所以所有的小事都不小。

说服别人支持你，不一定要证明比别人都优秀，而是要让别人觉得：因为有你，他们才变得更优秀、更有成就感。

人们总愿意相信看起来弱的一方，伤的永远都是故作坚强的人。

如果你不够优秀，人脉是不值钱的，它不是追求来的，而是吸引来的。只有等价的交换，才能得到合理的帮助。

活着，总有你看不惯的人，也有看不惯你的人。最难受的感觉不是成为陌生人，而是逐渐陌生的态度。

人只有先狠狠地脆弱一次，才会懂得该如何坚强。

宽容别人，其实是在宽恕自己。有些时候，你的不宽容别人可能没感觉，却把自己丢入了心心念念的地狱。

都说时光飞逝，其实时间一直都在，只是自己的心在变，情在变。人说抵挡不过时间，其实是时间抵挡不过我们的善变。

一般说"这不是钱多钱少的事"，其实都是钱少的原因。

人往往在闲得发慌的时候最矫情最脆弱，在深渊挣扎的时候最清醒最坚强。

真正的厉害不是你认识多少人，而

是你患难的时候还有多少人认识你。

不必把太多人请进生命里。若他们走进不了你内心,就只会把你生命搅扰得拥挤不堪。

张牙舞爪的人往往是很脆弱的。因为真正强大的人是自信的。自信就会温和,温和就会坚定。

有了高兴事,我找人分享。第一个人比我还高兴,第二个人流露出羡慕的神情,第三个人努力伪装出平静,内心却波澜起伏,恨不能让我的高兴瞬间化成轻风。从此,我便把这三个人分成了三种:知己,朋友,熟人。

掏心掏肺的结果:要么撕心裂肺;要么没心没肺。

在这个世界上,其实你能骗到的人,都是最相信你的人,最简单的道理,很多人却不明白。

有多少人用"这是最后一次了"来说服自己,却依旧干着同样的事。又有多少人用"不会再这样了"来鼓励自己,却依旧犯着同样的错。

水一旦流深,就会发不出声音。人的感情一旦深厚,就会显得淡薄。

大家都不在同一个层次,就不要勉强交心,点到为止就好。有时候远远相望觉得彼此可爱,又何必用尽全力脸贴着脸呢?

许多时候刻意跟人保持距离,真的不是不喜欢或看不起对方,实在是明白,一旦靠得太近,当对方知道我真实的样子,只会失望。所以不是喜欢孤独,我只是更不喜欢让人失望后离开。

因为现在过得越来越好,所以对以前的事没那么计较。

人好像都是这样:处理别人的事情总是大刀阔斧,一把抓住主要问题,轮到自己却沉浸在细枝末节不肯放手。

许多事从一开始人们就已预料了结局,所有的折腾,都不过只是为了拖延散场的时间。

容易被辜负的永远都是那些天真又心软的人,毕竟好骗又好欺,伤疤一好就忘了痛。

有些人并非天生带刺拒人千里，只是他们真的不擅长交际且羞于主动，所以干脆就直接少言寡语被人误会是"高冷"。其实如果你有耐心再往前多走几步，你会发现他们其实很平易近人，也比很多人都要重情。

不要轻易向任何人解释你自己，爱你的人不介意，恨你的人不会信。

世界很单纯，复杂的是人。你的孤独，是因为既希望有人关心，又不想被过分打扰。

要点小矫情，必须有大情怀配着，否则就让人觉得太是非，心累。若真是暴脾气，又不愿改，就长大本事，别人受益了，趋利避害，也会忍你。

承诺，事不过二。第二次的信任不是给它们一个复活的机会，而是给自己一个彻底死心的理由。机会给多了，对方不会觉得你善良，只会觉得你好骗。一次又一次的失望最大的坏处不是你浪费了时间，而是你的情感会趋于麻木。趁生命还鲜活时，及时放弃。对于不靠谱，事不过二。

有时候，选择与某人保持距离，不是因为不在乎，而是因为清楚地知道，对方不属于你。

许多时候，不经意知道一些事后，表面装得无所谓，用微笑去掩饰，其实心里比什么都疼。

别人稍微一注意你，你就敞开心扉，你觉得这是坦率，其实这是孤独。

我感到难过，不是因为你欺骗了我，而是因为我再也不能相信你了。

许多人的悲伤只是希望展示给大家看自己很悲伤。其实这世上是没有人能够理解另外一个人的悲伤的。

奈何一个人随着年龄增长，梦想便不复轻盈；于是开始用双手掂量生活，更看中果实而非花朵。

许多人不是孤僻，而是有原则有选择地社交。和喜欢的人千言万语，和其他的人一字不提。

说别人自私，往往是因为没有更好的理由。如果自己的东西被别人拿跑了，你说他偷窃，说他抢劫，但你不会说他自私。只有东西是别人的，自己想要却求而不得，想不出其他的说辞，这才说他自私。真正的自私，是一味地要求别人无私。

女人反感女人终归只有两个原因：嫉妒或者看不起。

有些人看起来毫不在乎你，其实你不知道他忍住了多少次想要联系你的冲动。

我们总是对请我们吃了两餐饭的人感念不已，而对管我们20年饭的人苛责以求。

人生就像不停在用的铅笔，开始很尖，但慢慢地就磨得圆滑了。不过，太过圆滑了也不好，那就意味着差不多该挨削了。

人类的一个大麻烦，在于我们无法拥有说一不二的感情，敌人身上总有让我们喜欢的地方，我们的爱人身上总会有让我们讨厌之处。

百毒不侵的内心，往往会被一句简单的安慰打败；刀枪不入的伪装，常常在懂你的人的面前彻底投降。

小孩子才会问你为什么不理我了，成年人都是默契地相互疏远。

只有两种人最具有吸引力：一种是无所不知的人，一种是一无所知的人。

一个人越是一事无成，就越喜欢在吵架中获胜，因为这是他为数不多的能获得成功的领域。

除了亲情之外的感情，懒于维护就会渐行渐远。

长大以后，似乎没有多少人会关心你是否快乐，所有的人都只看你有没有出息。

因为不想再被人看穿，于是学会了隐藏。因为不想再被人伤害，所以学会了伪装。

走过的路越多，越喜欢宅着。认识的人越多，越喜欢孩子。

别把自己想得太伟大。要知道，在别人的世界里，不管你做得多好，你永远都只是个配角。

妒忌心强的人活得一定很累，因为他们看不惯的事太多了，其实说到底只是看不惯无能的自己。

人跟人之间的感情就像织毛衣，建立的时候一针一线，小心而漫长，拆除的时候只要轻轻一拉。

普通人肤浅又痛苦，高手深刻又轻松。

那些容易被激怒的大多是弱者，因为弱者才需要逞强，而强者往往只会示弱。同理，刻薄是因为底子薄，尖酸是因为心里酸。

人性就是这样，自卑才炫耀，缺爱才花心。你的招摇，除了证明内心虚弱，说明不了任何东西。

不管你有多么真诚，遇到怀疑你的人，你就是谎言。不管你有多么单纯，遇到复杂的人，你就是有心计。不管你有多么的天真，遇到现实的人，你就是笑话。

怕得越多，欺负你的人就会越多；如果什么都不怕，反倒没人敢去欺负你。就是你人太好，所以别人就想来占你的便宜。如果你横一点，反倒他们都过来讨好你。

不管你多大年龄，是什么性格的人，只要你有太容易相信人的特点，你就拥有了绝对死穴。

善良的人都晚熟，而且是被劣人催熟的，但后来开窍了仍然保持善良和赤诚。

人总是拖拖拉拉爱讲反话，带着答案问问题，揣着明白装糊涂。

当你看到别人在笑时，不要以为世界上只有你一个人在伤心，其实别人只是比你会掩饰。

开始赞美你的和后来骂你的，极有可能是同一批人。

人类之所以复杂，是因为他们总是善恶交替。

不被理解，是不会表达者的宿命。

人们对于没有得到的总是充满了不甘，是因为对于已经拥有的缺少感激。

历史不止一次地告诉我们，对敌人一念之差的仁慈，就是对自己最致命的一击。

强者之争终有停息，弱者之战永无休止，因为弱者从来不认可自己是弱者。

永远不要亮出自己的底牌。说实话是要人命的，不要亮底牌，人家知道你手里没有米的时候，连鸡都不会来。

最折磨人的，莫过于人类自己的内心。当背负了太多事情和秘密时，每天就会饱受煎熬，无论看起来隐藏得多好，都躲不过自己内心的质问。

鄙视链顶端的人都觉得自己很高贵，其实他和被他鄙视的那些人之间没什么差别。

学着做一个"半藏"的人，把自己在一段关系里最有价值的一面展现出来就足够了，否则暴露多了就是软肋，而软肋就是拿来戳的。

拉近社交关系的最大秘诀其实就是投其所好。

当众表现出自己对一个人的同情，可能比当众嘲讽他还要让他崩溃。

年纪轻的渴望爱情，长大了的向往自由，年长的沉迷权力。

事实证明，交际中许多的"没关系"处到了最后其实都"有关系"。不要透支别人对你的好，不要滥用别人对你的包容。

社交和恋爱一样，高攀和低就都很累，圈子不一样很难有共鸣，不必强求。

除非要跟一个人闹到决裂，否则就不要去否定他迷恋的东西。

男女思维差别：

男人的思维是偏理性的、逻辑化的，习惯去解决问题的。

女人的思维是偏感性的、多元化的，习惯去分享感受的。

嘴上说着这个人离不开我的，其实多半都是自己离不开对方。

底线这东西，不是固定的，是可以被继续压低的。

如果一个人逐渐疏远你，那可能是因为你对于他来说，已经没有任何可以利用的价值了。没有利用价值的东西就等于废品，只会被丢弃。

无私奉献的人，未必是不求回报的，也许他只是个聪明人。

人与人之间，最可痛心的事莫过于：在你认为理应获得善意和友谊的地方，却遭受了烦扰和损害。

欲壑难填的人，通常毁灭性都很大。因为他们什么都想要，为了得到不择手段。看到他们要远离，否则容易被当成垫脚石。

所有人都明白"忠言逆耳利于行"的道理，可真正轮到别人对自己说忠言的时候，没有几个人能够心平气和地接受。

与谁相交都记得保持一点距离感，感情才能长久，不管是亲情、爱情还是友情。

同情不是爱情，也不是友情。人人都喜欢择强而栖，没人喜欢和苦大仇深的人待在一起，因为没啥好处，还会被带坏心情。

利益是彰显人性的镜子。不要轻易批判别人的丑陋，试想，自己处在相同的境遇下又会如何？

人与人之间的关系是现实而脆弱的，不要因为一个失望就怀疑一切。其实该散的关系必然会散的，留下来的才是真的。

不要对别人利用你这件事耿耿于怀，其实被人利用恰恰证明你，还有利用价值，善于被人利用，才能利用别人。

人最大的自恋是不由自主地推己及人，以为对方和自己具有相同的思维方式和行事风格。真相当然不是，人和人之间的差别总是很大。

成年人的世界很干脆，没有得到肯定的答复，就代表否定。

如果你很富有，不要炫耀。如果你很穷，也不要四处哭穷。

为人的十大原则：

1. 保留意见：应不急于表明自己的态度或发表意见，谨慎的沉默就是精明的回避；

2. 认识自己：只要了解自己的优势，并把握住它，则所有的人都会在某时显赫；

3. 决不夸张：过高地评价自己是在说谎，对你的人际关系会产生不好的影响；

4. 适应环境：适者生存，每天展示一点的人会使人保持期望，不会埋没你的天资；

5. 取长补短：学习别人长处，弥补自己不足。要用谦虚、友好的态度待人；

6. 言简意赅：简洁能使人愉快，简洁明了的清晰的声调，一定会使你事半功倍；

7. 决不自高自大：不要把自己的长处挂在嘴边，常在别人面前炫耀自己的优点；

8. 决不抱怨：自己做的事没成功时，要勇于承认自己的不足并努力使事情圆满；

9. 不要说谎、失信：失去别人的信任是你最大的损失，要说到做到，做不到的宁可不说；

10. 目光远大：维护人际关系，总有一天你会看重现在看来似乎并不重要的人或事。

人际交往最忌讳的就是忽冷忽热，这样会让别人觉得你没拿他当朋友，只是有需要的时候才想到他。

拿了别人的东西，要在规定时间内还回去，哪怕是一根笔或者一包纸巾。无论东西多小，都要记得还。别人嘴上不说，心里可记着呢。

别人对你发脾气，不要硬碰硬。让他先发泄情绪，等他冷静下来，自然会感到愧疚。如果过后他还是无理取闹、变本加厉，再反抗也不迟。

和你无关的饭少吃，出来混都是要还的，没有人会无缘无故地请你吃饭，要么是有求于你，要么是将来有求于你。

"点石化为金，人心犹不足。"就算拥有将石头变成黄金的能力，还是无法满足人的欲望。

"由俭入奢易，由奢入俭难。"一个人从简朴的生活迈入奢华，非常容易；可习惯了奢华的生活，想再回去适应简朴，那就很难了。

有格局的人喜欢看细节，小肚鸡肠的人喜欢说"大度"。

天天发朋友圈的人，一般内心都很自卑。

跟你说别人坏话的人，也可能和别人说你的坏话。

没有时间观念的人，私生活也比较混乱。

和聪明人打交道，最好提前留一手准备。

鬼谷子识人智慧：
穷之以辞，以观其变；
明白显问，以观其德；
远使以财，以观其廉；
试之以色，以观其贞；
告之以难，以观其勇；
醉之以酒，以观其态。

当代交友四大原则：
1. 能力强；
2. 有教养；
3. 正能量；
4. 执行力强。

碰见整天和别人抬杠的人，一定要趁早远离。这种人的思维和一般人不一样，说不定哪天就因为一件小事就和你杠上了。

办事儿的时候，说尽量的，一般都办不成。向你借钱，发了毒誓的，一般都还不上。

别人口头上攻击你、得罪你，就要当场反击回去。不然下次他还会故伎重演，而且毫无心理压力。更糟糕的是，如果你不反击，在场的人很有可能会有样学样，所有人都可以轻易地得罪你，因为他们知道了你的软弱。

有些话需要反着听：
"留下吃饭吧"的另一层意思是："你该走了。"
"我来买单吧"的另一层意思是："你来买单。"
"顺路坐我的车吧"的另一层意思是："我先走了。"

说话会挑时机的人，都是心思缜密之人。

刚认识就和别人掏心掏肺，这其实不是遇见知己了，而是长时间没和别人沟通，内心孤独所致。

坏人一直在试探这个世界的底线，被规则束缚的，反而是好人。

听别人说话，要看他为什么这么说。有时候，别人嘴上夸赞你并不是真的在夸你，也许他们是用善意的方式在提醒你，甚至是嘲讽你。面对复杂的人际关系，读懂别人暗示是你的保命符。

坑过你的人一定要远离，抓住机会他还会坑你。

遇到比自己地位高，比自己厉害的人，习惯讨好拍马屁的人，对比自己弱小的人，往往会欺负和打压。

周围的人都在夸一个人有多好的时候，要么是真的好，要么就是这个人善于伪装自己。

越是那些沉默寡言的人，心里面想的东西就越多，也是一个内心敏感的人。

那些不喜欢麻烦别人的人，骨子里都有一种孤傲，同时他们也不希望别人来麻烦自己。

有一类人需要警惕：你话音刚落，就开始反驳，这类人大概率对你有意见。

厌恶的东西往往比喜欢的东西更能反映出一个人的内心，"喜欢"可以伪装，可是"讨厌"是伪装不出来的。

当你夸奖一个人，对方却一直谦虚时，其内心一定不像表面一样谦虚，往往会在内心认可自己，并且计划下一次取得更大的成绩。

如果一个人总喜欢在别人说话时打断别人并抢过话题，那么这个人永远不会是一个真朋友，真朋友更愿意听你说出你的不开心并疏导你，而不是无视你的痛苦，只希望全世界都听他说。

一个不懂得尊重别人，随意侵犯别人底线的人，曾经没有被好好地尊重过。

当你犯错时，平常和你称兄道弟的人，马上对你冷眼冷意，横眉相对，证明他从一开始就没把你当朋友。

自来熟的人，往往都不会替你保守秘密，你能和他关系好，别人也一样能和他关系好。

在公共场合关门和说话小声的人，通常懂得换位思考，心思细腻。

别人的事，与我无关。这是人际关系中最基本的边界。混淆边界的人，要么是蠢，要么是坏，要么是又蠢又坏。我自己的事，也与他人无关。我自己做决定，自己负责任，不需要他人恩准，不需要他人评判，也不把责任推卸给他人。

初心的本质：即使我见过很多复杂和阴暗，但依然不屑成为那样的人，永远心怀善念，心灵清澈。

不要试图自证清白，从你开始自证的那一刻起，就已经输了。

勇者愤怒，抽刃向更强者；
怯者愤怒，却抽刃向更弱者。

说话常常用"我"开头的人，大多以自我为中心，内心自负。

你的好对别人来说，就像一颗糖，吃了就没了，反之，你的坏，对别人来说，就像一个疤痕，留下了就永久存在，这就是人性。

不要有受害者心态，就算你是受害

者，也不要有。一旦以受害者自居，就彻底完了。

在路上，逆着人群方向。走，并且面不改色，从容淡定的人，往往内心强大，有自己的想法，并且有很强的领导能力。

朋友圈经常转发励志文章，发表励志感言，鸡汤句子的人，大多好高骛远，不踏实，想要改变现状，又不肯付诸实际。

假话如同台词，常常是背熟了再说；真话如同咳嗽，多数是在压抑不住的时候喷涌而出。

不要把伤口拿给别人看，这个世界上，不是所有人都是医生，大多数的人都是撒盐的。

人们把少年的勇气当作叛逆，把成年人的懦弱当作顾全大局。

卑鄙与伟大，恶毒与善良，仇恨与热爱，可以互不排斥地并存在同一颗心里。

大家都觉得你变了，只是你没有按照他们的方式活着而已。

让你等太久的人，最后都不会选择你。

后来我相信人与人之间就是有磁场的，聊得来怎么都不会尴尬，聊不来怎么扯都觉得无语。

好脾气久了，稍微有点情绪，别人就会觉得你变了。

古人云："黄连救人无功，人参杀人无过。"大部分人宁愿在"甜言蜜语"中死去，也不愿意在"忠言逆耳"中重生。

许多人觉得他们在思考，而实际上，他们只是在重新整理自己的偏见。

"我为你好"，所以可以凌驾于你的思想之上，对你指手画脚；
"我为你好"，所以要来规划你的人生，束缚你的手脚。

不是眼泪就能挽回失去；不是所有人都值得你付出；不是伤心就一定要哭泣；不是善良就可以受到庇佑；不是所有表情都要写在脸上；不是任何人都理解你。

有一天，你没有做，换来的是别人的费解，有一天，你拒绝了，得到的是他人的责怪。没有人会太在意你为了别人，抽出了自己多少的时间；没有人会太关心你为了他人，劳累了自己多少的心神。更没有人考虑：你是否太累了，是否需要偶尔的休息。

是要痛恨，还是要原谅，这抉择足以决定人一生的际遇。

本性善良的人都比较晚熟，并且都是被劣人催熟，后来虽然开窍了，但是仍然善良与赤诚，不断寻找同类，最后变成一个孤独的人。

如何让别人喜欢自己：1. 不要批评、责怪或抱怨；2. 献出自己真实、诚恳的赞赏；3. 引起别人的渴望。

人们一旦开始说谎，就再也不知如何停止。

在关系中，无论男女老幼，尊卑贵贱其实只有两个念头。其一，叫作"我想不想跟你在一起"；其二，叫作"我想不想和你一样"。

大多数情况下，人与人之间根本就没有什么忠诚，也没有什么背叛。只要你的价值足够大，他立马忠诚你，只要别人的价值比你大，他立马背叛你。

"相逢不饮空归去，洞口桃花也笑人。"朋友相聚如果不能开怀畅饮，匆匆而别，那么连洞口的桃花也会嘲笑你不懂得人情。

好朋友之间，要保持一定的距离，不是时时刻刻都亲密无间，事实证明：不透气的关系，最终都会分道扬镳。

只要在人世活着，就会干虚伪的勾当。

不管哪种关系都切忌四个字：过于付出。时间久了，只会让别人接受的理所应当，不但不会感激，如果哪天不想付出了，对方还会埋怨你。

宁在人前全不会，莫在人前全都会。木秀于林，风必摧之。行高于人，众必非之。

人性的玄妙大抵在于，每个人都不喜欢被别人利用，但是，每个人都可以被利益驱动。所谓利者，义之和也。真正的利益，是建立在合作共赢的基础上。聪明的人懂得放下自我，彼此尊重；放下自私，彼此成就。

理解自身的阴暗，是对付他人阴暗一面的最好方法。我们都没有权力去指责他人的不堪，因为我们本身就是如此。当我们开始理解黑暗，也就不再恐惧深夜来袭。当我们能够调和自身的黑暗面，尝试理解他人的黑暗面，也才能更好地保护自己。

多少人关系变了，是因为别人的嘴，如果你有眼睛，就别用耳朵了解我。

过去酒逢知己千杯少，现在酒逢千杯知己少。

当你开始意识到每个人只能站在自己的认知角度去思考问题，你就不会再和人争吵了。蛇不知自己有毒，人不知自己有错。

良知这种东西就跟天赋一样，有就有，没有就没有，不存在唤醒。

和人接触的时间越长，我就越喜欢狗。狗永远是狗，而人有时候就不是人了。

人一旦悟透了，就会变得沉默，不是没有与人相处的能力，而是没有了与人逢场作戏的兴趣。

无论和谁说话、做事都要留有余地，不然这次你让别人难堪，下次轮到你的时候，别人也不会让你好过。

十句话里说对九句，也不一定有人称赞你，可如果你说错了一句，就会被别人指责。

在这个物质战胜灵魂的年代，几乎所有人都搭上了欲望的列车，却把心遗落在了站台。

不要把自己活得像落难者一样，急着告诉身边所有人你的不幸，你的经历在别人眼里很可能只是一个笑话，成长本就是一个孤立无援的过程。

贫住闹市无人问，富居深山有远亲，没有人会长期帮助一个毫无价值的人，你必须好好的经营和提升自己，让自己有被利用的价值，他人不请自来，而不是自怜自艾地祈求谅解。

不要原谅一个故意伤害你的人，哪怕他现在百般讨好、百般解释，因为他当初伤害你的时候，才是他的本性。

为什么分享需要对的人？如果你的快乐分享错了人，就成了显摆；如果你的感慨分享错了人，就成了矫情；如果你的难过分享错了人，就成了笑话。

我没有很多朋友，但我并不介意，朋友有时也做着和敌人同样的事，我一个人挺好。

虚伪的人为智者所轻蔑，愚者所叹服，阿谀者所崇拜，而为自己的虚荣所奴役。

世上有两样东西不可直视：一是太阳，二是人心。

围在城里的人想逃出来，站在城外的人想冲进去，婚姻也罢、事业也罢，人生的欲望大都如此。

揭穿你多没意思，年纪大了就喜欢看别人演戏，精彩的地方给你鼓鼓掌，实在不行，还可以陪你演一集。

一个人值不值得交往，不是看他能帮你多少，而是看他在利益面前会把你置于何地。

一个人如果不能从内心去原谅别人，那他就永远不会心安理得。

人生十种贵人勿错过：
1. 教导及提拔你的人；
2. 愿意唠叨你的人；
3. 愿意和你分担分享的人；
4. 愿意无条件力挺你的人；
5. 愿意欣赏你的长处的人；
6. 愿成为你的榜样的人；
7. 愿意遵守承诺的人；
8. 愿意不放弃而相信你的人；
9. 愿意生你气的人；
10. 愿意为你付出的人。

不要有过度的分享欲：别人不问，你就别说；别人问了，你看着说。

有毒的草总是开着迷人的花，害你的人总是说着你爱听的话。

一定要改掉的四大毛病：
1. 改掉轻易的掏心掏肺；
2. 改掉毫无底线的心软；
3. 改掉一错再错的忍让；
4. 改掉没有原则的善良。

钱能解决的事，尽量直接用钱解决，免费的东西通常都很贵。

穷人是小心翼翼地大方，有钱人是大大方方地小气。

坏人不可怕，这个世界从来不缺坏人，真正可怕的是，坏人看起来都像好人。

没有爽快的答应，就是拒绝。

一见面就问你谋生方式的人，本质上是在算计对你的尊重程度。

看上去很温柔的人，不一定是好脾气，只是修养克制了他的怒火，请不要去触及他的底线。

好人成佛要经历九九八十一难，而坏人只需放下屠刀。

别说对不起，真正的道歉是回报或补偿，语言上的道歉不过是苦肉计，不值得被原谅。

请忘掉"人脉"二字。社交的本质是价值互换，没本事、没资源跟人换，人脉就是个笑话。

我的三观和教养告诉我，要真心对待每一个人。而我的经历却告诉我，不是每一个人都值得真心对待。

不要对任何人有过度的期待，人走茶凉才是人际关系的常态。

鸷鸟将击，卑飞敛翼；猛兽将搏，弭耳俯伏；圣人将动，必有愚色。

真正厉害的人从来不说难听的话，因为人性不需要听真话。

欺负你的人因你的软弱而来，欣赏你的人因你的自信而来，不在乎你的人因你的自卑而来，爱你的人因你的自爱而来。

那些能量比你低的人会怀疑你、否定你、批判你、嫉妒你、攻击你；能量同频的人会喜欢你、欣赏你、肯定你、陪伴你、珍惜你；能量比你高的人会理解你、包容你、守护你、扶持你、成就你。

别和坏人比坏，坏是没有下限的。别和傻瓜比傻，傻是会传染的。做一个赏心悦目的人，一直嘴巴干净，永远良心清白。

心软和不好意思，只会杀死自己，理性的薄情和无情，才是生存利器。

有些时候得罪了人，不是你说错了，而是你说对了。

只要利益不产生冲突，别人说的话一般不需要反驳。

退让带来的基本都是得寸进尺，别妄想能换来什么尊重和心疼。

如果对面太得寸进尺，请反思一下是不是自己太怂，这个世界的恶人，都是被怂人惯出来的。

有些人喜欢扇你一巴掌，再给你一个甜枣，一定要远离这样的人。否则，未来又是一巴掌！

这个世界上除了父母和少有的真心朋友，基本没有人希望你日子过得好。越是喜欢在别人面前炫耀自己的，越是招人讨厌。

再干净的人也会被指点，人们不是因为我们有了过错才指点，而是指点了我们，才能显得他们是干净的人。

打断你的腿，再给你一副拐杖，然后告诉你，没有我你连路都走不了。

随着年龄的增长你会发现：真话有刺，实话有毒，想说的话越来越少，放在心里的事越来越多。

世界上最稳定的关系，就是各取所需。

合什么群，合谁的群，和谁合群，在丑小鸭的世界里天鹅都有罪，不需合群，做你自己就很好。

聪明的人嘴甜，讨厌的人会演，而你什么都不会，只能被骗。

"恨人有，笑人无"是熟人的人际关系普遍现象，要远离这些消耗你时间、金钱且不能给你带来什么价值的无用社交。

如果你讲一句，对方回你五句，那说明对方根本不认同你讲的观点，这种情况就不用说了。

人真正能影响的人少之又少，那些被你影响的人，只是片刻的感动。

所有人都有认知的局限。有时间认知的局限，正如夏虫不可语冰；有空间认知的局限，就是井蛙不可语海；还有维度认知的局限，就是不识庐山真面目，只缘身在此山中。然而，人很容易用个体的认知来评判事物。

不要评价别人的容貌，因为他不靠你吃饭。

不要评价别人的德行，因为你不比他高尚。

不要评价别人的家庭，因为那和你无关。

人性中充满矛盾，我们远比自己想象的更加自恋和道貌岸然。

总有一天你会明白：答非所问就是回答，敬而远之就是不喜欢，沉默不语就是拒绝，闪烁不定就是撒谎，冷战就是不怕失去。有些事情真的没必要追问，因为你回头看看所有的细节都是答案。

永远要警惕人性深处的幽暗，法治的前提就是对人性败坏的假设。

一个人越在意的地方，就是最令他自卑的地方。

起初我们揣着糊涂装明白，后来我们揣着明白装糊涂，并不是我们愿意活得不明不白，只是好多事情一用力就会拆穿，一拆穿就会失去，成人的世界就是这么脆弱。

人是会变的。从幼稚到成熟，从单纯到复杂，从直来直去到小心翼翼，从没心没肺到充满防备。

不够真诚，是危险的；太过真诚，一定是致命的。

幸灾乐祸的人，肯定比心疼你的人多。

如何快速看穿一个人：
越大的官越没有架子，因为他见过更大的官；
越没钱的人，越高调，因为他怕别人不知道；

少说多听的人，都是非常聪明的人；

一个有修养的人，指甲永远是干干净净整整齐齐的。

在这个世界上，真正可供我们选择的路只有两种，要么享受孤独，要么轮入世俗。凡是人群扎堆聚集的地方，主要话题无外乎三个：拐弯抹角炫耀自己，添油加醋贬低别人，相互窥探搬弄是非。

没必要把你懂的所有东西都说出来，大多数人不喜欢他们身边有人比他们懂得更多。

不要无偿地对别人太好，总有一天那会变成你的过错。

如果一个人身受大恩，而后来又和恩人反目的话，他要顾全自己的体面，一定比不相干的陌路人更加恶毒，因为他要证实对方的罪过，才能解释自己的无情无义。

人人都想要真诚与偏爱，可这世界到处都是虚伪与新鲜感。

有钱的人怕别人知道他有钱，没钱的人怕别人知道他没钱。

狼与狼之间再怎么撕咬，对羊的态度是一致的。

现实中用真名说假话，网络中用假名说真话。

人一旦有了隔阂，就真的走不近了。世界上只有和好，没有如初，在细节中崩溃，在失望中放手。

一个人越无知，就越坚定，越浅薄，就越自信。一个知识越贫乏的人，相信的东西越绝对，因为他没有听过，也不知道还有其他的观点。

二、玩转职场

（离开学校才发现，原来处处皆课堂。）

◎ 想，都是问题；做，才是答案。先起跑，再调整呼吸；先起飞，再调整姿势。
◎ 如果你将工作等同于生活，那么你将为工作而生活。
◎ 决定你生死的看似是高层，其实都是你的直属领导给他们的建议。

无论什么时候，一定要做到：不和重要的人计较不重要的事；不和不重要的人计较重要的事。

想，都是问题；做，才是答案。先起跑，再调整呼吸；先起飞，再调整姿势。

机械地做事，最多只能把事情做对；用心做事，才能把事情做好。

有些人之所以陷入了看似忙碌，实则低效、无序、拖延、盲目、茫然的状态，是因为决断不清，而决断不清是因为价值不明。

做人做事的顺序是这样的，不要搞反了：
做人：先做好自己，后要求别人；
做事：先处理心情，后处理事情；
交友：先交流，后交心；
沟通：先求同，后求异；
学习：先记录，后记忆；
职场：先升值，后升职；
执行：先完成，后完美；
发展：先站稳，后站高；
创业：先成长，后成功。

职场如战场，要想在其中立于不败之地，就必须拥有一颗清醒的头脑和一双锐利的眼睛。

职场中的成功不仅仅在于薪资和地位，更重要的是在于自己内心的满足和自我实现。

不管你做什么职业，如果你对不起自己国家、朋友、孩子、家人、良心，你就永远抬不起头来。

如果你的工作没有什么烦恼的话，那么它就不能称之为工作。

如果你将工作等同于生活，那么你将为工作而生活。

每一份必须完成的工作中都蕴藏着

许多乐趣。一旦找到其中的乐趣，你就会发现，工作其实就是个游戏。

人们常常低估了事情的复杂程度，也高估了自己的执行力。

职场中，有人是演员，有人是观众，每个人都在尽力寻找自己的角色。

让我们晕头转向的，并不是工作的繁重，而是我们没有搞清楚自己有多少工作，该先做什么。

谋事，找手头宽裕的人；做事，找手头拮据的人。

职场中八大心理让你快乐：
1. 最重要的是今天的心情；
2. 自己的心痛只能自己疗；
3. 好心境是自己创造的；
4. 用心做自己该做的事；
5. 别总是自己跟自己过不去；
6. 不要追逐世俗的荣誉；
7. 极端不可取；
8. 注意不要活得太累。

用体力赚钱，就辛苦一点；用脑力赚钱，就机灵一点；用钱赚钱，就大方一点；用资源赚钱，就圆融一点。

你越冷血、越果断、越不拖泥带水，就越有人欣赏你。

在交战之前，意念已经开战，因此出场要有阵势。

不要算计，要知道任何人都对别人的背后算计非常痛恨，算计别人也是职场中最危险的行为之一。这种行为所带来的后果，轻则被同事所唾弃，重则失去饭碗，甚至身败名裂。

和同事一起加班，做同一个项目，如果不是商量好一起发加班朋友圈，就别自己一个人发。

能屈能伸代表一种积极向上的心态，不管在什么样的境况之中，都能紧盯着自己的目标，受得了一时的委屈才能成就更大的辉煌。懂得适时屈伸的人，往往都会迎接失败的结果。

职场黄金守则：
1. 不管什么情况下，上司永远是对的；
2. 不管什么时候，要能容忍下属的错误；
3. 不要认为自己永远是对的，不要容忍自己的错误。

没有收拾残局的能力，就不要放纵自己的情绪。

在不影响健康的前提下，除了本职

工作外，工作中不要画地为牢，给自己设置太多的边界，实践是最好的学习，趁着年轻，工作多做点，对自己百利而无一害。

多与成功人士交往，想成为什么样的人就结交什么样的人，成功人士的眼光、层次、境界、格局以及日常的言语品行都是你最好的学习素材，潜移默化的影响无形中会让你变得更加优秀，模仿本身也是一种学习。

工作之所以会痛苦，是因为对于大多数人来说，工作仅仅是谋生的工具和手段，就像是套在脖子上的枷锁，不得已而为之，体会不到乐趣和快感。只有改变工作动机和目的属性，才能真正拥有快乐。

工作不仅是一个结果，更是一个过程。在工作中，我们要学会享受工作的过程，不断发掘工作中的乐趣和意义。

工作不仅是赚钱，更是赚人脉。要学会与人合作、与人交流，建立起自己的人脉网络。

工资的四个等级：
第一级：一份工资；
第二级：一份带有绩效奖金的工资；
第三级：一份带有绩效奖金的工资，免费食堂、健身房、医疗保健等；
第四级：获得上述所有待遇，外加员工股票。

默默付出的人，最后都默默无闻。

当领导后才发现，凡事亲力亲为，是干不好工作的。所谓"领导"，就是领而导之。要学会把合适的人放到合适的岗位上，充分调动下属的工作积极性，适当给予工作指导，学会放权。只有带着信任，把工作交给下属，培养其责任心、事业心，才会让其为单位创造价值。并且，下属工作干得好，也是自己的一份成就。

至少要有一项工作特长，并以此为杠杆。

看懂规则，还得看懂潜规则。

职场上做好两件事：想尽各种方法创造结果；缩短创造结果的过程。前者增加功劳，后者降低苦劳。

只有那些只属于你自己的工作，才是真正重要的工作。

无论你从事什么，处在什么位置，都要记住：一切工作，都仅仅是一份工作罢了，为之赔上自己的人生，搭进自己的人格，并不划算。

不得不承认，有些领导在处理工作和人际交往时，往往都是先决定了情绪，然后基于这种情绪再找出一些理由作为支撑。

忙，不一定是在努力，可能是你因为你在拒绝的时候不够用力。

职场上不知道有句话该不该说的时候，把握一个原则：第一，和工作有关的话，多说一句，宁可啰嗦也不要出什么岔子；第二，和工作无关的话，少说一句，宁可让别人觉得你沉默寡言，也不要说错话。

如果你在某个职位做得很完美，各项工作都做到了极致，而且还非常敬业地把自己所有的精力都用在了本职工作上。那么大概率你会因为自己太适合这份工作，而无法升迁。

铁饭碗，最多只能让你吃饱，很难让你吃好。那些捧着铁饭碗还能吃好的，要么有其他收入，要么就是铤而走险。

在大单位里，汇报比能干更重要。领导不可能天天盯着你，他不会知道谁有能力，谁付出了多少，所以汇报成了他了解你的重要途径之一。

学历很重要，但那只是针对找工作的时候而言的。

如何成为一个有价值的人？
1. 比大多数同事勤奋认真；
2. 做好每一件小事；
3. 以微笑面对任何命运的不公；
4. 根据事情的重要程度安排时间；
5. 用20天养成想要的习惯；
6. 一个月至少看两本书；
7. 和善对人，谨慎处世；
8. 机会无大小，只有时间早晚，永远不嫌弃小机会；
9. 拥有一个健康的身体。

工作和挣钱，是两码事。当你发现很多人不工作却还富有时，不要心理失衡，这是常态。

你的价值永远不会是你所谓的年轻和吃苦经历，而是你解决问题的能力和心态修为。你能解决哪个级别的问题，你拥有的财富和本钱就能到哪个级别。

离职的时候，不要向领导告状说自己同事能力不行或者人品不好之类的话。领导之所以一直把那个同事留在公司，一定是因为那个同事有什么过人之处，或者是因为他是领导亲戚之类有特殊关系。

领导安排你去做的一些事情，不要为了炫耀，说给别的同事听。即便你觉得这件事说了无关紧要，但是也不要告诉别的同事，尤其是只有你和领导两人在场时，领导私下交给你的工作任务，更是不要告诉别的同事。若是被别的同事知道了，别的同事宣扬一番最后传到领导耳朵里，领导会觉得你对他的工作安排不重视。

有些人不喜欢你，那恭喜你，说明你已经开始在做自己了，而不是一个谁都不敢得罪，却谁也无法欣赏的庸人。

现在你做过的工作在你之前已经有无数人做过，在你之后还将有无数人去做，所以，重要的不是你做了多少份工作，干了多少活，而是能不能给你带来人脉、资源、财富、经验的积累，否则工作再久也不过是原地踏步。

古代能成大事者八律：
1. 觉人之诈，不愤于言；
2. 受人之侮，不动于色；
3. 察人之过，不扬于他；
4. 施人之惠，不记于心；
5. 受人之恩，铭记于心；
6. 受人之鱼，而学之渔；
7. 识人之才，授之于权；
8. 善于谋人，有容乃大。

阿里巴巴上市后，马云说了一段话，励志却有些残酷："任何团队的核心骨干，都必须学会在没有鼓励，没有认可，没有帮助，没有理解，没有宽容，没有退路，只有压力的情况下，一起和团队获得胜利。成功，只有一个定义，就是对结果负责。如果你靠别人的鼓励才能发光，你最多算个灯泡。我们必须成为发动机，去影响其他人发光，你自然就是核心！"

行业比岗位重要，岗位比努力重要，努力比能力重要。

职场上从来都没有什么"对事不对人"，换个人来做，这件事都会成为对的。

有时候，你要学会去做一个"恶人"，不是让你去使坏，而是做个不那么好惹的人。

有些机会，会伪装成麻烦出现。但更多麻烦会伪装成机会出现。

不要太执着于强强联手。从来只听说过商业帝国，却从来没听说过商业共和国。

不用跟每个人都处好关系，只要跟核心搞好关系，跟其他人的关系都不会太差。

不要低估一个人的智商，尤其是不要低估一个竞争对手的智商，只要是涉及切身利益的，每个人都会智商超群，你第一时间能想到的办法，他绝对也会想到，想赢就必须让思考走得更远。

饭局上很会调节气氛，到处走动去敬酒的人，并不是最厉害的。最厉害的角色是，吃完饭后，大家都等他起身才散场。

除非对方主动请教，否则不要好为人师地指点别人什么。不论你是真的比对方高明，还是你自认为比对方高明。

这个社会对好看的人，都存有很大的善意。对女孩子来说，管理好身材、打扮得体、脑子里有货、包里有钱，这个时候世界对你是最温柔的。

要么喜欢上你的工作，要么就做你喜欢的工作。不喜欢的工作，就算努力做一辈子，也只会变成麻木的"机械工"。

和牛人结交最快的方式：
1. 和他建立联系；
2. 付费买他的时间。

如果你用 100% 的时间完成了 100% 的工作，这个时候就很危险了。

顺手就能帮的忙，尽量帮一下，因为说不定什么时候你也会求到别人。

尽量不要借钱给同事，免得第二天你就找不到人了。

毕业后的第一份工作很重要，因为这可以直接决定你未来的发展空间和思维视野。

如果有好几个同级别的领导在一起，一定是那个懂业务的比较受下属尊重和欢迎。

对适应不了的环境，坚决断舍离，不抱幻想，不拖泥带水。

养成终身学习的好习惯：白天八小时决定生存，晚上两小时决定未来。

平时应该养成理财的习惯，有积蓄才有底气。

上司最满意的工作方式：
1. 汇报工作说结果；
2. 请示工作说方案；
3. 总结工作说流程；
4. 布置工作说标准；
5. 关心下级问过程；
6. 交接工作讲道德；
7. 回忆工作说感受。

如果我们缺乏洞察，认知就浮皮潦草、避重就轻；仅与"英雄所见略同"的人惺惺相惜，排斥不同的想法，我们的视野就会越来越狭窄，观点会越来越浅薄。即便看到了新的启发，我们也无法识别其中的价值和机会。

职场没有功劳，就没有苦劳。只有建立在功劳基础上的苦劳，才有价值。

如果你工作觉得累工资还低，那么勇敢地去多尝试不同的公司和不同的工作，找到自己做得好还喜欢做的工作。

苦熬不如苦干，蛮干不如巧干。奋

斗必须讲究方式方法，尊重事物发展的特点和规律。方法得当事半功倍，方法不当事倍功半。

当你还没有立足的时候，大展锋芒并不是明智之举，至少会使自己陷入被动的局面。

决定你生死的看似是高层，其实都是你的直属领导给他们的建议。

如果想跳槽，一定要在最高点时跳槽，选择更好的平台。

比月薪过万更重要的是这9项技能：

1. 自控力；
2. 抗逆力；
3. 学习力；
4. 沟通力；
5. 复盘力；
6. 创造力；
7. 问题解决力；
8. 领导力；
9. 规划力。

不必太在意上级的情绪。时刻提醒自己你来工作是解决问题的，而不是处理别人的情绪，把关注的重点转移到工作上。与其把心思花在领导喜不喜欢我，不如提高自己的工作效率，用工作结果说话。

挫折其实是工作的常态，顺利才是意外。

当面批评你的人，要好好珍惜。当面夸你不算真心实意的夸，可能只是想巴结你；当面批评你的人，反而可能只是对事不对人，大可不必放心上。真正可怕的，是背后诋毁你的人，这样的人不要深交。

职场上领导每一次的架构调整都是在排除异己，领导每一次的人事任命都是在巩固自己的利益。你对单位越有用，你就越能处于架构的核心位置；你带给领导的好处越多，你得到晋升的机会就越多。

职场必知10大处世要领：

1. 守时，是做人的信誉；
2. 找方法，不找借口；
3. 微笑，让你友好而自信；
4. 反省，每天总结自己；
5. 敢于担当，错误面前负起责任；
6. 换位，考虑对方感受；
7. 诚信，培养恪守公信力；
8. 控制，善于调节自我；
9. 分担，经常也做一些"分外事"；
10. 进取，不消极不懒散。

如果遇到喜欢故意找你碴的同事，只要你能确保自己没有犯任何错，就一定不要被他搞得怀疑自己。

凡是领导单独安排给你的工作，要等到领导来问进度的时候，就已经是晚了。领导表面上是来问进度，实际上是对工作进度不满，对你的效率有意见了。正确的做法是主动向领导汇报进度，事事有回音、件件有着落。

除了单位的集体团建活动，其余的小团体活动大多只是在浪费你的时间和金钱。

普通人逆袭最好的方法，选一个方向聚焦、专注、深耕、共振，成为这个领域的人才或者意见领袖。

不要小看职场没有能力的人，没有能力的人位置越高，其背景越大。

干什么就关注什么，关注什么就会成为什么。

想在职场混得好，要懂得上下权衡。对上要见机行事，对下要奖惩分明，有好处多走动领导，有好事多关照下属，维持好这两者的关系，才有更大的机会获得晋升。

巴菲特给年轻人的忠告：
1. 找到自己的激情；
2. 雇用人的标准：正直，聪明，精力充沛；
3. 不在乎别人的眼光；
4. 每天读书五六个小时；
5. 尊重安全边际；
6. 必须要有自己的竞争优势；
7. 找到自己独有的步伐；
8. 永不自满；
9. 找到一个榜样；
10. 给予无条件的爱。

交流使人进步，封闭让人落后。

不说狠话，不做绝事。在职场里，给自己或别人留台阶，永远不会出错，做事说话空出余地，万一真出意外，也有回旋下台的机会。

不管是哪个行业，踏踏实实做事的人，收入都很稳定。不稳定的人都只有交学费的份儿。

领导发出的指令，不质疑、不找不能做的理由。

环境适应能力越强的人，社会回报越高。

完美是优秀的敌人，思考要不要做一件事的时候是最累的，长期处在这种状态下，会非常容易疲惫。

无论你过去的单位有多烂，同事关系有多糟糕，工资有多低，都不要轻易告诉别人。因为知道你信息最多的人，往往最后坑你最惨。

大部分人以为职位高只是要的有点小聪明的人，所以觉得自己都能上，殊不知，人家要的是聪明、刻苦、自律，有毅力的人。这几点缺一不可，不过话说回来能够具备这几种品质的人哪有不成功的呢？

职业规划不要过于远大。不着急，一步一步来。

人生上半场，是给自己带来稳定的

个人主动收入；人生下半场，是做好投资，让被动收入覆盖自己的生活。

别把平台的光环当成自己的能力，时刻保持"空杯心态"。要想不断进步，先要把自己变成"一个空的杯子"，而不是长期处于"自满"的状态，这样的话，是装不进任何新东西的。

换一个工作，换一批朋友，升一次职，也要换一批朋友。

如果你不想吃亏，就不要向同事抱怨自己的单位不好。

至于晋升提拔，有就最好，没有也不会因此而讨好别人。

对于工作，不要抱怨，要么辞职不干，要么闭嘴不言。

领导的司机和秘书，不是你能惹得起的，最好不要轻易招惹他们。

争论是最虚伪的面子，人家不认可你的时候，表白则没有任何意义，宁可和君子争高低，也不要和小人争上下。

尺度是伪君子最大的谎言，职场里边，凡事敢争敢抢，既不要锋芒毕露，也不要唯唯诺诺。

一定要学会给自己的善良加上条件，好说话的老实和不拒绝的善良，是职场中最廉价的行为。

同事聚餐，永远不要成为夹最后一块肉的人。

有的同事看着玩世不恭，实际上比你还会努力工作。

不要过早下定论，要学会换位思考问题。

千万不要越级告状，因为上面领导的合作关系，可能远超乎你的想象。

永远不要在新任上司面前诋毁前任领导，因为他也会成为你的前任领导。

工作上的成绩，永远都是领导的，千万别傻到跟领导去争功劳。

凡事有分寸：别让自己处于被动的状态，工作方案永远留一手。

自己分内的事，不懂就问，不该自己管的事情，就算天塌下来都不要管。

摆正自己的位置，别太把自己当回事儿。

同事相处不能一视同仁，亲近那些欣赏自己的，疏远那些瞧不起自己的。

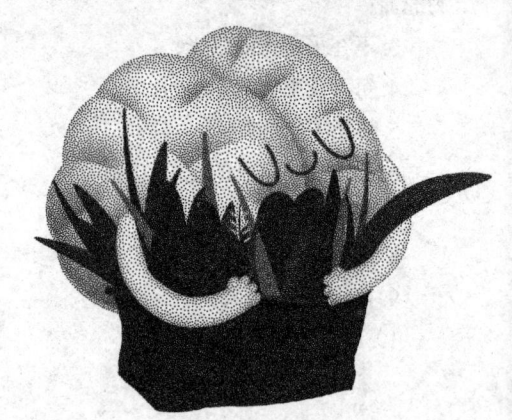

单位没有不透风的墙，同事之间没有守得住的秘密。

羡慕、嫉妒别人最好的解压办法就是勤奋努力，锐意进取。

交流别交心，独立而不独行。

太谦虚的同事，往往十分要强。

同事聊天最好的话题就是娱乐新闻，单位里的事和家里的事能少说就少说。

对于有竞争关系的同事，适当保持距离对大家都好。

不要与心胸狭窄、自私自利的人为伍。

不越级汇报，谁交代向谁汇报。

同事只是工作伙伴，拿掉个人色彩，给人留足面子。

可以忍让同事，但是不能纵容。

同事相处要有界限感，没有界限感会让人很反感。

有天大的仇，面上也一定要保持微笑，职场必须喜怒不形于色。

有离职打算的时候，不要告诉同事。

职场中如果出现什么问题，大家的第一反应，一定是甩锅，而不是解决问题。而且，第一个站出来解决问题的人，一般都会被当成问题的责任人。如果没有人站出来认领这个锅，那么职场中最大的默契就是：把锅甩给老实人。

如果你隐约感觉有人不太喜欢你，不要怀疑，那个人在背后早就把你讨厌透顶了，甚至比你想象的恶毒一万倍，所以不要试图去友好，应该拿出冷漠的态度并且尽量远离。

对别人的事只提建议，不做决定。贸然帮别人做了决定，没出事还好，要是一出事准怪在你身上。

同事没有要你给出建议时，倾听就好，以免让他认为你得寸进尺，落井下石。

不要打听别人的工资：讨论工资是职场禁忌，如果领导知道你们之间讨论工资的话，基本上两个人都要被辞退。

示强是张，示弱是弛，有张有弛，才能使你的职场行为伸缩有度，具备强劲的韧性。

宁愿少一个朋友，也不能多一个敌人，即便你的初衷是为别人好，对方也未必领情。

职场中最不爱发表意见的人，其实心里比谁都有数，比谁都有想法。

办公室小零食，是促进职场人缘的秘方。时不时给大家带点小零食，你在同事当中会更受欢迎。

刚工作时，对自己有赏识提携之恩的领导，恨不得掏心掏肺。工作久了才发现，职场不是江湖，从来没有什么师徒情谊。

学会先让和你合作的人获得利益，然后你才能从他们身上获得更大的价值，不然时间一长，没有获得利益，谁还会跟着你做事呢？大家的时间和精力都是有成本的。

职场里不要好为人师。要知道混迹职场的每个人都不简单，你的所谓知识经验，在别人眼里就是炫耀，然后你周围的人会越来越少。

刚工作时，总想奉献自己，集体主义观念很重，从内到外看不上利己主义者。工作多年后才明白，职场中，自己的事再小也是大事，别人的事再大都是小事，要时时刻刻关注自己成长。

工作是工作，生活是生活，同事是同事，朋友是朋友。这些概念，一定要分清楚。不然，现实就会手把手地教会你。

让解决问题的人高升，让制造问题的人让位，让抱怨问题的人下课。

一个人不必越级汇报，不必越级做事，但一定要学会越级思考，还要懂得越级看问题。通过这种思维训练，久而久之，职场格局就会有显著提升。

打破自己的学生思维：一个新入职场的人，如果是有心人，只要记录每天所从事的工作，便会在三个月内清楚地知道自己在做什么，之后就是怎么样让自己的专业性更强，而这需要在工作中不断地学习。

不要说别人坏话、不去传播小道消息、单位八卦、同事丑闻，在这个复杂的职场中，要学会隐藏自己的底牌，保护好自己。一个管不住自己嘴巴的职场人很难有什么前途。

谁都不乐意送礼，谁都想靠自己的努力，拿自己应得的那份报酬；可步入社会之后，职场教会人的第一件事儿，就是坦然地接受一些'潜规则'。

无论什么年龄段的职场女性都不要装嫩、装纯，不要刻意撒娇，尤其是不要在男同事或领导面前。

职场毕竟是职场，不要把人想得那么坏，可也绝不会那么好，毕竟你永远不知道别人心里到底在想什么。

胜负欲很强的人，嫉妒心也很重，一般都比较自我，见不得别人比自己好，这类人在哪都有，职场上也一样。

女生在生育之前，就要建立自己的不可替代性。

如果不能抛开自卑的包袱，职场之旅就会变得沉重。别让心态毁了自己，学会化解自卑，而不是让自卑消磨掉了自信。

职场上，人们能拥有的一种最重要的能力，就是通过搜索，把需求和资源连接在一起，用持续精确的努力，撬动最大的可能。

找领导沟通时，让他做选择题而不是问答题，正确的方式是：带着几个备选方案，请他选择，封闭式问题会比开放式问题省时间得多。

职场不怕"被利用"，就怕"你没用"。

职场竞争真实存在，往往考验的不是本事，而是人心。

谁经常向我汇报工作，谁就在努力工作。相反，谁不经常汇报工作，谁就没有努力工作。

职场绝对不会因为你是女孩，就给你过多的宽容和照顾。职场是没有硝烟的战场，它不相信眼泪，只相信成功者的笑声。

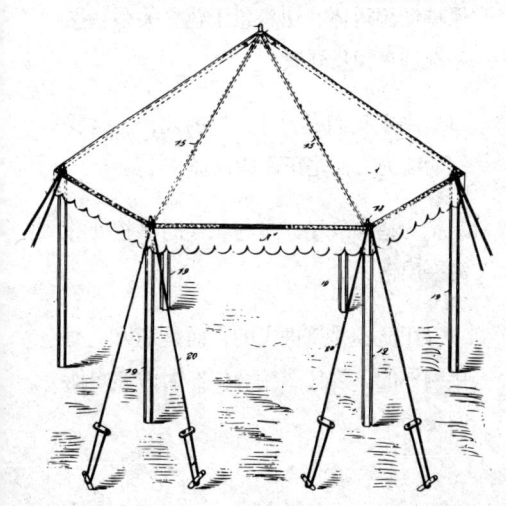

上级跟你谈规则，其实是不想对你破例。

最重要的不是你认识谁，而是谁能认可你。

职场上，包袱别太重，自尊心没啥用，只需要牢记一件事，就是把事做好做漂亮，自尊心只会阻碍你进步。

职场最重要的是效率，不要把私生活的那套带到职场，一切行为都应该指向工作效果。

所谓的职业化就是靠谱。所谓靠谱，就是稳定，情绪稳定、状态稳定和水平稳定。只有稳定，周围的人对你的反应和行为才可预判，才更容易、更愿意与你进行协作。

不迟到，是职场里最简单最容易让同事和客户觉得你"靠谱"的方法。

只要你踏实肯干，办事儿牢靠不拖沓，思虑周全，从来不给领导添堵，也从来不给领导提啥要求，可以说是兢兢业业、勤勤恳恳。那么恭喜你！以后部门的破事儿、杂事儿、难搞的事情肯定都是你承包了！

在你短暂的职业生涯里，能够获得升职和"鲤鱼跃龙门"的机会简直是"凤毛鳞角"，不要在机会面前犹豫，觉得不好意思。你的犹豫不决、不自信、不好意思只会便宜那些"好意思"的人，本来是属于你的好岗位，到后来，你只能安慰自己平凡却可贵！

有的工作拖延几个月也没事，可有的工作一秒钟都不能拖。

"是金子在哪儿都会发光"这种话是真的吗？平台不一样，机会就会不同，选择远远大于努力。

谈升职加薪的底层逻辑，是展示价值。

结果是交给领导的，过程是留给自己的。千万不要因为眼前的付出与收获不对等而倍感苦恼，我们往往都太注重结果，而忽视了量变才能引起质变。

如果打不赢嘴仗，那就先打个草稿。

新人初入职场，最优策略是：低开高走，慢慢地给领导惊喜，大家才会越来越喜欢你。少说、多做、多听、多微笑，带给别人的不光是一种神秘，更是稳重与信赖感。

新人搞定直属领导只需三招：
1. 能力：把领导交代你的任务有反馈地完成，让他感到安心，就具备了提拔的基本资格；
2. 态度：指哪打哪，不和领导对着干；
3. 亮点：具有一项超脱工具人的能力。

我们与同事是竞合的关系，既有竞争也有合作，整体而言竞争大于合作。

职场需要联合与制衡：一是关键时刻得有人能为你说句话；二是敌人的敌人就是朋友。

对待同事的高段位技巧：热情、大方、真诚、分寸感、毫不吝啬地夸奖。

新人步入新环境，融入新团队，需保持低调得体，切忌急于建立关系，循序渐进，稳步开展。

决定我们成为什么样的人，不是我们的能力，而是正确的选择。

穿搭与气场，是与领导同事相处的第一层铠甲。

团队不是挤进去的，而是别人主动接纳你的。为什么接纳你？因为你跟他们是同一类人。

立下一个正确的"人设",是融入职场的根基。

领导是资源的提供者,是我们应该抓住的职场主线。工作中,若得不到领导的支持,等于自断一臂。

当你特别讨厌自己的领导时,他对你说的每一句话,都会引起你的反感,破坏你的心情。受伤的其实是自己。最重要的是,讨厌会为自己带来风险。我们可以做不到喜欢,但一定要"平常心"。

与领导相处需要尊重而非畏惧。时刻明确上下级观念,但与领导接触需要大方,因为畏惧会显得你十分低级,上不了台面。

职场中的埋没其实是常态。没人会傻到为自己培养竞争对手,而大部分人选择干掉潜在竞争对手的方式就是在其壮大前疯狂压制他。

领导钟意在工作之中主动为自己出谋划策,解决难题,并且又能够在工作之外帮自己做事的员工。这样的人,往往被领导视为核心力量。

学会欣赏自己的领导。欣赏首为顺心,次为尊重。

职场也是交易场,有能力的强者通过不断增加己方砝码,实现交易过程的不卑不亢;而没能力的弱者,则以弱小换取同情。

职场呢,就是一个比谁更虚伪的地方,有马户也有又鸟,你得懂看人下菜碟。就好比领导喜欢吃饼,到了你这间饭店,你一个劲儿地给人家做盖浇饭,他还能来你这间餐厅吃饭吗?

其实,太没有能力和太有能力都不是什么好事,毫无锋芒会让一个人遭受欺压,而锋芒毕露会让一个人成为众矢之的。

再自私自利的目的,也要学会用高大上的套话包装一下,别管大家信不信,别把愚蠢当真诚。

年轻不是资本,职场上只有业绩才是,年轻只是成长的资本,潜力一说在职场永远走不通。

放弃你的学生思维,不要遇到任何问题就直接问你的同事,每个人的时间都很宝贵,尽可能尝试所有手段解决,实在解决不了再去问同事。

工作就像爬山,只有不断往上走,才能看到更美的风景。

工作就是把别人的辛苦变成自己的辛苦,把自己的舒适变成别人的舒适。

实际上,每一个人每一个时候,都是在为自己的简历打工。

宁可前面谨慎,不要事后后悔。

沟通是一门艺术,说话的方式往往比内容更重要。

工作不是生活的全部，记得给自己留点私人空间和时间。

别相信上司故作亲近的话，那随时都会是陷阱。

当一个单位开始严抓考勤和办公室纪律的时候，大概率是准备变相裁员。

批判的武器代替不了武器的批判，物质力量只能用物质的力量来摧毁。所以，骂别人不讲诚信没用，关键是能不能用实力来打倒他。如果你不比他强大，或者你对他没用，就别指望别人对你讲诚信，无论是敌人还是朋友。

工作并不总是公平的，有时候努力不一定能得到相应的回报，不努力一定得不到回报。

别过于听信那些领导说的话，他们每句话都可能带有目的。只有自己才是人生的主宰，那些带有主观的建议，一律只能做参考。

工作后才深深体会到，读书确实是最快的出路。如果没有特殊的技能、特别的关系、特级的学历，普通人会过得很难。

请远离性别红利。不管上级同事，男女之间保持距离，避免因关系惹出是非。

职场中一定谨记：千万别自己感动自己。大部分人看着好像很努力，不过是愚蠢导致的。

如果你想人缘好，永远别让同事感觉你有多精明，一定要表现出人畜无害的样子，这样别人才会愿意接近你。

嘴要甜，心敢狠。逢人面露喜色，随喜赞叹，善于夸奖和赞美；心肠该狠时狠，该硬时硬，该绝时绝，不做老好人。

如果你只盯着工作，那你的眼界和薪资将会被工作所决定；那些有想法的人，会在工作的同时积累资源、提升能力，等合适的时机跳出圈子，实现突破。

初入职场，别暴露100%的实力，不要拔高领导对你的期待值。领导看到你做事轻松、效率又高，会把更多杂乱的事情交给你，如果之后你效率变慢了，还会认为你在偷懒。

推工作的时候最好的理由是"有病"和"学不会"，千万不要与领导发生正面冲突，不然往后的日子会很难过。

遇到喜欢插手细节的领导，其实只

是暴露他能力不足，没有格局去做大决策，只能插手自己力所能及的一些小细节，归根到底还是没有能力。

尊重上级是一种天职，尊重同事是一种本分。

千万别把情绪带到工作中，要保持冷静和理性。

不要抱怨工作量太大，要学会合理分配时间与资源。

别过分追求利益最大化，要注重长远的发展和价值实现。

职场基本认知：
职场不是学校，犯错要付出代价；
领导不是朋友，不要期待得太多；
同事不是家人，不要轻易泄露隐私；
升职不是终点，要有持续学习的意识；
工资不是唯一，要有职业发展的眼光；
任务不是负担，要有主动承担的意识；
困难不是借口，要有解决问题的勇气；
竞争不是敌人，要有合作共赢的心态；
成功不是偶然，要有扎实努力的基础；
失败不是终结，要有重新开始的决心；

不是工作需要你，而是你需要工作。

同事间没有无缘无故的爱，也没有无缘无故的恨。

学习和不断自我提升，是保持职场竞争力的关键，这就是职场为什么越来越卷的原因。

领导看的是功劳，不是苦劳，所以，人们往往更看重你为团队带来的价值，而不是你个人的付出。

错误和失败是成长的机会，不要害怕犯错，学会从中吸取教训，依然是收获。

成功不仅仅是个人的成就，一个人的成就仅仅是小成，团队的成就才是大成。

职业发展是一个不断学习和适应的过程，要保持开放的心态，固步自封的人走不长远。

努力和能力并非唯一决定成功的因素，有的时候，职场人际关系甚至比以上都重要。

会得越多，做得越快，做得越快，干得越多。

职场不是慈善堂，别指望别人对你无条件包容。

从某种角度来说，怀才不遇和没

能力是没什么区别的。那些才华横溢的人不会被埋没，而才疏学浅的人终将被淘汰。

学会有效沟通，比埋头苦干更重要。

凡事不能只看表面，还要看动机和条件：我们分析一个事情，不能只看表面的信息，要看这个事情谁最有动机做，而且还要看，是不是具备控盘的条件。

职场上久了，都会有懒散退让之心，然而想往上走，就要提醒自己要时刻保持振奋，面对机会主动去争去抢。

职场是利益场，一个人嘴上说得再高尚，内心也会屈从于利益，最后归结到四个字上：趋利避害。

人与人相处的界限，是通过不断试探对方的底线来确立的，即俗话说的"不打不成交"。那种特别在意别人的感受，总怕得罪人，不敢表达自己意见的人，往往在人际交往中特别被动。

职场上说话，半真半假。尤其领导说话，最多听一半儿，要学会听懂真话、假话以及话外之音。

要时时刻刻了解对方需要什么价值，我能给对方什么价值，这样才是一个职场上"立得住"的人。

越是底层的人，越是喜欢暴力冲突，直接拳头决定成败，但是越是高层的斗争，越是权谋的博弈，玩的都是心眼跟手段。

一个事情之所以被推动，要么是有苦主，要么是有上级，要么是因为斗争，否则不了了之。

不要主动去帮助和接触那些能量低的人，如果在意那些人怀疑你，否定你，评判你，攻击你，会降低你的能量，所以一定要远离。

人事权，奖罚权，分工权，这三个权力，如果假手于人，长久下去就会大权旁落。

安排工作，就是分工的权力，因为一个组织有好做的工作，有难做的工作，有便于捞好处的工作，有脏活累活，所以分工的本质就是分配资源。

利益的最大获得者，往往是不守规矩和利用规矩的人，等他们的利益到手之后，又开始制定规矩，让大家去遵守，以保证自己的利益。

真相会让危机阶段的组织陷入混乱，从而丧失最后尽力一搏的机会，这时候，作为权谋家，就必须立即制造谎言，给够美好前景，来稳定人心，人心稳定之后，才有渡过危机的可能。而且渡过危机之后，这个善意的谎言是不会被指责的。

在你死我活，资源稀缺的职场上，

不能提倡仁义道德和透明化，而是要有欺骗和佯动，隐真示假，迷惑敌人，隐蔽企图，以达到谋取利益，掌握职场晋升的主动权。

说服术的起点就是信任，首先把自己的信任塑造起来，别人才会听你的话。

说服术的重要手法就是利益诱饵，没有利益诱饵，什么都做不成，说服别人，就要给人家看到好的前景。

作为领导者大多数时候并不需要处理具体的、常规的事务，而主要工作就是协调各种关系，解决矛盾难题，处理突发的意外，这就需要心里有处理各种事情的套路。如果不明白这些办事套路，这个领导位置是坐不稳的。

赚钱的两个逻辑：一、个人劳动所得；二、社会财富红利。

前者是你的努力和本分，往往是小钱；后者是你的选择和运气，常常是大钱。靠努力和本分赚的是辛苦钱，要凭技能，是加法逻辑，这是慢慢积累的。靠选择和运气赚的是轻松钱，要凭认知，是乘法逻辑，这是老天分配的。

好品质是个外衣，要让人眼睛看得到，而不是对自己的行为约束。一旦一个人对自己的行为有所约束，那么必然在走向成功的道路上被束缚了手脚。

所谓的工资都是一时的，而自己的身价是永恒的，不断地提升自己的身价，之后走到哪里，任何单位，人家看中的是你的身价，不是你曾经拿了多少钱。

每个问题的背后，都是利益的变化，如果公开表达自己的态度，不是得罪这一方，就是得罪另外一方，自己中立的立场一旦打破，就很难独善其身。所以不公开说意见，就不会得罪任何人，就不会树立潜敌。

工作中要能干、会干，还要巧干，而不是傻干。

人们通常只关心两件事，自身的利益和他人的道德。

不喜欢现在的这份工作，要分清自己是不满意现在的工作状态，还是真的不喜欢这份工作。

一点点建立对现实的客观认知。当一个人对现实有客观认知的时候，跟现实的"心理摩擦"会变得更小，也就是心里没那么别扭。

多实习，多实践，多去跟现实碰撞，这样才能早点儿知道自己最不擅长什么，然后避开。

一个人觉得不舒服，觉得被伤害，即便"伤害"的人不是故意的，受伤也是真实存在的。

想要别人知道你的价值，就要主动

展现,而不是等着被发现。

职场没有白走的路,但确实存在很多的弯路。不是每一个坑你都必须亲自去踩,提前练好职场基本功,就可以让你把工作做得更漂亮。

80%的人都是默默无闻的。只要稍微用点心,稍微努力点,就能比大多数人做得更好,享受到滚滚而来的红利。

工作十年,未必代表你有十年工作经验,可能只是把一年工作经验用了十年。

我们每一天都在被时代淘汰。年纪大未必代表你懂得更多,很可能你只是落后时代更多。现在经验保鲜期越来越短,不是年轻人向老年人学经验的时代,而是一个老年人向年轻人学创新的时代。

蠢人没有足够的智商知道自己蠢,这真是一件让人无可奈何的事。

别人不跟你讲道理的原因:

1. 别人比你实力强太多,直接实力碾压你就够了,不需要讲道理;
2. 你太主观、太自我,不听别人讲的道理。

用权力换来的利益,在权力重新洗牌时,终究会被新的权力所没收。

要从别人的教训当中,得到自己的警示。

以前是收钱办事,现在钱不收了,事也不办了。

跟社会上的人多互动,不是说非得去社交,而是在社交中,你能够获取更丰富、更鲜活的第一手信息。很多人是从网上获取信息的,不是不行,但不要偏信。

要想获得职业幸福感,首先需要做自己擅长的事情,也就是要先知道自己的天赋。

人和职业的关系,不像拼图那样严丝合缝,每个人就只适合在某一个地方。

掌握了工具，学会了使用方法，熟悉了沟通，掌控了情绪，这时你已经跻身"高手"之列，是时候进阶到管理领域了。

单位人员流动大不外乎：
1. 薪资待遇低；
2. 没有浓厚的企业文化氛围；
3. 缺少晋升和发展的机会；
4. 文体、娱乐活动也较少。

工作中对人最大的尊重就是能够理解他人的工作，对他人付出的努力保持一份敬意，以及对不合格的工作品质保持坚定的反对。这三者缺一不可，且有先后顺序。

有时候我们找不到自己喜欢的工作，是因为我们喜欢的那些工作喜欢比我们资历更好的人。

在工作中，如果只是为了薪水而混日子，不去努力创造学习机会，那么最终得到的也只能是那点薪水，甚至还有可能被薪水"抛弃"。

辞职，说到底，是一招"险棋"。真要走到这一步，不能不为以后的发展做好打算。如果只是因为不喜欢被分配的部门就草率辞职，那可真是"亏大发"了，既失去了一个锻炼自己的机会，又要花时间和精力重新找工作，而下一份工作能不能称心如意？也还是个未知数。

不要低估用心和努力在工作训练中的作用，努力本来就包含克服自己弱点的意义。

所谓经验和感觉，就是通过在工作和学习中解决一个又一个问题获得的。

良好的工作分析能力，比"悟性"更重要。

基本功扎实是很难的，它包括沉下心来积累的静气以及快速反应的爆发力。

职业规划的首要要求：能提出正确的问题。

一个有效的职业规划，一定是在有了社会经验之后做出来的，而且是阶段性的，需要不断在实践中调整。

知道道理是一回事，要把道理变成自己真正懂且能够应用的东西，总得有一个"亲自做一遍，凡事问到底"的过程。

一个没有改进和成长意识的人，再怎么去批评都是枉然。

标准这东西从来不怕高，只是一怕不清晰，二怕没有实现的路径。

工作是可以快乐的，却不是以快乐为导向的。

遇事不钻牛角尖，人也舒坦，心也舒坦。

当我学会了控制脾气时，就证明我懂得了什么叫没必要。

能为别人设想的人，永远不寂寞。

心中装满了自己的看法与想法的人，永远听不见别人的心声。

聪明人变成了痴愚，是一条最容易上钩的游鱼；因为他凭恃才高学广，看不见自己的狂妄。

既然办不到，就不要给任何承诺。

能把复杂问题简单化的人是人才，能把简单问题复杂化的是蠢才。

"剩"者为王的时代，能活下来的都成为了行业的翘楚。

简单的事后总结都是无用的，关键是事前能够预期的某些规律。

对人恭敬，就是在庄严你自己。

智者顺时而谋，愚者逆时而动。

多用心去倾听别人怎么说，不要急着表达你自己的看法。

忌妒别人，不会给自己增加任何的好处。忌妒别人，也不可能减少别人的成就。

有智慧的人总是把嘴巴放在心里，而愚昧之人反而把心放在嘴里。

人生的价值，即以其人对于当代所做的工作为尺度。

当你连工作挣钱都要别人开导，要人盯着、看着、哄着、鼓励着，劝你还是别干了，那你就应该穷！这不是鸡汤，这是现实。

无论你从事什么行业，只要做好两件事就够了：一个是专业、一个是人品。专业决定了你的存在，人品决定了你的人脉。

没有不劳而获的工作，更没有坐享其成的收获，若比别人贪心，请比别人用心。

与其降低你的开支，不如去尝试增加你的收入。

别不好意思拒绝别人，因为有些人明明知道是为难别人的事，却还要理直气壮地让你妥协。

世上没有一件工作不辛苦，没有一处人事不复杂。有些人是不必工作的，可那不是你，反正都要做了，何不快乐一点去做？

受委屈几乎是一个人成长最快的途径，吃下去的是委屈，消化掉后得到的是格局。

抱怨是一件最没意义的事情。如果实在难以忍受周围的环境，那就暗自努力练好本领，跳出那个圈子。

和优秀的人共事很简单，告诉他要

做什么事，要什么效果，他就会想办法搞定，不需讲究条件。因为经过无数次经验的积累，他本人就成了成事最大的"条件"，缺了他，这事就搞不定。所以，越是出色的人，越善于在缺乏条件的状态下把事做好；越是平庸的人，越对做事的条件挑三拣四。

本事不大，脾气就不要太大，否则你会很麻烦。能力不大，欲望就不要太大，否则你会很痛苦。

随口答应，还不如认真拒绝。承诺有限，精力紧张，大家可以学习另外两种技能：随口拒绝讨厌鬼，认真答应心上人。

没有做好充分的准备之前，不要贸然地去未知的领域尝试。

没有力气再往前走，也没有余地往后退，原地踏步又心有不甘，这就是大部分上班族所谓的焦虑。

工作时常想三个问题：
1. 身边的人还有哪些值得我学习；
2. 手头的工作还有哪里可以提升；
3. 以后的工作如何可以做得更好。

不要轻易站队，一旦站错了后果不堪设想，就算站到所谓胜利的一方，也不知道什么时候帮人挡了枪。

领导之所以能成为你的领导，一定是在某方面比你厉害。可能是个人能力、可能是关系，也可能是资源等等。

想要不断地精进自己，第一点就要承认"自己没那么聪明"。

无论你多么厉害，面对一个很大的蛋糕，都不要想着自己一个人独吞。想独吞，大概率什么都拿不到，反而只想着拿一份蛋糕，分出一部分给别人，成事的可能性提高了，也赚得了人脉。

这个世界上，没有甲方乙方，只有交易的双方，谁能掌握稀缺资源，谁就是强势的一方。

不要因隐藏实力而埋没自己，也不要因过度骄傲败露自己。

期望越大，失望越大。对任何事情尽职尽责就好，不要有太高的期望，不管是对自己，对他人也一样。一旦没有达到预期心理落差会比较大，难以接受。

职场中的大多数你解决不了的问题，不是因为你能力的问题，而是因为你权力不够，或者说你没找对人。

办公室是最没有秘密的地方。如果你把秘密告诉风，就别怪风把秘密吹遍整个森林。

点菜也是一种业务能力。要照顾所有人的胃口，首先要问大家有没有忌口的，如果实在不会点，就把这事交给"老油条"去做，这种事他们最拿手了。

警惕在你面前搬弄是非的人，可能

他一转眼，就把你说的话告诉领导。如果你们有利益冲突，他也会毫不犹豫把你推出去牺牲掉。

成人世界的自愿＝必须；

周末自愿在家办公，就是在家也必须工作；

自愿参加单位的团建，就是再忙都必须参加。

不控制消费欲望，就很难达到或接近财务自由的状态，道理很简单：你没有第一桶金和足够的安全感。如果你研究下大佬们的发迹史，你会发现他们都有一个共同点：都有一笔小钱用于启动事业。

无心者皆琐事，有心者成大事。要去买那些无心干大事，乐于安逸的人的时间，因为他们的时间廉价，又没什么心思，把一些琐事积压给他们，把自己解脱出来干大事，才有再上一个阶级的空间。

职场里要适当地"装怂"。能力越突出的人，越容易被记恨，也越容易被人使绊子。越是看起来没什么能力的人，越难引起别人嫉妒，也越容易受到大家的喜欢。

和领导乘车时，如果有司机，尽量坐副驾驶。如果坐后面，切忌坐右后座。按照商务乘车礼仪，右后座是领导专座。

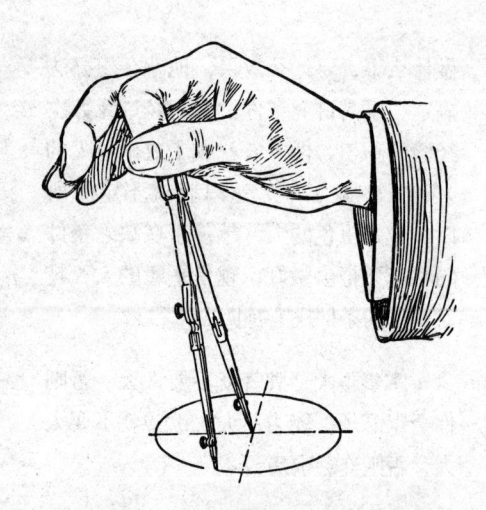

当别人找你谈事情时，主动将手机调成震动，这个小举动并不会让你错过什么重要的消息，反而会让别人觉得你很尊重他，会更乐意和你交流。

当领导夸你最近工作很认真，不过整体业绩不行时，只要听后半句就可以了。转折后面的话才是他想让你知道的，别因为夸你认真就沾沾自喜。

别在同事面前展现100%的自己，向别人透露的每一个隐私，都有可能成为别人伤害你的武器。

说话做事留下台阶，为他人着想，也是为自己留一条后路。

夸奖选择听，批评认真听。那些只夸你的话听听就好，真正让你成长的往往是那些批评你且有道理的良言，从中汲取教训，比一时的骄傲可靠多了。

与领导建立亲密关系的秘诀，就是跟他有共同的爱好。弄僵与领导关系最简单的途径，就是在背后说他坏话。

如果领导私下夸你，那表示感谢便可，别想太多。如果领导在公共场合夸你，私下却把你骂得狗血淋头，千万别生气，那是真的关心你。如果领导平时老是表扬你，晋升时却把你晾在一旁，请认真反思一下：自己有多久没跟领导单独谈过话了。

永远只对直属领导负责，当出现另一名领导对自己发出指令时，立马向直属领导如实汇报。

将军都是从小兵上来的，现在你经历的一切，领导都经历过，有时候故意不点破，只是想给你留个面子。因此，不要总耍小聪明，有时候诚恳就是最精明的圆滑。

与领导有不同见解时，先说出自己的疑惑，再讲出自己的想法，进而提出自己的建议，最后服从领导的要求。

如果是偶遇的饭局，无论别人怎么邀请，都不要去。

让别人帮你一些力所能及的小忙，可以让关系升温。

千万不要为了一味地取悦他人而自我牺牲，真正的职场关系根本不需要刻意维持。

不要把升迁作为唯一追求，否则会活得很累。晋升的过程是由很多因素决定的，平台、机遇、能力缺一不可，大多数人穷其一生，也不过是个中层而已。

职场中，越跟别人客气，别人就越跟你不客气。不卑不亢，主动提出自己的要求，反而对自己更有利。

逢人且说三分话，不可全抛一片心。单位里没有绝对的朋友，没有绝对可以信任的人，只有暂时的利益团体。任何时候都不要把自己的想法完全表达出来，大多数情况下，互相交谈都是试探性的，说一分话藏九分，谁能把藏起来的九分猜明白，谁就能干上去。

领导不在的时候，仍能勤勤恳恳工作，说明这个人不是在为单位效力，而是在为自己努力。

别去接同事讨论的闲言碎语。有些是为了钓鱼而设的套，一旦接话，就成了那条鱼。

工作能力强的五大表现：
1. 会挑活；
2. 会说话；
3. 懂汇报；
4. 能扛事；
5. 能拉人。

凡是工作，必有目标；
凡是目标，必有计划；
凡是计划，必有执行；
凡是执行，必有检查；

凡是检查，必有结果；
凡是结果，必有责任；
凡是责任，必有奖惩。

工作中，少谈好恶，多看利弊。要有一颗淡定的心和平静的脸。没必要喜欢这么多人，许多人也不值得你讨厌。

态度比能力更重要，别老推卸工作，宁可做不好，也不能不去做。领导批评你时，用90%的话语表态认错，用10%的话语解释原因。

在单位里，要搞明白谁是真正能决定你命运的人，别跟闲杂人等浪费太多时间，要懂得在正确的时间、正确的地点、正确的人面前表现正确的你。

别总想着找体制内的人结婚，共同的职业不一定有共同的语言，相似的经历却常有相似的烦恼。要拓宽自己的择偶面，宁缺毋滥，晚婚不可耻，晚育不可笑。

有底线、没有底气的人，没有能力做通行证，不好惹也只是纸老虎。

送礼是关系升温、感情到位后，锦上添花、水到渠成的事，强推硬送只会增加别人对你的反感和厌恶。

大问题开小会，小问题开大会，重要问题一般不开会。

青年人就要有青年人的样子，不要老气横秋，不要死气沉沉，在什么样的年纪说什么样的话，在什么样的岗位做什么样的事。

和上级的关系其实很重要，工作做得好不好反而是其次。同一个事情有一千种解决办法，不要纠结你认为最正确的那个，放下自我，想想领导可能会倾向于哪一个选择。

刚入职，人人看见你都会微笑客气，不在于你长得帅、学历高，而是因为还没摸清楚你的背景，表面功夫要做好。

所谓协调会，大多会变成甩锅大会，各路人马大显神通，就是为了不让太多事情落到自己身上。

按规定办事情，比事情办得多、办得好更重要。程序正义才是硬道理。

接到任务的第一反应应该是确认是否是你的职责范围。否则一旦某个事情你接过一次，后面接踵而至，都会默认就是你的工作。

办公会议过审的秘诀在于你提前和多少参会领导沟通好，而不在于你的提案有多完善多完美。这就是"得道者多助、失道者寡助"。

就算再不愉快，笑一笑，千万别当面闹翻。

职场大忌：交浅言深。职场与利益相关性太大，他们可能随时为了保全自己的利益出卖你。对你热情的人不一定对你心怀善意，所以不要因为他对你热情就把他当作朋友，对他知无不言掏心掏肺。

如何提升行动力：
1. 放低预期：设立最小的可执行的目标；
2. 放下完美心态：别总想着什么都准备好了再开始，先完成、再完美。

不要等待被调用，要学会自己向上调用资源。虽然上级的时间要比你想象中的少得多，但他们的资源和信息比你想象中的多得多，不如由自己先发起沟通。

凡事都讲究个度，责任心一定要适度。超负荷的工作量只会恶性循环地拖垮你的身体。

工作中容易痛苦的人都是责任心过剩的人，追求尽善尽美，每件事都操100个心，容易把自己绷得太紧。适度放松，以自己的节奏为主，懂得蓄力才能更好地发力。

人生的意义不是只有通过工作才能找到，我们的生活、家庭、子女、父母、友情都能成为我们交付意义的渠道。

工作要有边界感：
即使自己再怎么清闲，也不要主动包揽别人的工作。包揽别人的工作就是替别人做嫁衣，只会让你损耗更多的精力。况且做好了还好说，要是做砸了，这个锅谁来背？

向上管理的五大技巧：
1. 勤请示：不是能力不足，而是一种工作态度和信息同步；
2. 懂汇报：不是说差不多，而要用数据和事实说话；
3. 常沟通：事情进展情况，遇到哪些难点，需要什么支持；
4. 多建议：领导要的是解决问题，不是问题的"二传手"；
5. 有格局：要像领导那样去思考，而不是陷入细枝末节中。

一时的舒适区，并不是永久的安全之地。尤其是在一个职场待太久了，本能地会对外部环境产生畏惧，而更加愿意躲进熟悉而安全的洞穴。恰恰是这种情绪的出现，让人们在不知不觉中选择了逃避。

沟通情况时，让别人做选择题而不是填空题。

远离职场无效社交：
无效社交既浪费时间又浪费财富，我们需要结交的是那些有内容、有真才实学、能给我们带来经验，帮助我们不断提升的人，而那些只是胡吃海喝、饭饱酒足之后留下了联络方式，却成为手机里安静躺着的一串串数字的人，只是在消耗我们的精力。

职场冰山法则：
1. 说话做事一定要留有余地；
2. 常备有 Plan B。

工作中一定会有负面的情绪，不管是来源于工作本身还是同事关系，当情绪扑面而来的时候，最好的回应便是直面它、接纳它，只有从心底接纳了，才能任它随风去，而后，与之和解。

对于职场人士来说，真正知识的力量体现并不主要在获取二手知识上，而在于对自己岗位中发生的问题多问几个"为什么""怎么办"，然后把自己的知识与之结合，形成解决和改进的方案。

身处信息大爆炸的时代，难的不是找到信息，而是在浩瀚如烟的海量信息里找到真正有价值的信息。

饭局中的识人术：
1. 一直坐在那不夹菜，也很少举杯然后又借故中途离场的人，根本就是没看上在坐的人；
2. 饭局上从头吃到尾的人，一般不会有什么威胁，就是个实在的"干饭人"；
3. 饭局不敬领导酒的人，一般是领导的心腹；
4. 一个劲敬你酒的人，要小心以后可能是出卖你的人；
5. 饭局话很多的人往往没什么实力，话很少的人如果不是老实人，就是很有实力的人。

工作的本质是交易，我们付出自己的时间、经验和精力，换取一部分我们想要的生存自由。

职场三个不存在：
1. 不存在"这个事儿只有你能做"，单位离了谁都能转；
2. 不存在"领导肯定我，只是还没轮到我"，职场认可你的方式只有升职或加薪，其他都是画饼；
3. 不存在"同事孤立我，我混不下去"，只要你变强了、变得有价值，平时骂你最狠的同事都会巴结你，别只顾着经营同事关系，多经营自己。

遇到问题就解决问题，不生气，不烦躁，不值得。

正确的消费观念：
1. 强制储蓄；
2. 工作时长换算价值；
3. 记录浪费清单；
4. 设定冷静期。

职场拒绝技巧：
1. 态度一定好；
2. 拒绝一定无情。

工作终究是为了生活得更好，下班之后，去感受微风、感受晚霞、感受月光洒在你身上，感受你作为一个"人"和这颗美丽的蓝色星球的连接吧！

背景固然重要，不过每个部门更需要能干事的人。

不要得罪单位里辈分大的人，哪怕他的职位毫不起眼。

遇到突发状况，当成对你的危机处理意识的锻炼。遇到难沟通的同事，当成对你沟通能力的考验。

职场中谨记：同事是一起做事的人，朋友是能为你牺牲自己一定利益的人。同事之所以能在一起，是以利益为导向的，而朋友是以情感为导向的。

不管是夸你还是骂你，本质都只是为了压榨你更多的生产力而已。

只有对组织有用的人，才会得到组织的保护。

工作退一步是我们谋生的手段，进一步是我们实现价值的方式，无论进退都不是我们人生的全部。把好身体、好心情搭进去，就太不划算了。

职场中做好这四件事：

1. 深耕自己，提供价值；
2. 不断提高工作效率；
3. 强化自己的不可替代性；
4. 严格划清同事界限。

有时候，你的加班加点并不能换来升职加薪，只会换来更多的琐事。

无论职场多么复杂，其实只有管理者和被管理者，被管理者生活从来没有容易过，因为在有限的利益中，人人皆在和身边的人争夺利益，争夺的结果只有两种，要么被人打败，要么打败别人，太感情用事或者太过善良，必然失败。

请把自己当成人生这部戏的主角，领导只是你这一段戏的客串，跟他演好对手戏是对你的演技负责，但是不要让一个路人甲搅乱了你的戏路。

大多数时候会哭的人才有奶吃，大胆说出来，不吃哑巴亏。

工作已经赔了宝贵的时间进去，就不要再赔上自己的情绪了。

每次纠结工作中那些鸡零狗碎的小事的时候，不如想想其他人也只是为了谋生而已。

三、活出锋芒

（虽然辛苦，我还是会选择那种滚烫的人生。）

◎ 没有实力的时候不要说话，有实力的时候不需要说话。

◎ 能保护你的既不是盾，也不是铠甲，而是藏于枕边的短剑！

◎ 并不是所有人，都值得你善良；并不是所有的错，都值得原谅。忍无可忍，则无需再忍。

成长不是随心所欲的放纵，而是困苦之后对憧憬的坚守。

改变是一件很痛苦的事，成长则是理想世界不断崩塌又重建的过程。当你学会接受了这一切后，痛苦就被你抹杀掉了。

没必要去向无关的人解释你的梦想，你自己有个清晰的目标就行，别人根本不在意你伟大的梦想，也不在意你要怎么努力。默默无闻之后的突然崛起，才最有说服力。

如果你有个梦想，就必须捍卫它。

小事糊涂，大事不糊涂。

九句醍醐灌顶的话：
1. 急躁是因为你阅历不够；
2. 慌张是因为你准备不足；
3. 烦乱是因为你思路不清；
4. 轻浮是因为你目光短浅；
5. 懒散是因为你缺乏目标；
6. 暴躁是因为你缺乏能力；
7. 压力大是因为你期望高；
8. 心累是因为你想得太多；
9. 劳苦是因为你方法不当。

一个人最大的悲剧，就是拒绝成长、拒绝成熟。

许多人在二十多岁时就已经死掉了，只是等到七八十岁才埋。

如果你要做一件事，不要到处宣言自己的想法，只管安安静静地去做，值不值，时间是最好的证明，自己的人生，得自己负责。

没有伤痕累累，哪来皮糙肉厚。英雄自古多磨难。

不怕风浪大，风浪越大鱼越贵！

荀子说："与凤凰同飞，必是俊鸟；与虎狼同行，必是猛兽。"与智者同行，会不同凡响。与高人为伍，能登上巅峰。想要成为什么人，那就去接近什么样的人。

能保护你的既不是盾，也不是铠甲，而是藏于枕边的短剑！

你有不伤人的教养，却缺少一种不被人伤害的气场，若没人护你周全，就请以后善良中带点锋芒。

把懒惰放一边，把丧气的话收一收，把积极性提一提，把矫情的心放一放，所有想要的，都得靠自己的努力才能得到。

如果你不坐下来跟"我"聊天，你永远都不会知道"我"是什么样的人。通过聊天，你会发现，"我"不是你听到的那个"我"。

别把安全感建立在别人身上，那样就等于把自己人生的选择权交给了别人。

人生是个积累的过程，你总会摔倒，即便跌倒了，你也要懂得抓一把沙子在手里。

比起所谓的孤独终老，更让人感到恐慌的是：此时此刻，就在我们年轻而强健的此时此刻，却对生活中的一切都提不起兴趣，任由时间流逝，任由空虚穿透胸膛。

永远都不为自己选择的道路而后悔，不管是十年前，还是现在。

没人扶你的时候，自己要站直，路还长，背影要美。

要把梦想变为现实，第一步你得醒过来。

一个人至少拥有一个梦想，有一个理由去坚强。心若没有栖息的地方，到哪里都是在流浪。

鹤立鸡群，倍受排挤。你可以选择离开鸡群。

不要把你的对手逼到绝路，也不要轻易激怒他。损人一千、自耗八百的蠢事不要干。

并不是所有人，都值得你善良，并不是所有的错，都值得原谅。忍无可忍，则无需再忍。

做人记住这十条：
1. 不跟富人比阔气；
2. 不与牛人比权贵；
3. 不跟铁人比意志；
4. 不跟强人比耐力；
5. 不跟飞人比速度；
6. 不跟能人比技术；
7. 不跟圣人比思想；
8. 不跟巨人比身高；
9. 不跟小人比智商；
10. 不跟狠人比心机。

宁作清水之沉泥，不为浊路之飞尘。

每个人都有潜在的能量，只是很容易被习惯所掩盖，被时间所迷离，被惰性所消磨。

白白地过一天，无所事事，就像犯了窃盗罪一样。

如果你能像看别人缺点一样，如此准确地发现自己的缺点，那么你的生命将会不平凡。

不是每一次努力都会有收获，不过每一次收获都必须努力，这是一个不公平的不可逆转的命题。

预测未来的最好方式，就是去创造它。

不要去追一匹马，用追马的时间种草，待到春暖花开时，就会有一批骏马任你挑选；不要去刻意巴结一个人，用暂时没有朋友的时间，去提升自己的能力，待到时机成熟时，就会有一批朋友与你同行。用人情做出来的朋友只是暂时的，用人格吸引来的朋友才是长久的。

所以，丰富自己比取悦他人更有力量："种下梧桐树，引得凤凰来。你若盛开，蝴蝶自来，你若精彩，天自安排"。

永远不要放弃你真正想要的东西，等待虽难，后悔更甚。

学可以无术，但不能不博。学而不博，那就是没见识。

谦退是保身第一法，安详是处世第一法；涵容是待人第一法，恬淡是养心第一法。

生气的时候——
请说："谢谢你的理解。"
别说："我刚才失态了。"
迟到的时候——
请说："谢谢你的耐心等待。"
别说："对不起我又迟到了。"
向别人吐槽的时候——
请说："谢谢你听我说出心里的话。"
别说："对不起，我说话没有分寸。"
和朋友谈心的时候——
请说："谢谢你耐心倾听我的诉说。"
别说："对不起，我刚才是胡说八道。"
别人鼓励你的时候——
请说："谢谢你对我抱有期待。"
别说："对不起我总让你失望。"

人有两条路要走：一条是必须走的，一条是想走的。一个人必须把必须走的路走漂亮，才可以走想走的路。

生活不是等待风雨过去，而是学会在风雨中翩翩起舞。

我们必须接受失望，因为它是有限的，但千万不可失去希望，因为它是无穷的。

当幻想和现实面对时，总是很痛苦的。要么你被痛苦击倒，要么你把痛苦踩在脚下。

要理想不要幻想，要激情不要矫情。

告诉自己，现在的你不能再混再疯再懒惰了，前途很重要。

一个人把该做的事做了、该出的力出了，成功就在其中，幸福亦在其中。

如果一个人不知道他要驶向哪头，那么任何风都不是顺风。

机会对每个人都是平等的，你可以没有开枪的机会，但机会来时，你不可以没有子弹。

勇敢的人开凿自己的命运之路，每个人都是自己命运的开拓者。

成功不是做你喜欢做的事，而是做你应该做的事。

现在的壳有多坚硬，以前的心就有多柔软。过往的经历让人百炼成钢，让人脱胎换骨。成熟就是无数次把自己揉捏粉碎重新建立的过程。

一个人越混越差，主要有这几个原因：

1. 心肠软，没有自己的主见，性格太软弱；

2. 脸皮薄，常常因为不好意思错失很多机会；

3. 性子急，无法静下心来，干什么事都急于求成；

4. 没有心计，做人太老实，一直被人算计；

5. 口无遮拦，嘴边没有把门的，想说什么就说什么；

6. 办事拖拉，总说今天事今天做完，却总会留到明天；

7. 拒绝成长，人情世故一窍不通，不肯学习新知识。

不要只因一次失败，就放弃你原来决心想达到的目的。

活着的目的不在于永远活着，而在于永远活出自己。

成熟不是因为心态老了，而是眼角挂着泪的时候却还能微笑。

学一分退让，讨一分便宜；增一分享用，减一分福泽。

一个懂得定位自己的人，才是真的在过美好的人生路。

不要浪费你的生命，在你一定会后悔的地方上。

做人有三碗面最难吃，人面场面情面。

坚硬的城市没有柔软的爱情，生活不是林黛玉，不是因为忧伤就可以风情万种。

逆境给人宝贵的磨炼机会。只有

经得起环境考验的人，才能算是真正的强者。自古以来的伟人，大多是抱着不屈不挠的精神，从逆境中挣扎奋斗过来的。

如何与人相处：
1. 一夜暴富之人不可羡；
2. 有恩有义之人不可忘；
3. 时运未来之人不可欺；
4. 反面无情之人不可近；
5. 花言巧语之人不可听；
6. 来历不明之人不可留；
7. 饮酒不正之人不可请；
8. 不识好歹之人不可睬；
9. 忠言逆耳之人不可疑。

志气和贫困是患难兄弟，世人常见他们伴在一起。

寄言燕雀莫相啅，自有云霄万里高。

路是脚踏出来的，历史是人写出来的。人的每一步行动都在书写自己的历史。

勿问成功的秘诀为何，且尽全力做你应该做的事吧。

没有压力的生活就会空虚，没有压力的青春就会枯萎，没有压力的生命就会黯淡。

无论有多困难，都坚强地抬头挺胸，人生是一场醒悟，不要昨天，不要明天，只要今天。活在当下，放眼未来。不一样的你我，不一样的心态，不一样的人生。

与其当一辈子乌鸦，莫如当一次雄鹰。

注意你的思想，它会变成你的言语；
注意你的言语，它会变成你的行动；
注意你的行动，它会变成你的习惯；
注意你的习惯，它会变成你的性格；
注意你的性格，它会变成你的命运。

自己的路自己走，无论是苦是累，甚至是失败，都要去承担，只要是自己的选择，就无怨无悔。

世上从来没有真正的绝境，有的只是绝望的心理。只要我们心灵的雨露不曾干涸，再荒芜贫瘠的土地也会变成一片生机勃勃的绿洲。

业精于勤，荒于嬉；行成于思，毁于随。

烈火试真金，逆境试强者。

永远不要沉溺在安逸里得过且过，能给你遮风挡雨的，同样能让你不见天日。只有让自己更加强大，才能真正撑起一片天。

水再浑浊，只要长久沉淀，依然会分外清澄；

人再愚钝，只要足够努力，一样能改写命运。

年轻人嚣张跋扈，被自己人教训总比在外面被人玩死的好！

奋斗令我们的生活充满生机，责任让我们的生命充满意义，常遇困境说明你在进步，常有压力，说明你有目标。

岁月教会我们的第一件事就是——没有人可以宠你一辈子，要想走得精彩又坦荡，唯有独立且坚强。

只要你真的是用生命在热爱，那一定是天赋使命使然。一个人该坚持和努力的东西，无论梦想是什么，无论路有多曲折多遥远，只要是灵魂深处的热爱，就会一直坚持到走上属于自己的舞台。

苦难磨炼一些人，也毁灭另一些人。

一个人，如果没有经受过投入和用力的痛楚，又怎么会明白决绝之后的海阔天空。

在人生的旅途中，有些意外的风雨是非常自然的，只要你寻觅的眼睛没有被遮蔽，继续认真地去寻找，相信你一定会找到通向成功的道路。

运气是努力的附属品。没有经过实力的原始积累，即使给你运气，你也抓不住。上天给予每个人的都一样，但每个人的准备却不一样。不要羡慕那些撞大运的人，你必须很努力，才能遇上好运气！

最快的脚步不是跨越，而是继续；最快的速度不是冲刺，而是坚持；最慢的步伐不是小步，而是徘徊。

最终你相信什么就能成为什么。因为世界上最可怕的二个词，一个叫"执着"，一个叫"认真"。认真的人改变自己，执着的人改变命运，不期待突如其来的好运，只希望所有的努力终有回报。

勇敢，世界就会让步。如果有时候你被它打败了，不断地勇敢再勇敢，它就会屈服。

不要低估任何一个时刻，每一分秒都有可能是人生的转折。就像某些人的出现，如果迟一步或是早一步，一切命运都将是另外的样子。他们的出现，无关对错，都是上天派来帮助我们成长的。

盛年不重来，一日难再晨。及时当勉励，岁月不待人。

不要急于求成，而是要一步一步地去解决问题。

人生，就是一场自己与自己的较量：

让积极打败消极，让快乐打败忧郁，让勤奋打败懒惰，让坚强打败脆弱。

立志趁早点，上路轻松点，目光放远点，苦累看淡点，努力多一点，奋斗勇一点，笑容亮一点。

当喜悦已经成为过去，当激情已深深沉沦，前行的路已经泥泞，惰性已经产生，我们真的需要放弃。人生鲜有坦途，得失总是无序，无须因一时之得而窃喜，因一事之失而巨痛。

告别平庸的方法：
1. 每天坚持读书1小时；
2. 坚持提升专业，成为单位专业权威；
3. 战胜两个坏毛病——拖延与抱怨；
4. 先从形象上改变，提升你的自信；
5. 时常反省自己，但不诋毁自己；
6. 向优秀的人学习；
7. 坚持早睡早起；
8. 坚持体育锻炼；
9. 保持微笑。

不要轻易去依赖一个人，它会成为你的习惯，当分别来临，失去的不是某个人，而是你精神的支柱。无论何时何地，都要学会独立行走，它会让你走得更加坦然。

那脑袋里的智慧，就像打火石里的火花一样，不去打它是不肯出来的。

不要到处抱怨，如果你是一粒种子，即使是被人踩进泥土里，也会生根发芽，长成一株参天大树。一个人的成就与否，环境固然重要，更重要的是你自身的质地。

人生的道路即使再崎岖，也要坚定地走下去。只有坚持到底，才有获得胜利的机会；放弃只能功亏一篑。不要怀疑自己有没有能力往下走，坚信自己，才能让自己走得更加坚定。

时间，抓起了就是黄金，虚度了就是流水；书，看了就是知识，没看就是废纸；理想，努力了才叫梦想，放弃了那只是妄想。努力，虽然未必会收获，可放弃，就一定一无所获。再好的机会，也要靠人把握，而努力至关重要。

勿轻小事，小隙沉舟；勿轻小物，小虫毒身；勿轻小人，小人贼国。

不谋万世者，不足谋一时；不谋全局者，不足谋一域。

用人品去感动别人，用改变去影响别人，用状态去燃烧别人，用行动去带动别人，用阳光去照耀别人，用坚持去赢得别人，要求自己每天都去做与目标有关的事情，哪怕每天只进步一点点。

真正的胜利是不言放弃，真正的失败是未始而终。

"人为什么要努力？"
"因为最痛苦的事不是失败，是我本可以。"

只要内心不乱，外界就很难改变你什么。不要艳羡他人，不要输掉自己。

如果你停止，就是谷底。如果你还在继续，就是上坡。

当努力到一定程度，幸运自会与你不期而遇。

真正难走的路不是从后场走到前排的距离，而是从地面走向高台的阶梯。这世界上，有多少天分败给了努力，又有多少才华输给了坚持。

身材不好就去锻炼，没钱就努力去赚。别把窘境迁怒于别人，唯一可以抱怨的，只是那个不够努力的自己。

苦难有如乌云，远望去但见墨黑一片，然而身临其下时不过是灰色而已。

趁你现在还有时间，尽自己最大的努力，努力做成你最想做的那件事，成为你最想成为的那种人，过着你最想过的那种生活。这个世界永远比你想的更精彩，不要败给生活。

头等舱可以优先登机，银行 VIP 不用排队，这世界从来就不公平，你有多努力，就有多特殊。

没有哪件事不动手就可以实现。只要你愿意走，哪里都会有路。看不到美好，是因为你没有坚持走下去，人生贵在行动，迟疑不决时，不妨先迈出一小步。

与其担心未来，不如努力现在。

树木结疤的地方，也是树干最坚硬的地方；而我们遍体鳞伤的地方，到后来都成了最强壮的地方。

等待也好，迷茫也好，都不要把自己留在原地。只要你下定决心，每一天都可以是新的开始。

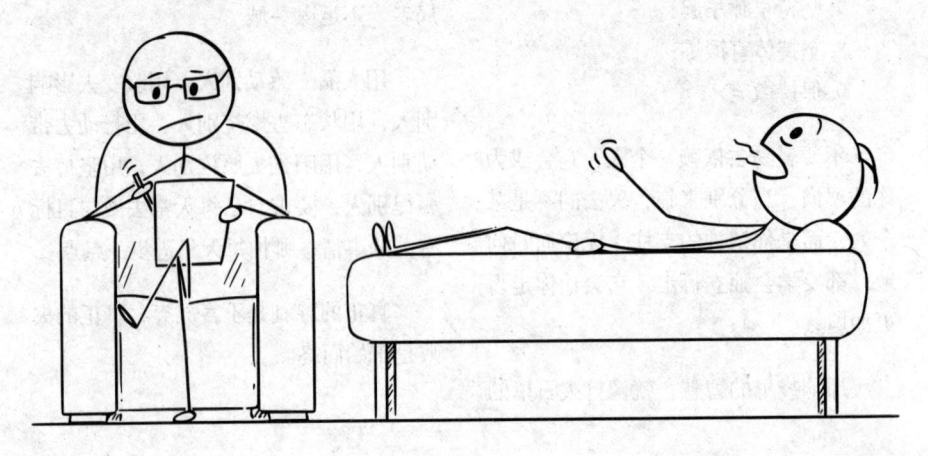

哪有什么一战成名，无非都是百炼成钢；哪有什么常胜将军，无非都是越挫越勇；只有输得起的人，才配赢；用甘心情愿的态度，全力以赴去做每一件小事。

幸运并非没有恐惧和烦恼；厄运也决非没有安慰和希望。

光芒万丈之前，请欣然接受眼下的难堪和不易，接受一个人的孤独和偶尔的无助。

只要不放弃，就没有什么能让自己退缩；只要够坚强，就没有什么能把自己打垮。

没有人可以左右你的人生，只是很多时候我们需要多一些勇气，去坚定自己的选择。

当你走错路的时候，停止就是进步，但不能一直停在那里，你停下来时一定要想明白自己的错误在哪里，方向在哪里，明白了以后你再上路，人生才能够越走越顺。

如果你不相信努力和时光，那么时光第一个就会辜负你。不要去否定你的过去，也不要用你的过去牵扯你的未来。不是因为有希望才去努力，而是努力了，才能看到希望。

真正的乐观，不是盲目地相信一切都会顺风顺水，而是一种能够允许失败的心态：了解自身的局限，正视失败的可能，却仍然选择坚持和践行自己的梦想。

六件很重要的事：
1. 不要在最快乐时承诺；
2. 不要在生气时回信息；
3. 不要在伤心时做出决定；
4. 不要在迷茫的时候选择轻松的道路；
5. 不要在自己做决定后把责任推到别人身上；
6. 不要把眼前的幸福视为理所当然。

不管怎么样，努力本身就是一件让人觉得心安理得的事，如果成功了，会心安理得地享受自己获得的一切，即使失败了，也能心安理得地放下，而后不断前行。

即使没有人注意，也要努力去成长，许多眼睛，都藏在你看不见的地方。

只要是对的，就不怕遥远，只要认准觉得值得的，就一直干下去。

天再高又怎样，踮起脚尖就更接近阳光。

世事不能说死，有些事情总值得尝试。永不轻言放弃，前方总有希望在等待。

努力的意义，不在于一定会让你取得多大的成就，只是让你在平凡的日子里，活得比原来的那个自己更好一点。

心态变强了，困难才会变弱，问题才会迎刃而解，总要先迎难而上，才有后来的乘风破浪。

改变，永远不嫌晚。无论你是几岁，无论你目前所处的境况有多糟，只要立定目标、一步一步往前走，随时都有翻盘的可能。

人生有多长，路就有多长。人生有多深，路就有多宽。生命的路，不能选择的是放弃的路，不能拒绝的是成长的路。其实人生就是一种感受，一场历练，一次懂得。

人生为棋，我愿为卒，行动虽慢，可谁曾见我后退一步。

只有经历别人看不到的努力过后，才有别人羡慕的样子。自己喜欢的一切学会靠自己，不要依赖任何人，努力自立，成为一个被需要的人。

种子不落在肥土而落在瓦砾中，有生命力的种子决不会悲观和叹气，因为有了阻力才有磨炼。

最大的悲哀，是迷茫地走在路上，看不到前面的希望；最坏的习惯，是苟安于当下生活，不知道明天的方向。

不要因为走得太久，而忘记了为什么出发。

没有努力过的人，没有资格去鄙视那些正在努力的人。你不能因为自己变成了一个不痛不痒的人，就去嘲笑那些爱恨分明的人。

成功不一定需要巨大的飞跃，只需要每天进步一点点的坚持。

人生有两条路：一条用心走，叫做梦想；一条用脚走，叫做现实。心走得太慢，现实会苍白；脚走得太慢，梦不会高飞。

在这个世界上，只有摆脱自卑和抑郁，正确认识自己的价值，对自己充满自信，才能轻松地面对一切。要想获得财富和幸福，必须具备与之相应的个性因素。简而言之，你希望生命中出现彩虹，就必须接受雨水的洗礼；要想获得人生的金子，就必须淘尽生活中的沙砾。

一个人最可悲的就是为了别人的看法一味地改变自己，到了最后，成不了别人，也找不回自己。

如果你看到面前的阴影，别怕，那是因为你的背后有阳光。

人们为什么轻言放弃？因为他们只是看到前方路途遥远，而忘记了身后的一路坚持。

我就佩服一种人：不说硬话、不做软事。

态度该和气就和气，做事该硬气还硬气。人家不跟你急眼，但心里的主意

比磐石还稳。这种人都是狠角色,纵然和善也无人敢欺。所以,你的原则,真的无需用疾言厉色来维护。

去做个内心阳光的人吧。坚强、向上、靠近阳光,成为更好的自己,不需要别人过多的称赞,因为你自己知道自己有多好。内心的强大,永远胜过外表的浮华。

越是优秀越是努力,这一现象的根因在于:优秀的人总能看到比自己更好的,而平庸的人总能看到比自己更差的。真的努力后,就会发现自己要比想象的优秀很多。

真正改变命运的,并不是我们的机遇,而是我们的态度。一直觉得,等待是一种美好的状态,因为它包含了无数的可能。人生中的一道道门坎,迈过了就是门,迈不过就是坎。

机会是留给努力奋斗的人的,只有当你足够努力,才会足够幸运。这世界不会辜负每一份努力和坚持,时光也不会怠慢执着而勇敢的每一个人。

永恒不变的四条法则:
1. 当你不在乎,才能得到;
2. 当你变好,才能遇到更好的;
3. 只有当你变强大,才不害怕孤单;
4. 当你不害怕孤单,才能够宁缺毋滥。

伤口就像我一样,是个倔强的孩子,不肯愈合,因为内心是温暖潮湿的地方,适合任何东西生长。

平凡的工作,要用不平凡的态度来完成;简单的问题,要用全面的思考来决策;当今的事情,要用将来的目光来审视;遥远的理想,要靠现实的努力来实现。

从蛹破茧而出的瞬间,是撕掉一层皮的痛苦彻心彻肺。很多蝴蝶都是在破茧而出的那一刻,被痛得死掉了。

走得最急的,都是最美的风景;伤得最深的,也总是那些最真的感情。

当明天变成了今天成为了昨天,最后成为记忆里不再重要的某一天,我们突然发现自己在不知不觉中已被时间推着向前走,这不是静止的火车里,与相邻列车交错时,仿佛自己在前进的错觉,而是我们真实地在成长,在这件事里成了另一个自己。

不要坐等明天,因为没有人知道自己有没有明天。

如果你向上天寻求帮助，说明你相信老天的能力。而如果上天不帮你，则意味着他也相信你的能力。

世界上的诱惑太多了，所以要时刻保持清醒的头脑。认清自己的路，坚持下去，就会看到一个不一样的明天。

人生在世最大的勇气不是不怕死亡，而是坚强地活着，勇敢地面对生活带来的压力和考验。

人面对的最大困难始终是自己，有时候是一根羽毛落下来就不行了，有时候泰山压下来都没问题。

活着的气度则是要刚柔并济，胸中有天地。要坚韧不拔，顽强不屈；要傲骨侠肠，正直勇敢。

巍然不动的英雄豪情是酷暑三伏，雷雨交加，坐于书房，面不改色，挥笔题书的那份悠然宁静。

抱怨就像搬起石头砸自己的脚，于人无益，于己不利，于事无补。

聪明之人，一味向前看；
智慧之人，事事向后看；
聪明之人，是战胜别人的人；
智慧之人，是战胜自己的人。

工作会有的，面包会有的，爱情会有的，家也是会有的，只是这些都需要时间与耐心，可遇而不可求的东西就不要挣扎，只需要踏踏实实地往前走。

一个人生活中的失意乃至失败，在很大程度上来说，是心理的而不是现实的，是技术性的而不是宿命的。现实至多为失败者提供了解脱的借口，而对宿命的信仰最终无情地扑灭了成功的任何希望。

不如做一个安静细微的人，于角落里自在开放，默默悦人，却始终不引起过分热闹的关注，持有独立而随意的品格，这就很好。

当一个人选择成长的时候，往往也选择了不被人理解，因为你要走你选的路，不是他们认为你该选的路。

给自己打气的最好办法，是给你和你的同伴一起打气。

世界再纷扰，也要高贵微笑。

未曾离家的孩子不曾长大，不懂得付出的人不配收获。

执着不代表一个人傻，因为在乎，所以执着地追求。

当你觉得整个世界都背弃了你时，那时候请相信，它只是背过身去，在酝酿一个更美的拥抱。出发吧，不要问那路在哪。迎风向前，是唯一的方向。

坚韧是成功的一大要素，只要在门上敲得够久、够大声，最终会把人唤醒的。

一场磨难，是一场洗礼；一场伤

痛，是一场觉醒。走过、累过、哭过才会成长，痛苦过、悲伤过、寂寞过才会飞翔。

理想使你微笑地观察着生活，也使你倔强地反抗着命运。

累是上坡，轻松是下坡。

有谁知道蝴蝶的故乡，谁能说出蝴蝶的去向，蝴蝶色彩斑斓的翅膀，参差地排列着的，是命运中那些不可预知的创伤，蝴蝶也不知道自己的故乡，蝴蝶也说不出自己的去向，蝴蝶只是怀着她一生的梦想。

哭着吃过饭的人，是能够走下去的。

希望你对"生而为人"这件事抱有了不起的想法，并能按自己的想法活着。

有两种阶段你必须度过：
1. 难过的事情找不到人倾诉；
2. 开心的事情找不到人分享。

比你差的人还没放弃，比你好的人仍在努力，谁也没资格说自己已经无能为力。

人生一世，也不过是一个又一个24小时的叠加，在宝贵的光阴里，必须明白自己的选择。

所有成功的背后，都是苦苦堆积的坚持；所有人前的风光，都是背后傻傻的不放弃。

自己想要的东西，要么奋力直追，要么干脆放弃。别总是逢人就喋喋不休地表决心或者哀怨不断，最终成为别人茶余饭后的笑点。

不管和谁在一起，一定要有自己的生活和朋友圈，不要为了任何人而放弃自己原本的生活轨道。

最能让人感到快乐的事，莫过于经过一番努力后，所有东西正慢慢变成你想要的样子。

永远都要活给自己看，而且笑容要特别灿烂，别在乎别人的指指点点。成为最好的自己，让看不起你的人高攀不起，让看得起你的人更喜欢你。

人生不会因为某个节点而变得与众不同，未来的幸运，不过是过往努力的积攒。

撑不住的时候，可以大声地对自己喊"我好累"，但绝不能在心里承认说"我不行"。

趁孤单让自己优秀起来，不仅是对自己负责，也是给未来那个人一个好的交代。

人人都是独立的个体，不要太过于去依赖任何人，唯独你自己才是你人生中的重头戏。

要么有美貌，要么有智慧，如果两

者你都不占绝对优势，麻烦你人好点。

低头不是认输，是要看清自己的路，仰头不是骄傲，是看见自己的天空。

有些事如果不立刻马上去做，就真的没有以后了，三秒钟的滚烫劲儿太重要了。

面对一切确实很痛苦，可如果逃避的话，一辈子都将无法获得幸福。

如果说人生有什么最重要的东西，那大概就是肆意生活的勇气吧。不论顺流还是逆风，都能按照自己的节奏，随着自己的心意，用心生活，用力向上。

虽然你的存款不一定能让你大富大贵，可它可以在你想要转身离开某一个人或者某一个环境时，带给你最强有力的支持，而不是拖你后腿。

努力做一个可爱的人，不埋怨谁，不嘲笑谁，也不羡慕谁。阳光下灿烂，风雨中奔跑，做自己的梦，走自己的路。

"你怎么样，世界就怎么样"这句话的真正理解是：你必须强大，强大到别人不敢对你怎么样。

越来越觉得，女孩子一定要努力学习，一定要多去不同的地方看看，知道的多了，遇到的多了，就会明白这个世界真的很大。未来有无限可能，不仅仅是男人、爱情和婚姻。

努力，不是为了要感动谁，也不是要做给哪个人看，而是要让自己随时有能力跳出自己厌恶的圈子，并拥有选择的权利。

自己强，比什么都要强。寻找一棵大树好乘凉，不如自栽自养自乘凉，别人给的，随时有可能收回去，只有自己创造的才会留下来。

以后的日子，不奢望做的每一个选择都正确，只希望每一个选择造成的结果，自己都能接受。

我们都得经历一段努力闭嘴不抱怨的时光，才能熠熠生辉，才能去更酷的地方，成为更酷的人。

成年人的世界，不存在永恒的靠山。最强的靠山，就是你的努力和独立。

谁不是顶着风雨和质疑，不顾一切才成为了想成为的自己。

致所有女孩：做真实的自己，别为了取悦别人或试图成为某个人。做你最原始的自己，比做任何人的复制品都来得好。

与其在别人的故事里流着自己的泪，不如在自己的故事里笑得很大声。

有些条条框框就在那里，跳出框子便自由，不跳出框子便拘束。可是，人生的自由不在状态，而是心态。

曾经的我们，连多愁善感都要渲染得惊天动地。长大后却学会越痛，越不动声色，越苦，越保持沉默。原来，成长就是将哭声调成静音的过程。

决定你明天的不是明天，而是今天对事业的作为。我们的今天由过去决定，我们的明天由今天决定。

正能量不是没心没肺，不是强颜欢笑，不是弄脏别人来显得自己干净。而是泪流满面怀抱的善良，是孤身一人前进的信仰，是破碎以后重建的勇气。

如果结局不是我想要的，那么我宁愿不去参与这个过程。我有我的骄傲，凭什么为了你去卑微自己。

有些路很远，走下去会很累。可是，不走，会后悔。

不要轻易让自己掉眼泪，你笑的时候，全世界跟着笑。可你哭的时候，全世界只有你一个人在哭。

海明威说，"这个世界很美好，我们应该为之而奋斗"，这句话我同意后半句。

努力过后，才知道许多事情，坚持坚持，就过来了。

卓越的人就像一团光芒，和他们呆久了，也就再也不想走回黑暗了。

要唤醒你内心真正的那个你，而不是活得像别人一样。

在这个艰难的世界里，与众不同都会被人瞧不起，可如果你与众不同，又何必怕孤独，艰难的路，只好艰难着行走。

时间玩得起我们，我们却玩不起时间，在吃得起苦的岁月里，别太安逸。在吃不起苦的日子里，别太逞强。

起床之前有两个选择，要么继续趴下做你没有做完的梦，要么拉开被子完成你没有完成的梦想。

我们一路奋战，不是为了改变世界，而是为了不让世界改变我们。

流过泪的眼睛更明亮，滴过血的心灵更坚强。

前进的路上，哪怕大雨浇湿全身，也不要停止奔跑。如果前方是堵墙，拼尽全力也要砸出一个洞钻过去。如果脚下没有路，踩着荆棘也要努力踩出一条路。

人成年后最大的收获，就是愿意承认成为昨天的每一天都是美好的。世间没有什么理所应当，凡事皆是水到渠成。

就算砸碎钟表，谁也休想把时间的脚步束缚半秒钟。

一个强者要有三个基本条件：1. 最

野蛮的身体；2. 最文明的头脑；3. 不可征服的精神。

人生从来不乏机遇，我们缺少的不是对机遇的把握，而是在机遇到来之前，你已经或者准备怎样身体力行去度过这段漫长的时光。命运的底牌从来没有固定结局，人生不是一早就定下了答案的。除了自己，没有什么可屈服。

人最大的对手，往往不是别人，而是自己的懒惰。别指望撞大运，运气不可能永远在你身上，任何时候都要靠本事吃饭。你必须拼尽全力，才有资格说自己的运气不好。

跌倒失落谁都经历过，一旦认准路，下定决心就别回头，否则辜负了一路的披荆斩棘。

这个粗暴的世界，总是尖锐又刺耳，不会特地对你留有温柔，不过，在实力说话面前，一切又很公平。

人的意念决定着他将吸引来什么样的宇宙能量，这种意念不仅可以改变一个人的财富、精神面貌，也可以改变一个人的命运。

一个人怎么看待自己，决定了此人的命运，指向了他的归宿。我们的展望也这样，当更好的思想注入其中，它便光明起来。不管你的生命多么卑微，你要勇敢地面对生活，不用逃避，更不要用恶语诅咒它。

起风的日子学会依风起舞，落雨的时候学会为自己撑起一把伞。生活有望穿秋水的期待，也会有意想不到的欣喜。

当我们努力使自己变得比现在更好的时候，周围的一切也会变得更好。

最好的学习是对过去的反思，最好的教训是你曾经历过的失败。

愿有人陪你颠沛流离，如果没有，愿你成为自己的太阳。

如果能够承受巨大的失落，眼看着美好被岁月和生活消耗，还能在这样的现实中保持创造和热爱，那我们就是真正的强大了，就像罗曼·罗兰说的那样："世界上只有一种英雄主义，就是在认清生活真相之后依然热爱生活。"

对唐僧来说悟空是取经路上碰到的，八戒是取经路上碰到的，沙和尚是取经路上碰到的，白龙马也是，所以，要碰到可与你一路同行的人，自己要先上路。

总是咒骂脚下路途坎坷的人，只是低头走了太久。人生那些不顺意，不是因为生活错了，而是我们面对生活的姿态错了。

真实的生活是：认真做好每一件分内的事情。不索取目前与你无关的爱与远景，不纠缠于多余的情绪和评断。

耐心是改变命运的最快速度。失去耐心，相信迅速已经开始损害我们的存在与思维。要知道，知识、财富与地位，都不可能速成的，只能慢慢寻找，慢慢累加。

让人产生巨大动力的，往往是些细微的小事。被雨敲湿的肩膀、熨烫平整的衬衣、阳光打亮的微笑、凌晨六点的空气、母亲说再见时的哽咽，身边人的一声叹息。因为在乎，所以有动力。

没有任何一种逃避能得到赞赏，喜欢就去追，饿了就吃饭，管它失败或发胖。

如果有选择，那就选择最好的；如果没有选择，那就努力做到最好。

女人要修炼成的五样东西：扬在脸上的自信、长在心底的善良、融进血里的骨气、如清风拂面的温柔、刻进生命里的坚强。

美好的东西，都是等来的，不是抢来的，而等待需要耐心。失去耐心之时，也是我们与幸福擦肩而过的时候。凡有耐心的人，才能笑到最后。

所有的负担都将变成未来的礼物，所有的苦难都将照亮你前进的路。

不争抢，不浪费唇舌。只是默默修炼自己，让讨厌的人自惭形秽。

努力和上进，不是为了做给别人看，是为了不辜负自己，不辜负此生。

与其指望遇到一个谁，不如指望自己能吸引那样的人；与其指望每次失落的时候会有正能量出现温暖你，不如指望自己变成一个正能量的人；与其担心未来，还不如现在好好努力。有时即使有再多的安慰和指点也没用，说服和鼓励自己的，只有自己。

离你越近的地方，路途越远；最简单的音调，需要最艰苦的练习。

一个人最先衰老的不是容颜，而是那颗不再有闯劲的心。

千万不要放纵自己，为自己找借口。对自己严格一点儿，时间长了，自律便成为一种习惯，一种生活方式，人格和智慧也因此变得更加完美。

许多事情之所以最终没有办成，不是能力不足，不是时机不好，而是稍有挫折就产生畏难情绪，然后就不了了之。

没有特别幸运，那么请先特别努力，别因为懒惰而失败，还矫情地将原因归于自己倒霉。

要使整个人生都过得舒适、愉快，这是不可能的，因为人类必须具备一种能应对逆境的态度。

别人给的，是人情和依赖，自强独立的，才是安全感。

精神健康的人，总是努力地工作及爱人，只要能做到这两件事，其余的事就没有什么困难。

与其因为别人看扁你而生气，倒不如努力争口气，毕竟，争气永远比生气漂亮和聪明。

大雨过后有两种人：一种人抬头看天，看到的是雨后彩虹，蓝天白云；一种人低头看地，看到的是淤泥积水，艰难绝望。有时，做事千万要有准头，要有方向。别干那种在机场等船，在码头等飞机的事，不是别人让你失望，而是你抱错了期望。

如果一个人必须完成一件自己不喜欢的事，最好的办法就是尽快做好，然后结束。

就算没有倾国倾城的美貌，也要有摧毁一座城的骄傲。

走正确的路，放无心的手，结有道之朋，断无义之友，饮清净之茶，戒花色之酒，开方便之门，闭是非之口。

如果这世界上真有奇迹，那只是努力的另一个名字。

只要路是对的，就不害怕遥远，只要认准是值得的，就不在乎沧海桑田。

宁愿花时间去修炼不完美的自己，也不要浪费时间去期待完美的别人。

"愿望"是希望某事发生；
"信念"是相信它会发生；
"勇气"是让它发生。

只要认真计划一件事，并且一边坚持一边调整，就会完成得十分出色。懈怠的情绪谁都会有，不要担心自己比别人走得慢，也不要因暂时的挫折而心灰意冷，只要不断调整心态，不停下脚步，就能抵达终点。

所有幸运和巧合的事，要么是上天注定，要么是一个人偷偷地在努力。

人常常会害怕改变，其实都是因为自己太懒了，懒得去适应新的环境，懒得去学习新的知识，涉足新的领域。如果总是这样的话，如何能让自己成熟起来呢？

我们轻视时间，最终总会被时间碾压。

这世界上根本不存在"不会做"这回事，当你失去了所有的依靠的时候，自然就什么都会了。

翅膀长在你的肩上，太在乎别人对于你飞行姿势的批评，所以你飞不起来。

"以后还有机会的。"这句话让我们做了多少抱憾终生的事。

我不敢休息,因为我没有存款;我不敢说累,因为我没有成就;我不敢偷懒,因为我还要生活;我能放弃选择,但是我不能选择放弃。所以坚强、拼搏是我唯一的选择。

"命"是弱者的借口,"运"是强者的谦词。

赛车和做人一样,有时候要停,有时候要冲。

在这个世界上,不要太依赖别人。因为即使是你的影子,也会在黑暗时离开你的。

在很大程度上,智商决定你走了哪条路,情商决定了你在这条路上能走多远。

不辜负每一份热情,不讨好每一份冷漠。

人生的重大决定,是由心规划的,像一道预先计算好的框架,等待着你的星座运行。如期待改变我们的命运,请首先改变心的轨迹。

你知不知道,难做的事和应该做的事往往是同一件事?凡是有意义的事都不会容易,成年人的生活里没有"容易"二字。

不要害怕改变,改变可能会因此失去一些好的东西,也可能会得到一些更好的东西。

人的脆弱和坚强都超乎自己的想象。有时,我可能脆弱得因一句话就泪流满面,有时,也发现自己咬着牙走了很长的路。

原来人可以度过最无望的日子,抖落身上的灰雨,重披一片星光。

有时候,我们不得不坚强,于是乎,在假装坚强中,就真的越来越坚强。

如果生活突然向你发难,躲不过的话就正面交锋吧。

二三十岁的时候,是最艰苦的一段

岁月，承担着渐重的责任，拿着与工作量不匹配的薪水，艰难地权衡事业和感情……可你总得学着坚强，毕竟你不扬帆，没人替你起航。

如果你感到委屈，证明你还有底线；如果你感到迷茫，证明你还有追求；如果你感到痛苦，证明你还有力气；如果你感到绝望，证明你还有希望。从某种意义上说，一个人永远都不会被打倒，因为你还有你。

不要做廉价的自己，不要随意去付出，不要一厢情愿去迎合别人。圈子不同，不必强融。

相貌是一个女人的外衣，时间久了总会褪色；个性是一个女人的骨头，历经岁月分外清晰。美女那么多，没点个性留下来，美丽也便寡然无味，女人都会老，真正的美人是因"独特"而耐人寻味。

想要悲伤其实很简单，因为等同要向生活投降。

走出去，世界就在眼前；走不出去，眼前就是世界！

垂下头颅只是为了让思想扬起，若有一个不屈的灵魂，脚下就会有一片坚实的土地。

人生所有的负担都将会变成礼物，所受的苦都能照亮未来迷茫的路。

自己选择了方向与路途时，就不要抱怨，一个人只有承担起狂风暴雨，才能最终守得住彩虹满天。

时光永远不会逆行，把握好每一个属于自己的清晨。

一朵花凋零荒芜不了整个春天，一次挫折也荒废不了整个人生。

每一条走上来的路，都有它不得不那样跋涉的理由。每一条要走下去的路，都有它不得不那样选择的方向。

没有经济上的独立，就缺少自尊；没有思考上的独立，就缺少自主；没有人格上的独立，就缺少自信。

成为一个有质感的女孩：读书旅游，早睡早起，美丽典雅，自强独立。

一个男人最起码要会保护四样东西：

1. 脚下的土地；
2. 家里的父母；
3. 怀里的爱人；
4. 身边的兄弟。

我们都会变成更好的人，尤其是在经历了那么多的错误之后。

人可以一辈子不登山，心中一定要有座山。它使你总往高处爬，它使你总有个奋斗的方向，它使你任何一刻抬起头，都能看到自己的希望。

心里崇拜谁，不必变成那个人，而是用那个人的精神和方法，去变成你自己。

要有在迷茫沮丧的时期，不对自己下结论的能力；在苦楚绝望的时期，不对世界下结论的操守。一切都是暂时的，唯一需要做的，就是静静地好给世界看。

一切幸福，都是由生命热血换来的。

出发总是美丽的，尤其是在一个阳光普照的清晨上路。

别把"还有未来"当成现在不努力的借口，连当下的时间都无法把握的人，没理由相信他能规划好未来。

梦想是一个说出来就矫情的东西，它是生在暗地里的一颗种子，只有破土而出，拔节而长，终有一日开出花来，才能正大光明地让所有人都知道。在此之前，除了坚持，别无选择。

放下你的浮躁，放下你的懒惰，放下你的三分钟热度，放空你禁不住诱惑的大脑，放开你容易被任何事物吸引的眼睛，闭上你什么都想聊两句的八卦的嘴巴，静下心来好好做你该做的事，该好好努力了。

与其热闹着引人夺目，步步紧逼，不如趋向做一个人群之中真实自然的人，不张扬，不虚饰，随时保持退后的位置。

后来才明白，原来每一个人生的当口，都是会有一个孤独的时刻，四顾无人，只有自己，于是不得不看明白自己的脆弱，自己的欲望，自己的念想，自己的界限，还有自己真正的梦想。

不要把时间浪费在你不擅长，和你本性相违背的东西上，内向者不用假装外向，外向者也不用故作沉默，做你自己就好，相信我，一个心眼不坏、有能力，并且懂礼貌的人，走遍天下都不怕。

明知道锻炼对身体好，还是蜷在床上不肯起来；明知道读书能改变气质，还是宁愿花时间玩手机；明知道潇洒放手会更好过，还是优柔寡断拼命想念。或许生活原本的状态就是这样，我们听说过很多道理，却依然过不好这一生。

我不再看远方，只把目标放在前面三米远处。

人们聚会的场面越大，就越容易变得枯燥乏味。只有当一个人独处的时候，人才可以完全成为自己。谁要是不热爱独处，那他也就是不热爱自由，因为只有当一个人独处的时候，人才是自由的。

当发现自己每日做着和旁人一样的事的时候，你便已然被环境同质化了，永远不要忘了想想做了什么超于当前环境的事，而不是准备着去做什么。

宁可去碰壁，也不能只在家面壁。是狼就要练好牙，是羊就要练好腿。什么是奋斗？奋斗就是每一天很难，可一年比一年容易。不奋斗就是每天都很容易，可一年比一年难。能干的人，不在情绪上计较，只在做事上认真。无能的人，不在做事上认真，只在情绪上计较。

最怕听"顺其自然"这个说辞。本没有什么自然可顺，方向都是发于心，只是看够不够勇敢。多数时候我们都会美化自己的选择，或找一个美化的词当借口。运气的人会醒过来，再重拾勇气，没那么运气的人一路昏睡到时光尽头。所谓衰老，是指放弃。

别等到明天再努力，只有努力过完今天的人，才会有明天。

有些人是有很多机会相见的，却总找借口推脱，相见的时候已经没机会了。有些事是有很多机会去做的，却一天一天推迟，想做的时候却发现没机会了。

所谓理想与现实之间的差距，就是夹起来以为是块肉，咬下去才知道原来是块姜。

即使无人欣赏也要学会自由盛放，人生从来不是与别人的赛跑，要活得比昨天的自己更美好。

如果你的成功定义是超越别人，那么注定会失败，因为世上总有比你强的人，如果成功的定义是超越自己，那么真的只要努力就会成功。

有些人之所以不断成长，绝对是有一种坚持下去的力量。好读书，肯下功夫，不仅读，还做笔记。人要成长，必有原因，背后的努力与积累一定数倍于普通人。所以，关键还在于自己。

出发，总是好的，它象征着一种出离，更是必须面对的另一个开始。

每个人在本质上过的是一样的日子，不一样的是你的心在感受什么。如果你不能正视自己，那就根本谈不上任何改变，也就没有任何机会了。

如果你已经尽了最大的努力，就不要为任何的失败而气馁。

为了自己想过的生活，勇于放弃一些东西。这个世界没有公正之处，你也永远得不到两全之计。若要自由，就得牺牲安全。若要闲散，就不能获得别人评价中的成就。若要愉悦，就无须计较身边的人给予的态度。若要前行，就得离开你现在停留的地方。

十年前你是谁，一年前你是谁，甚至昨天你是谁都不重要，重要的是今天你是谁，以及明天你将成为谁。

如果我做不了大事，我至少能把小事做得大气一点。

不能让失败来限制你,必须让失败来开导你。除非付出心血,否则什么奇迹也不会发生。

一个人的豁达,体现在落魄的时候。一个人的涵养,体现在愤怒的时候。一个人的体贴,体现在悲伤的时候。一个人的成熟,体现在抉择的时候。谁都愿意做自己喜欢的事情,可是,做你该做的事情,才叫成长。

有的路,是脚去走。有的路,要心去走。绊住脚的,往往不是荆棘和石头,而是心。所以,看起来是路铺展在我们眼前,实际上,是心扑腾在路上。

不管活到什么岁数,总有太多思索、烦恼与迷惘。一个人如果失去这些,安于现状,才是真正意义上的青春的完结。

若不抽出时间来创造自己想要的生活,你最终将不得不花费大量的时间来应付自己不想要的生活。

不管发生什么,都不要放弃,坚持走下去,肯定会有意想不到的风景。也许不是你本来想走的路,也不是你本来想登临的山顶,可另一条路有另一条路的风景,不同的山顶也一样会有美丽的日出,不要念念不忘原来的路。

孤独之前是迷茫,孤独之后是成长。

不要害怕孤独。后来你会发现,人生中有很多美好难忘的时光,大抵都是与自己独处之时。

我们日复一日做的事情,决定了我们是怎样的人。因此所谓卓越,并非指行为,而是习惯。

有一些人的出现,就是来给我们开眼的。所以,人一定要禁得起假话,受得住敷衍,忍得住欺骗,忘得了承诺,放得下一切,百炼成钢,淡定从容。

最伟大的光辉不在于永不坠落,而是坠落后还能再度升起。

当你装作刀枪不入的样子,就要做好被万箭穿心的准备。

要做个稳妥的人,不要高估两年内的自己,也不要低估十年后的自己。

如果不喜欢,那就去改变,如果改变不了,那就去适应。如果做不到适应,那就只好回避。如果连回避也做不到,就只有放手。一般的情况是,能干的人会选择改变,懒惰的人会选择适应,懦弱的人选择回避,勇敢的人选择放手。

为了自己想要的未来,无论现在有多难熬,都必须得满怀信心地坚持下去。

"初心"一定不是一条路走到黑,不动摇,不怀疑。这样昂首挺胸的自信往往是源于无知。寻找初心的路一定充

满了不安和恐惧。在这个世界上,最让人畏惧的恰恰是通向自己的路。

第一下掌声可能要等很久,只要你尽力了,一定会有人欣赏。

树林美丽,幽暗而深邃。可我有诺言,尚待实现。还要奔行百里,方可沉睡。

你无法决定明天是晴是雨,爱你的人是否还能留在身边,你此刻的坚持能换来什么,但你能决定今天有没有准备好雨伞,有没有好好爱人以及是否足够努力。永远不要只看见前方路途遥远而忘了自己坚持多久才走到这里。今天尽力做的,虽然辛苦,但未来发生的,都是礼物。

努力的意义是什么?是为了看到更大的世界。是为了可以有自由选择人生的机会。是为了以后可以不向讨厌的人低头。是为了能够在自己喜欢的人出现的时候,不至于自卑得抬不起头,是充满自信,理直气壮地说出那句话:"我知道你很好,但是我也不差。"

一个人如果遵照他的内心去活着,他要么成为一个疯子,要么成为一个传奇。

圈子变小,把语言变干净,把成绩往上提,把故事往心里收一收,现在想要的以后你都会有。

如果你不努力,一年后的你还是原来的你,只是老了一岁。

明年的某个时候,你会想着要是今天就行动了该多好。

想改变时就改变,因为你还有时间。世间所有事都敌不过一个懒,懒得做懒得改变,就会开始麻木,学会自我安慰。有书看时就看书,能运动时就运动,不对自己妥协,不要变成一个不断将就的人,要变成更喜欢的自己。

如果自己不想积极认真地生活,不管得到什么样的回答都没用。

人生路上本来就少不了困难挫折,对于这些挫折,不再逃跑勇敢面对才是最好的方法。

有人问我,如果看不到确定的未来,还要不要付出。我只能说,并不是每一种付出都是在追寻结果。有时在付出的路上,能够收获的,是清楚地看到了自己想要的,或者不想要的,这又何尝不是一种宝贵的结果。

人的一生为什么要努力？因为最痛苦的事，不是失败，是我本可以。

不要让别人告诉你，你不能做什么。只要有梦想就要去追求，那些做不到的人总要告诉你，你也不行。想要什么就得去努力，去追求。

一个人不应当虚度一天的时光，他至少应当听一曲好歌，读一首好诗，看一幅好画。如果可能的话，至少说几句通达的话。

少关心别人的逸闻私事，多留意别人的思路观点。

有时不得不承认：经过几年，原来感觉差不多的人，不知不觉中差距越来越大。

山上的人不要瞧不起山下的人，因为终有一天他们会上山取代你。上山的人也不要瞧不起下山的人，因为他风光时你还在山下。

我想继续做个疯子，按照自己的梦想，而不是其他人希望的方式生活。

风可以吹起一大张白纸，却无法吹走一只蝴蝶，因为生命的力量在于不顺从。

少年的时候我疯狂地喜欢"带我走"这三个字。现在，我再也不会任性地让任何人带我走，我学会了——自己走。

我把荆棘当作铺满鲜花的原野，人间便没有什么能将我折磨。

趁着年轻，要多受一点苦才会真正谦恭。不然，那些自以为是的聪明和藐视一切的优越感迟早要毁了你。

好运只是个副产品，只有当你不带任何私心杂念，单纯地去做事情时，它才会降临。

真正的努力，哪里需要表演呢？人们也许会肯定你的过程与结果，却绝不会认可你对自己的吹嘘。对自己狠一点，效率高一点，眼光长远点，再保持一个基本的生活节奏，踏踏实实地努力，这才是最好的。

一个人至少拥有一个梦想，有一个理由去坚强。心若没有栖息的地方，到哪里都是在流浪。

原来让一个人变强大的最好方式，就是拥有一个想要保护的人。

一件事无论太晚还是太早，都不会阻拦你成为你想成为的那个人，这个过程没有时间的期限，只要你想，随时都可以开始。

当你周围都是米的时候，你很安逸；当有一天米缸见底，才发现想跳出去已无能为力。别在最能吃苦的年纪选择安逸，没有危机就是最大的危机。

最可笑的事情，莫过于连一篇文章都看不下，一本书都看不完的你，天天说要改变自己。

在灰暗的日子中，不要让冷酷的命运窃喜；命运既然来凌辱我们，就应该用泰然处之的态度予以报复。

还是先想着如何使自己变得更优秀吧，别整天奢望会遇见什么对的人，要是太年轻，就算遇见了也抓不住，若你优秀了，自然有对的人与你并肩。

总想伸手去够自己够不着的东西，当时急到不行，却不曾想过，过几年长大了便触手可及。有些够不着，别人觉得狼狈，自己看来却美好。

时间是往前走的，钟不可能倒着转，所以一切事只要过去，就再也不能回头。

根本没有那条"更好的路"，只有一条路，就是你选择的那条路。关键是，你要勇敢地走上去，而且要坚持走下去。

努力的最大动力，在于你可以选择你想要的生活，而不是被生活选择。

我们都跌在生活的阴沟里，但总会有人仰望星空。

人，放对了地方就是天才，放错了地方就是垃圾。找准位置，你就是一条龙。找不准位置，你就是一条虫。

任何时候都可以开始做自己想做的事，希望你不要用年龄和其他东西来束缚自己。年龄从来不是界限，除非你自己为难自己。

前进的理由只要一个，后退的理由却有一百个。许多人整天找一百个理由证明他不是懦夫，却从不用一个理由去证明他是一个勇士。

如果一点点挫折就让你爬不起来，如果一两句坏话就让你不能释怀，那你的格局就太小了。说白了，你可以不聪明，也可以不懂交际，但一定要大气。

最美好的生活方式，不是躺在床上睡到自然醒，也不是坐在家里的无所事事。而是和一群志同道合充满正能量的人，一起奔跑在理想的路上。

人远比自己想象的要坚强，特别是当你回头看看的时候，你会发现自己走了一段自己都没想到的路。

不论今天多么的困难，都要坚信：只有回不去的过往，没有到不了的明天。

还是希望可以做一个温柔又强大的人，内心柔软到可以对着小动物小玩偶认真说话，也可以强大到被生活打倒，却还是站起来挥挥手说，放马过来。

苦尽甘来的那一天，山河星月都做贺礼。

当你很无助时，必须要振作起来，

即使输掉了一切,也不要输掉微笑。

未来还有很长的路要走,不要频频回头。

心怀热烈,乐观向往,我们也会成为人间宝藏。

一直对你不离不弃的,是那个了不起的自己。

请接受你现在的样子,同时也完善你现在的样子。

当你觉得处处不如人时,不要自卑,记得你只是平凡人。

看似不起眼的日复一日,会在将来的某一天,突然让你看到坚持的意义。

人是不能太闲的,闲久了,努力一下就以为是拼命。

就算是万丈深渊,走下去,也是前程万里。

不要说我已经尽力了,只有胜利者才能赢得赞美。

努力听风的声音,不必在意风的方向。

亲爱的旅人,请不要困于无风之地。

为什么"放弃"两个字有15个笔画,而"坚持"有16个呢?那是因为:坚持比放弃多一点,一切就会变得不一样。

其实,每个优秀的人,都有一段沉默的时光。那一段时光,是付出了很多努力,忍受孤独和寂寞,不抱怨不诉苦,日后说起时,连自己都能被感动的日子。

人人都有追求完美的心,可是,想让所有人都叫好、都买账,那你得随便成什么样子啊?所以说,不拿别人的评价给自己设限,活出自己才是最难能可贵的事情。

让自己坚强起来,独立起来,灵魂才会挺拔。到最后,我们想去的地方都可以去,喜欢的东西买得起,不喜欢的人和物丢掉也不会觉得可惜。

别再惯着自己了，不是命运对你有偏见，而是你放弃得太早了。

这是一个充满激烈竞争的社会，人和人的区别就在于：有的人，早已苏醒；而有的人，依旧沉睡。

不被看好的时候，正是一个人逆袭的最佳时机。黑白的人生，总要添上一笔逆袭的惊艳。

拼一下，还有机会翻身。就此放弃，恐怕所有遗憾都会尘埃落定。

自己不倒，啥都能过去；自己倒了，谁也扶不起你。

别人的眼光不重要，把事情做成什么样子才重要。

时隔经年，当初的愿望实现了吗？涕泗滂沱，事到如今只好祭奠吗？仅有一次的人生，我要畅快淋漓地活，不想平淡无奇地过。

在跟随内心的这条路上，不必在意对与错，只要你认为是对的，那就值得一试。最落人笑柄的，是在应该尝试的年纪畏首畏尾，对着梦想望洋兴叹的自己。

如果你没有穿越过漫漫黑暗，没有经历过痛彻心扉的过往，就永远不会明白看到星光时的喜悦，也自然不会懂得黎明的意义。

既然认准了一条路，就不要去打听要走多久。

不怕千万人阻挡，就怕你自己投降。只要勇敢地跳出舒适区，一路上披荆斩棘，那些看似遥不可及的目标，在我们一点一滴的努力下，也会变得触手可及。

时间给人以无限期许的同时，也不吝啬它的幻灭。是期许还是幻灭，关键就在于你对时间的态度。

要想成为角儿，人得自个儿成全自个儿。

自己真正热爱的事情，哪里还需要坚持，只需要享受过程就好了。一个人之所以对现有的事物抵触，一定是不够热爱，仅此而已。因为热爱，所以主动；因为主动，所以成功。

真正热爱的事情，会在你的内心产生一种心流的感觉，就像是初恋时的甜蜜触电，一旦开始，就会永远不知疲倦。

没有人会比你更在乎你自己的事业，没有什么东西像积极主动的态度一样更能体现你自己的独立人格。

一切都毫无意义，除非我立刻付诸行动。

或许，我只是里尔克笔下那只双腿被捆绑迈着笨拙的步子的天鹅，但我仍然要蹒跚前行，哪怕受尽嘲笑，哪怕前途未卜。

那些看起来遥不可及的神话，常常有一个平淡无奇乃至举步维艰的开头。那些叱咤风云的人物，也曾像我们一样，在田间地头的泥土中胡乱打滚。

当我们离梦想很远的时候，就要玩命地奔跑，只有不顾一切地奔跑，才会离梦想越来越近，才会让鄙夷的目光收回，让那些嘲笑的人统统闭嘴。

一个真正热爱舞台的舞者，即使受了伤，即使被无数人挖苦嘲笑，即使被恶意的竞争对手断了灯光，也要不顾一切地尽情绽放。

继续跑，带着赤子的骄傲，生命的闪耀不坚持到底怎能看到，与其苟延残喘不如纵情燃烧吧，有一天会再发芽。

没什么是一蹴而就的，这句话虽然残忍，却也公平。从平凡通往卓越的路是漫长的，有人站在原地，有人砥砺前行，有人半路折回。不放弃自己的人，总会有抵达终点的那一刻。

当一切还未成定数的时候，尝试才是守得云开见月明的不二法门。一个真正的勇士，一定是敢于试错、敢于承担一切的人。

其实，哪有那么多皆大欢喜的故事，哪有那么多令人浮想联翩的奇迹，更多的时候，我们只能拼命努力，去换一个还不错的结局。

命运给你一个比别人低的起点，是希望你用你的一生去奋斗出一个绝地反击的故事，这故事不是一个水到渠成的童话，没有一点人间疾苦，这故事是"有志者，事竟成，破釜沉舟，百二秦关终属楚"；这故事是"苦心人天不负，卧薪尝胆，三千越甲可吞吴"。

只有真正明白自己想要什么，才会减少周围环境对我们的伤害。唯有先让自己强大起来，才会在迷茫无助的时候兵来将挡，水来土掩。

要是不想看到生活变得百无聊赖，就要趁早把生活折腾成自己喜欢的样子——不然，老了拿什么回忆下酒？

只要好好努力，哪里都是你的北京。

为什么要好好努力？有一个答案是：为了熬过黑夜，看到破晓之后的光亮。

我荒废了时间，时间便把我荒废了。

活着不仅需要氧气，更需要勇气，还得霸气。

不管多么险峻的高山，总是为不畏艰难的人留下一条攀登的路。

真正的强者，不是流泪的人，而是含泪奔跑的人。

只会幻想而不行动的人，永远也体

会不到收获果实时的喜悦。

梦是一种欲望，想是一种行动，梦想是梦与想的结晶。

既然别无选择，那只有一往无前，别人的严格要求是没用的，只有对自己足够狠，才不怕命运的戏弄。

注意力就是一种能量，一定不能被发散。专注于思考，专注于做事情的人有着激光一样的穿透力，可以把所有的困难击碎，收获丰厚的胜利果实。

一个人之所以有本事，是因为他做的每一个动作，都能为自己带来真金白银。

越来越发现实力配不上野心这件事，远远比你想象得还要严重。大概率没有哪个人是不要强的，只是让自己变强的耐心，却不是人人都有的。

抱怨是最无力的宣泄，只能给人留下你无能的印象。有抱怨的时间，不如想办法走出困境。

不要看不起小事，只有把一件件小事都做好的人，才能一步步做大事，万丈高楼平地起的道理在于此。

自己不努力，认识谁都没有用，别人想拉你一把，都不知道你的手在哪里。

玩人丧德，玩物丧志。

建议你做一个鼓励别人的人，当你不停鼓励身边人的时候，最大的受益者其实是你自己。因为到最后，自己已经变成了一个不需要他人鼓励的人。

延迟满足感的人，更容易收获成功。人生是场马拉松，赢的那个人不一定是跑得最快的。

一个人无论是大事还是小事，都比较果断做决策的，说明比较有远见。

一个慎独的人，不会因外境、外物、外人的变化而改变积极进取的态度，因为时刻监督自己的，是那颗心。

头脑清醒的2个特征：
1. 知道什么是重要的事情；
2. 知道什么是更重要的事情。

一个没有改进和成长意识的人，再怎么去批评都是枉然。

所谓强者，就是能承受更多压力，能接受更多不公，能忍受更多委屈。

向好发展就像登山一样艰难，向坏发展就像山崩一样迅速。

于高山之巅，方见大河奔涌；于群峰之上，更觉长风浩荡。

热爱是一个人内心最深沉持久的力量，它不是心血来潮的一闪念，也不会因为年节更替而稍纵即逝。相反，在历经时光考验与洗礼后，依然能够让人从中不断汲取营养，直面困难不放弃，跌倒后勇敢站起来，抖擞精神再出发。

那些你起不了的早晨有人能起，那些你吃不了的苦有人能吃，总有人要赢，为什么不能是你呢？如果现在开始努力，最坏的情况不过大器晚成，所以，怕什么呢？

快要坚持不住了吗？快告诉自己：可口可乐第一年只卖了25瓶。

当你厌恶你身边的人，你表达厌恶最好的方式不是和他们争吵，而是自己勤快点，加把劲离开他们。那样，他们就永远从你的生活中消失，和死差不多了。

春光灿烂之时，唯惜时如金、晴耕雨读。否则，虚掷光阴、蹉跎岁月，只会落得"青春虚度无所成，白首衔悲亦何及"的结局。

闲适因为忙碌才获得意义。如果摸鱼成为常态，放松就失去了意义；如果划水占据人生，幸福就会失去方向。

现实会告诉你，不努力就会被生活给踩死。无需找什么借口，一无所有，就是拼的理由。

比你优秀的人还比你努力，这不是内卷和内耗，而是提醒和砥砺。选择决定未来，用奋斗塑造自我，人生将更为开阔。

壮士惜年，贤人惜日，圣人惜时。

在你坚持不住的时候，记得告诉自己，想一千次，不如去做一次。华丽的跌倒，胜过无谓的徘徊。任何时候你不放弃，一切都还有可能。只要你满怀期望，就会所向披靡。

既要有"小德川流"，丰富内在修养；也要能"大德敦化"，胸怀世界和未来。

岁月悠悠，衰微只及肌肤。热忱抛却，颓废必至灵魂。

去做你害怕的事，去见你害怕的人，这就是成长。

一个人的价值永远和能力成正比。只有沉淀下来，认真打磨自己到极致，才能让自己成为无可代替的存在。

理想之所以美，就是因为不管什么时候，抬头去看，它都闪闪发亮。

没有人有义务透过你邋遢的外表，去发现你优秀的内在。你必须干净整洁，甚至是精致。这是你做人的基本与尊严，不分男女。

彪悍的人生，不需要解释。只要你按时到达目的地，少有人在乎你开的是奔驰还是拖拉机。

女人不能靠感情和不值钱的西北风活着，赚钱和爱自己才永远是第一位的。

别用自己的嘴干扰别人的生活，少靠别人的脑子思考自己的人生。

一直以来，大家都习惯性认为，女孩子就应该老老实实结婚生子，以后做个贤妻良母。但其实，女孩子也可以有自己的事业和追求，自主选择自己要走的路。

没有人规定，必须长成向日葵或者玫瑰。

最好的时间，是十年前，其次就是现在。

所谓选择恐惧症，本质是穷；所谓的优柔寡断，本质就是怂。

只要有想做的事，想见的人，那就不要考虑结果会如何，努力奔跑便是了。

有些路看起来很近，走去却很远的，缺少耐心永远走不到头。

等待的方法有两种：一种是什么事也不做空等，一种是一边等一边把事业向前推动。

走得最远的人，未必做了多么惊天动地的大事，而是没有把精力浪费在无关痛痒的小事，专注而快速地跑完自己的历程。

如果我能长期坚持去做一件事，一定是这件事带给我的丰盈感和满足感超过了我的所有付出，一定是这件事日日夜夜萦绕在我的心头让我欲罢不能，一定是这件事唤起了我内心深处最强烈的兴趣。也就是说，赐予我力量的，是激情的驱动，而不是意志力的鞭策。

乐观者在灾祸中看到机会，悲观者在机会中看到灾祸。

自我成长需要不断和自己作斗争，若抱持着"还不如舒舒服服躺在家玩手机、看电影"的想法，迟早会被他人比下去。

自我设限相当于杀死自己的潜能，给自己在心里设置一个"高度"，等于否定自己，即便它可以帮你阻挡挫败感，却剥夺了"往上再走一步"的机会。

关于目标执行的5个步骤：
1. 目标（没有期限）= "希望"或者"梦想"；
2. 目标 + 截止日期 = 目标；
3. 目标 + 期限 + 计划 = 可执行的目标；
4. 目标 + 截止日期 + 计划 + 持续付诸行动 = 成功；
5. 符合自身价值意义的目标 + 截止日期 + 计划持续付诸行动 = 完成自我价值实现。

骄傲的反面是自谦，两者都要适度，互相兼容。该骄傲的时候还是要在心里给足自己肯定，不该自谦的时候还是要明亮不刺眼、自信又收敛地表现自己。

要么读书，要么旅行，身体和灵魂必须有一个在路上。

日出未必意味着光明，太阳也无非是一颗星辰而已，只有在我们醒着时，才是真正的破晓。

拉开人生差距的，往往不是你的懒惰，而是不自知。

意气风发时，勇进高歌，能算半个英雄：
头破血流后，饮血低吟，更是半个英雄。
沧海横流间，宠辱不惊，才是一个英雄。

世上许多事，只要肯动手做，就并不难。万事开头难，难就难在人皆有懒惰之心，因为怕麻烦而不去开这个头，久而久之，便真觉得事情太难而自己太无能了。于是，以懒惰开始，以怯懦告终，懒汉终于变成了弱者。

不管前方的路有多苦，只要走的方向正确，不管多么崎岖不平，都比站在原地更接近幸福。

岩石下的小草教我们坚强，峭壁上的野百合教我们执着，山顶上的松树教我们拼搏风雨，严寒中的蜡梅教我们笑迎冰雪。

要想面对一个新的开始，一个人必须有梦想、有希望、有对未来的憧憬。如果没有这些，就不叫新的开始，而叫逃亡。

好运不是天生的，背运也不是一天两天形成的。所谓的一鸣惊人，都有十足的努力和付出来支撑。不幸的人或许各有不同，好运的人，却有千篇一律的上进心和执行力。

允许别人和自己不一样，允许自己和别人不一样。理解了前半句，就能做到包容。理解了后半句，就敢活出自我。

一个人起码要在感情上失恋一次，在事业上失败一次，在选择上失误一次，才能真正地长大。别怕输不起，一切来得及。

人们总是喜欢拿"顺其自然"来敷衍人生道路上的荆棘坎坷，却很少有人承认：真正的顺其自然，其实是竭尽所能之后的不强求，而非两手一摊的不作为。

志在巅峰的攀登者，不会陶醉在沿途的某个脚印之中。

人若软弱就是自己最大的敌人，人若勇敢就是自己最好的朋友。

盆景秀木正因为被人溺爱，才破灭了成为栋梁之材的梦。

勇士搏出惊涛骇浪而不沉沦，懦夫在风平浪静中也会溺水。

不要因为怕被玫瑰的刺伤到你，就不敢去摘玫瑰。

舞台再大，自己不上台，永远是个观众；平台再好，自己不参与，永远是局外人。

再远的路，走着走着也就近了；再高的山，爬着爬着也就上去了；再难的事，做着做着也就顺了。每次重复的能量，不是相加，而是相乘，水滴石穿不是水的力量，而是重复和坚持的力量。

只有学会把自己已有的成绩都归零，才能腾出空间去接纳更多的新东西，如此才能让自己不断超越。

古之立大事者，不唯有超世之才，亦必有坚忍不拔之志。

一件事情，坚持做了三天，那是心血来潮！坚持了三个月，那是刚刚上场！坚持了三年，那才算得上事业！如果你做什么事都要求立马有回报，那注定这辈子一事无成。

没有激流就称不上勇进，没有山峰则谈不上攀登。懦弱的人只会裹足不前，莽撞的人只能引火烧身，只有真正勇敢的人才能所向披靡。

志坚者，功名之柱也。登山不以艰险而止，则必臻乎峻岭。

雄鹰必须比鸟飞得高，因为它的猎物就是鸟。

火把倒下，火焰依然向上。

不要生气要争气，不要看破要突破，不要嫉妒要欣赏，不要拖延要积极，不要心动要行动。

最值得自豪的不在于从不跌倒，而在于每次跌倒之后都能爬起来。

器大者声必闳，志高者意必远。

当我们凶狠地对待这个世界时，这个世界突然变得温文尔雅了。

"你知道人类最大的武器是什么吗？"
"是豁出去的决心。"

有些鸟儿是关不住的，它的每一根羽毛都闪耀着自由的光辉。

考 59 分比考 0 分更难过，最痛苦的不是不曾拥有，而是差一点就可以。

并非神仙才能烧陶器，有志的人总可以学得精手艺。

日渐平庸，甘于平庸，将会一直平庸。

向上的路其实并不拥挤，因为大部分人都选择了安逸。

只有一次的人生，拿出干劲来啊，别只在一旁羡慕。

最大的勇敢，是知道自己差距很大，依然勇敢去追赶。

志不立，天下无可成之事。

虽然我没有天赋，但我想试试，一个普通人怀抱梦想，会怎样。

没有那么多的天赋异禀，优秀的人总是翻山越岭。

你要忍，忍到春暖花开；
你要走，走到灯火通明；
你要看过世界辽阔，再评判是好是坏；
你要卯足劲变好，再旗鼓相当站在不敢想象的人身边；
你要变成想象中的样子，这件事，一步都不能让。

把努力当成一种习惯，而不是一时的热血。

这世上，没有谁活得比谁容易，只是有人在呼天抢地，有人在默默努力。

当你在夜晚孤军奋战时，漫天星光因为你而闪烁。

有志登山顶，无志站山脚。

早起的人，远比熬夜的人更可怕。

最短的距离是从手到嘴，最长的距离是从说到做。

不谈恋爱死不了，脱贫比脱单更重要。

胸有凌云志，无高不可攀。

人一旦与自己相认，也就没那么合群了。

如果你累了，要学会休息，而不是放弃。

迎接明天最好的方式，是把今天的事情认真做好。

草长莺飞季，厚积薄发时。你做三四月的事，到八九月自有答案。

一个人不想攀高就不怕下跌，也不用倾轧排挤，可以保其天真，成其自然，潜心一志完成自己能做的事。

请记得飞机也是逆风起飞的，而不是顺风而起。

让你变强的，永远是那段生不如死的时光，那是你眼睁睁地看着自己被撕碎，再亲手将自己重组的过程。

四、重建情感

（岁月很长，人海茫茫，别回头也别将就。）

◎ 伤害你的不是对方的绝情,而是心存幻想的坚持。

◎ 简简单单,才能长长久久;平平淡淡,才能细水长流。

◎ 如果有个人对你特别好,记得千万别把那个人弄丢了。

心里有你的人,会主动找你;心里没有你的人,会自动忽略你。其实,沉默就是答案,躲闪就是答案,不再主动也是答案。

在这个世界上,总有一个人在等你,无论你在什么地方、什么时候,反正你知道,总会有那么一个人,变成你奋不顾身的理由。

我以前都没有想到婚姻是这样复杂,还以为自己做得好就够了。可是当两个人在一起时,只有自己做得好是不够的。

最怕此生决定忘记你,却突然得到你的消息。

伤害你的不是对方的绝情,而是心存幻想的坚持。

真正寂寞的人,是渴望一段长久稳定的感情的人。他们准备好了余生,却迟迟没等到要相赠的那个人。

婚姻就是互相妥协、努力经营,然后更加努力地经营、沟通和妥协,随后再来一轮经营。凡入此门者,请勿心存侥幸。

清晨的粥比深夜的酒好喝,骗你的人比爱你的人会说,所以,不要用耳朵恋爱,真正对你好的全是细节。

感情这事,不辜负对方就好,不负此生太难。

爱情,失去和拥有只在转瞬之间。

诺言的"诺"字和誓言的"誓"字都是有口无心的。

留不住的人没必要强求,不合适的人终究会分开,可以不聪明,可别不清醒。

有些风景只能喜欢却不能收藏,就像有些人只适合遇见却不适合久伴。

愿你遇到一个成熟的爱人,将你宠

得一辈子都像个孩子。

许多次，你明知道自己不会和这个人在一起，还是会去享受这份恋爱的心情，而后到了合适的时候离开，去和不爱但是很合适的人在一起。有些爱，只能止于唇齿，掩于岁月。

变心是本能，忠诚是选择，开心你能来，也不遗憾你走开。不能相濡以沫，那就相忘于江湖，从此，一别两宽，各生欢喜。

越是吵架生气的时候，越需要沟通；越是觉得累的时候，越需要相互依偎；越是觉得坚持不下去的时候，越要把彼此抱紧。

当陪你的人要下车时，即使再不舍也要心存感激笑着挥手道别，他只是陪你到了他力所能及的地方！

能打动人的从来不是花言巧语，而是恰到好处的温柔以及真挚的内心。

有些时候，正是为了爱才悄悄躲开。躲开的是身影，躲不开的却是那份默默的情怀。

终有一个人会举着戒指对你笑，说着余生请你多指教。

走得干脆就别后悔，爱得妥当就别落泪。

刮奖刮到一个"谢"字就足够了。爱情也一样，没有必要把"谢谢惠顾"四个字刮得干干净净才肯放手。

曾经有一份真诚的爱情摆在我的面前，但是我没有珍惜。等到了失去的时候才后悔莫及，尘世间最痛苦的事莫过于此。如果上天可以给我一个机会再来一次的话，我会跟那个女孩子说"我爱你"。如果非要把这份爱加上一个期限，我希望是一万年！

有些人能遇见就很好了，而有些人不遇见就更好了。

嘴里说不想恋爱的人,大概心里都装着一个无法拥有的人吧。

爱情哪有那么复杂,能让你开开心心笑得最甜的那个人,就是对的人。

在什么都不确定的年代,我们总是爱得太早、放弃得太快,轻易付出承诺,又不想等待结果。

一场梦,一场空,再美的誓言,也有凋谢的一天。

等待,不是为了你能回来,而是找个借口不离开。

人若动心,必定伤心。

相识,总是那么美丽;分手,总是优雅不起。

开一服爱情灵药:真心一片,温柔二钱,尊重三分,体贴四味,谅解五两。以健康为药引,以似水柔情送服之,剂量不限,多多益善。长期服用,可白头偕老。

孤单不是与生俱来,而是由你爱上一个人的那一刻开始。

世界上最远的距离不是生和死,而是我站在你的面前却不能说:我爱你。

春水四泽是你的爱恋,夏云绕峰是你的缠绵,秋月扬辉是你的温柔,冬梅喜雪是你的情缘。

好的爱情是这样的:

恋爱时彼此是崇拜者,谈话时彼此是倾听者,得意时彼此是吹牛的对象,生气时彼此是出气筒,困难时彼此是心理医生,痛苦时彼此是安慰者,生病时彼此是护理员,年老时彼此是拐杖。平时各人做各人的事,保持距离。

佛说:"前世的五百次回眸,才换来今生的一次擦肩而过。"一份好的爱情,不是纠缠,而是吸引;不是折磨,而是珍惜。执子之手,与子偕老。

曾让人流泪的爱情,在回首时也不过恍如一梦。

再厚的剧本也会有结局,感情最终会由一滴眼泪结束。

一段感情里,最怕的是:一个很忙,一个很闲;一个圈子很大,而另一个只有他;一个心思敏感,而另一个又不爱解释,彼此关系逐渐疏远,不是因为不爱了,而是因为差异太大造成的矛盾和误会让彼此都累了,最后就这么散了。

别拿过去的爱情,来折磨现在的自己。

不要踮着脚尖去爱一个人,重心不稳,撑不了太久。真正的幸福只有从容的心才能遇到。

真正的爱情,是不讲究热闹,不讲究排场,不讲究繁华,更不讲究嚎头的。

不喜欢你的人就是不喜欢，别试图拿着树枝去钓鱼，鱼都当你傻。

所谓幸福，就是一个笨蛋遇到一个傻瓜，引来无数人的羡慕和嫉妒。风风雨雨，平平淡淡。

喜欢你，没有什么理由；不喜欢你，什么都是理由。

距离不会破坏感情，怀疑才会。

努力赚钱，是为了不让自己的爱情受到别人金钱的考验——这就是现实。

有时我们近视，忽略了亲情；有时我们远视，错过了爱情。

用正确的方式去爱，不试图改变对方，也不委屈自己。

恋爱是租一个人的心，婚姻是拴一个人的心，爱情是暖一个人的心。

或许，最美的事不是留住时光，而是留住记忆，如最初相识的感觉一样，哪怕一个不经意的笑容，便是我们最怀念的故事。

有些人，一旦遇见，便一眼万年；有些心动，一旦开始，便覆水难收。

恋爱中的女人只有两个，一个满足的女人，一个不满足的女人。

最后留在自己身边的，往往不是我们最爱的，也不是最爱我们的那个人。

一个人愿意等待，另一个人才愿意出现；一个人愿意出现，另一个人才愿意奋不顾身；一个人愿意奋不顾身，另一个人才愿意托付终身。

真正爱你的人不会说许多爱你的话，却会做许多爱你的事。

如果只是相遇，而不能相守，人生最好不相见。

喜欢某人，并不一定要成为恋人，有时候，能做朋友就已足够。

彼此错过，也是一种拥有，拥有了美好的回忆。

等待是一种心灵的承诺，而不是言语的约定。

爱是一种体会，即使心碎也会觉得甜蜜。

爱将我们高高举起以后，再让心学会坠落。

在轻触彼此的瞬间，心动，共鸣直至永恒。

有些记忆就算是忘不掉，也要假装记不起，因为喜欢，所以情愿，没有那么多为什么。

在最适合的年纪，穿上最美的婚纱，嫁给最稳妥的人。

人要对自己诚实，爱情没有红绿灯，不会告诉你何时该走，何时该停，只能凭直觉勇敢地走下去。

一觉醒来，开始憧憬爱情，而爱情刚好做了场诡异的梦。

爱情就像是一杯美味香浓的咖啡，婚姻则是剩余咖啡渣的咖啡杯。

夫妻相处有六戒：
一戒，不要在外人面前争吵；
二戒，不要在儿女面前争吵；
三戒，不要在对方生病的时候争吵；
四戒，不要翻对方的旧账；
五戒，吵架时不要殃及对方家人；
六戒，不要说伤害对方的话。

女人是一本书，男人最关心版权问题，若是盗版书呢，他肯定先问最低给几折。

当你遇到对的那个人，不是强烈的动心，而是长久的安心。

在爱的世界里，没有谁对不起谁，只有谁不懂得珍惜谁。

不是爱情变了质，只是爱与被爱站错了位置。

酒，不喝不醉；
人，不累不睡；
心，不伤不碎；
情，不学不会。

万人追，不如一人疼；
万人宠，不如一人懂。

对的时间，遇见对的人，是一种幸福。对的时间，遇见错的人，是一种悲哀。错的时间，遇见对的人，是一声叹息。错的时间，遇见错的人，是一种无奈。

好的爱情是你通过一个人看到整个世界，坏的爱情是你为了一个人舍弃世界。

女人如果不性感，就要感性；
如果不感性，就要理性；
如果不理性，就要有自知之明；
如果连这个都没有了，她只有不幸。

在自己面前，应该一直留有一个地方，独自留在那里，然后去爱。不知道是什么，不知道是谁，不知道如何去爱，也不知道可以爱多久。只是等待一次爱情，也许永远都没有人。可是，这种等待，就是爱情本身。

有谁不曾为那暗恋而痛苦？我们总以为那份痴情很重、很重，是世上最重的重量。有一天，蓦然回首，我们才发现，它一直都是很轻的。我们以为爱得很深很深，来日岁月会让你知道，它不过很浅很浅。最深和最重的爱，必须和时日一起成长。

年轻的时候会想要谈很多次恋爱，

可随着年龄的增长，最终领悟：爱一个人，就算用一辈子的时间，还是会嫌不够。慢慢了解一个人，体谅一个人，直到爱上为止，需要莫大的胸襟。

离开我就别安慰我，要知道每一次缝补也会遭遇穿刺的痛。

爱情，要么让人成熟，要么让人堕落。

那句"我喜欢你"，温暖了我一整个冬季。

流星，就像短暂的爱情，美的是一刹那，怀念的是一辈子。

人们会用一分钟的时间去认识一个人，用一小时的时间去喜欢一个人，再用一天的时间去爱上一个人，到最后，却要用一辈子的时间去忘记一个人。

一个人一生可以爱上很多的人，等你获得真正属于你的幸福之后，就会明白：一起的伤痛其实是一种财富，它让你学会更好地去把握和珍惜你爱的人。

举得起放得下的叫举重，举得起放不下的叫负重。可惜，大多数人的爱情都是负重的。

爱情是场及时雨，突然便降临，侧耳聆听心，就会变得无限透明。

真正的爱，是给予彼此一些特别的东西。不是谁都有能力给予你最好的一切，至少可以用一些与众不同的东西，证明在彼此心里的价值。

爱情无需刻意去把握，越是想抓牢自己的爱情，反而越容易失去自我。

两个人在一起多久并不重要，重要的是你有没有在这个人心里待过。有些人哪怕在一起一天，却在心里待了一辈子；有些人即使在一起一辈子，却没有在心里待过一天。

没有不能在一起的两个人，只有靠不拢的两颗心，没有不能相守的两份情，只有不懂珍惜的两个人，错过里的再见，你有理由放不下，但当下里的真意，你没理由拿不起，陪伴你的人，永远别去离弃，离弃你的人，永远别去陪伴。

远在天边心却紧紧相连的知己，是深锁心中最为笃真却相隔最远的爱恋。

真心见真情，真情见真人。

"一见钟情"这种事，浪漫但不一定长久。日久生情这种事，很难却更难分开。一见钟情永远和外貌有关，日久生情永远和习惯有关。越缓慢地爱上一个人，就爱得越久。爱情可以有一瞬间，真情却需要时间来浇灌。

爱情是空幻的，只有情感才是真实的，是情感在促使我们去追求使我们产生爱情的真正的美。

漂亮的女人容易获得爱情，聪慧的女人才能幸福一生。

男人永远忘不了他得不到的女人，而女人永远忘不了她本应该拥有的男人。

有人一次次对爱情失望，因为他们贪恋的是梦境。让爱天长地久的未必是婚礼誓言的长度，而是你是否做好了应对天长地久的准备，因为梦总是要醒的。

有人曾路过你的心，不是对方不想停留，而是你不肯收留。

暗恋，是世界上最容易保全，也最容易毁掉的感情。

对于情感的理解越多，越能控制情感，而心灵感受情感的痛苦也越少。

在我们的心灵深处，爱和孤独其实是同一种情感，它们如影随形，不可分离。越是在我们感觉孤独之时，我们便越是怀有强烈的爱之渴望。

有些感情就是走不下去，因为即使爱对了人，时机也是错的。

感情的世界里，越是索取，便越是贫瘠。所有的迫不及待都等不来期待。

要忘记一个人，最快的办法就是开始新的感情。有效倒有效，不过治标不治本。

感情一旦夹杂了利益，人就会患得患失。

一个男人，如果希望一个女人一辈子只爱他一个，那么，就不能再对其他女人付出感情了，虚情假意的也不行。

敬意是感情的基础，有了敬意，感情才切实可靠。

感情这东西是很难处理的，不能往冰箱里一搁，就以为它可以保存若干时日，不会变质了。

沉溺在逝去的感情里的人，就像会游泳的落水者，抓着一块早晚会沉下去的木头不放手。此人不愿意游上岸，哪怕河岸近在咫尺。

情感，是指嗜欲、愤怒、恐惧、自信、妒嫉、喜悦、友情、憎恨、渴望、好胜心、怜悯心，和一般伴随痛苦或快乐的各种感情。

只有情感，而且只有大的情感，才能使灵魂达到伟大的成就。

爱是一种磁场与磁场的吸引。没

有吸引，便没有爱。鉴别自己是否爱上他人的唯一方法就是，你是否甘愿与他（她）走在一起，而分开后又情牵意惹、日思夜想？而一对夫妻相聚时不冷不热，没欢笑，没愉悦，没有凝神相望，便是爱已褪化了；相别后无回味，无咀嚼，无牵挂，无重聚的渴望，便是爱已沉寂了；而聚时总想背对背，总想走出去，总想闭上眼，甚至总想掩上耳，便是爱已死亡了。

如果你不爱我，那么请你不要感动我。

幸福的味道就是看着你吃饭、看着你喝水、看着你洗漱、看着你入睡以及看着你醒来。

也许每个人的一生里，都会遇见一个没有办法在一起的人吧，许多时候我们觉得那是无法抵御的强烈爱情，最后经历悲痛分别，以为人生的遗憾不过如此了。时过境迁，一晃好几年，再回头看看那些荒唐岁月，竟要感谢当初那份不得已的选择，因为开始懂得，原来"没有办法在一起的人"其实就是"不合适的人"。

相爱没有那么容易，每个人都有他的脾气，回忆爱的点滴，足以放下所有的悲剧。

不强求，缘分到了，自然就在一起了。爱情最舒服的状态，就是彼此踏实心安地度过余生。

喜欢一个人的心情，是那种急切地期待爱情的阳光，笼罩周身的心情。

漫步有红尘，笑看浮世，不过烟云一场。可真正有几人，可以做到淡然相忘——忘记名利、忘记感情、忘记曾经拥有的一切？流水一梦，遍地春远。

某人不如你所愿爱你，并不意味着你不被他人所爱。

把爱放在心里，一个人也可以行走天涯。

望一段小桥流水，思一地静夜眷恋，煮一壶云水相拥，吟一阕柔情深种。春花旖旎，是我们深情的凝望；夏雨呢喃，是我们心灵的驿动；漫天枫红，写满我们执手徜徉的快乐；冬雪飘飘，回荡我们不离不弃的期盼。两颗心，一段情，点点滴滴，呢喃最真的情感。

无论你有多好，总会有不珍惜你的人出现，幸好到了最后，所有不珍惜你的人都会成为过去。

飘染愁丝千重絮，零散无情雪吟风。

独依阑珊醉梦浅，风浮青丝悠悠剪。

化骨柔肠千般转，流落相思语万言。

一尺幽念一尺寒，一抹闲愁一点怨。

花开激尽春色暖，碧草灼色燕来衔。

也许每个人心里都住着一个遥远的人，这辈子也许都无法在一起，也许都没有说过几句话，也没有一起吃饭看电影，可就是这个遥远的人支撑了青春里最重要、最灿烂的日子，以至于让以后的我们想起来，没有遗憾后悔，只是暖暖的回忆。

人们不缺爱情，只缺一个善待爱情的人。

爱情如果不落到穿衣、吃饭、睡觉这些实实在在的生活中去，是不会长久的。真正的爱情，就是可以在对方面前无所顾忌地打嗝、挖耳朵、流鼻涕；真正爱你的人，就是那个你可以不洗脸、不梳头、不化妆见到的那个人。

滴不尽相思血泪抛红豆，开不完春柳春花满画楼。夜雨霖铃，语罢清宵。凝眸深处，心波荡漾。人世间的情，纠纠葛葛，牵牵绊绊，钟情怕到相思路。盼长堤，草尽红心。动愁吟，碧落黄泉，两处难寻。

当爱情要完结时，不想画上句号也不行。当你怀疑是否画上句号时，那表示你根本就舍不得，也没办法画上这个句号。每一段情始终会有句号，当它来时挡都挡不住。当爱情一旦成为习惯，一辈子也摆脱不了。

爱情，在岁月的洗礼下，褪下一切华丽的衣裳，消散了曾经的轰烈，却留下了岁月长河里的静默相伴，相濡以沫，风雨同路，不离不弃。

为一个人去尝试不擅长的事情，去成为一个更优秀的人，这才是爱情最傻最真实的样子。

希望你是嫁给爱情，而不是嫁给婚姻。

一句甜蜜的情话或许就可以消除女人心里固执已久的误会，几个温柔的笑容或许就可以挽回她开始腻烦的心。一个男人如果真的爱一个女人，最好不要吝啬语言，不要忽略对她的关注，要在情感和生活的细枝末节上给她以爱怜与呵护。

梨花漫天飞洒，烟雨迷乱泪满颊。情忆当年相思话，而今归入谁人家？满腔情意落尘沙。

爱一个人，并不需要日夜相守，心中有她就足矣，因为这种爱是一种希望，人生有希望，生活才会荡漾出多彩的水花。

爱不敢爱，恨不敢恨，在纠葛里沉沦挣扎，洗不净的红尘灵魂，竟是如此令人着迷。

多少爱情说好从黑发到白头，却留下一个凄凄惨惨的结局，某一天对着你的城市说一声：再见，时光未老，我们已散。

爱情不是轰轰烈烈的誓言，而是平平淡淡的陪伴。越是平凡的陪伴，就越长久。

爱情是磁铁，被爱是磁，爱是铁，无论磁在哪里铁都如影相随，这就是铁的命运，深深被吸住不可自拔。

两个人在一起，总归会遇到问题，也总有人会闯祸。出事时就能够看出对方的品性和感情。如果第一反应就是责怪你，或者不想和你一起承担，那对方爱自我远超过爱家庭，更超过爱你。两个人在一起，不管是谁闯了祸都别责怪，应当是想着一起分担共同解决。因为爱情就是你犯的错误，我却愿意一起承担。

不要在发现你的爱情没有爱了的时候，还固执地坚持。有时候，放手不光是给他自由，还是给自己一条生路。

虽然我不是你第一个牵手的人，不是你第一个拥抱的人，不是你第一个亲吻的人，不是你第一个拥有的人。可我希望我可以是你遇到痛苦第一个想倾诉的人，是你遇到快乐第一个想分享的人，是你遇到挫折第一个想依靠的人，是你今生第一个可以相伴的人。

有些人，明知道是爱的，也要果断放弃，因为没有结局。

一些人，只能成为过客。一些事，只能成为记忆。人们终究不能逃避那些记忆，忘不了那个人，换不了独角戏的角色。

简简单单，才能长长久久；平平淡淡，才能细水长流。

有些感情成为回忆，人们将其安放在心底，继续上路。而有些感情哪怕逝去了，也依然鲜活地留在心里。

时光终是无言，落花飞逝，人影几何，转身已渐流逝。垂首凝眸，轻拈心香一瓣，来祈祉一场来世的尘缘，唯愿从此，莫失莫忘，且行且惜，温暖相依，许一世的安宁。

别光迷恋爱情，人品比这更重要。爱情是暂时的，人品是永恒的。

满生欢喜，不过因为一句关于你的话。

找一个自己喜欢的人不容易，找一个自己喜欢而喜欢自己的更难。

当爱情存在，誓言才会存在。

半世缘落，独你是我一生劫难。

爱一个人很难，放下自己心爱的人更难。

有时候，爱情仿佛是来不及许愿的流星，再怎么美也只是曾经。

爱情需要太多条件：天时、地利、

人和，还要接受外界与内心时时刻刻的考验。真正相爱，也许就只那几年、几月、几天……所以，如果有爱，还等什么呢？十年同船渡，百年共枕眠，我们不过是时光之海里的浪花一卷。

把爱情当作理想的人，不会有真正的理想。

哪里有真爱存在，哪里就有奇迹。

爱是两个人的事，如果你还执着着、纠缠着，原地打滚痛苦地爱着，时过境迁之后就会发现，是自我挖了坑，下方埋葬的全部都是青春。

天气总是这样变化无常，就像爱情不知道什么时候会离去一样。

建立在美貌基础上的爱情，会和美貌一样很快消失。

在感情中付出更多的那个，不一定就是失败的一方。对一个人好，即使没有回报，至少也永远不会白费。很多年后突然想起来，泪流满面的那个人，肯定不是你。

即使是非常相爱的两个人，如果不能为对方负责，就一定不要轻易地许下所谓的承诺。

爱你的人，对你的要求很少，可以在很想你时看看你，可以在寂寞时和你说句话，这就是爱你的人所有的幸福。

感情上有一座冰山，感动比不上心动。

有一天，我们可不可以如此幸福——不计较对方的付出与自己的所得，只在乎对方是否幸福是否快乐，当相爱慢慢变成一种习惯，平平淡淡也一样刻骨铭心。

不去整天患得患失，想那些有的没的，爱我的人必然会把我放在心上，因为他不忍看到我难过，是我的别人抢不走，不是我的我抢不来。

爱若卑微，便不再是爱；爱若疼痛，就不叫爱。放手，是最好的解脱。

等待不可怕，可怕的是不知道何时是尽头。爱错了，不要停留在原地，毫

无期限地等待某人，等待的往往不是爱，而是纠缠与虚耗。时间可以治愈一颗受伤的心，同样也可以撕裂一颗等待的心。

因为感觉不到被爱，所以做了那个先走的人。

世界上有一种人间疾苦，叫作"我想你"。

人们都曾经渴望爱情是一场盛宴，最后想要的是一家子的寻常晚饭。

有趣的单身，胜过将就的爱情。

或许有一天，那个你曾以为"非他不可"的人，也会变成一个"不过如此"的人。

去见你的路上，风是暖的，雨是甜的，连云朵都像棉花糖一样。

真正的爱情需要等待，谁都可以说爱你，但不是人人都能等你。

一个姑娘最酷的时候，就是只要知道了一段感情不合适，再难过也狠得下心说再见，再不舍也能假装洒脱大步向前。

喜欢上一个人，并不在于这个人长得好不好看，而是在特殊的时间里这个人给了你其他人给不了的感觉。

真正爱你的人，是在你最丑陋的时光里，将你的好坏一并包容的人。

男生最好的聘礼就是一生的互相迁就与疼爱，女生最好的嫁妆就是一颗体贴温暖的心。

不断打破自己原则和底线坚持的感情，最后一定会烂尾。

过期的东西就扔掉，过去的人就别纠缠。

恋爱建议：去爱一个就算跋山涉水也要来见你的人，而不是每天隔着手机屏幕说我爱你的人。

抽烟的人永远闻不到自己身上的烟味，就像被爱的人永远不知道，爱你的人有多辛苦。

注定在一起的人，不管绕多大一圈依然会回到彼此的身边。幸福可以来得慢一些，只要它是真的，如果最后能在一起，晚点也无所谓。

慢热型人的爱开始得缓慢又深刻，对感情往往加倍执着。最深沉的爱，不敢轻易开始，不会轻易离开。

这世上，没有能回去的感情，就算真的回去了，也会发现一切已经面目全非。唯一能回去的，只是存于心底的记忆。这世界无法制造后悔药，别等心碎了再拿歉意拼凑。

人的感情就像牙齿，掉了就没了，再装也是假的。不联系，就是我们最好的关系；不打搅，就是你最后的温柔；相互忘记，就是我们最好的归宿。

人一生会碰见很多心动的人，可能会误以为那就是喜欢，其实也不过是某一刻的好感，毕竟心动都不是答案，心定才是。

如果你很迷恋一个人，那你一定配不上那个人。

不是单身选择了我，是我选择了单身。所以，别用怜悯的眼神看我。比孤独更孤独的，是和错的人在一起。

不要让那个喜欢你的人，撕心裂肺地为你哭那么一次。因为，你能把对方伤害到那个样子的机会只有一次。那一次以后，你就从不可或缺的人，变成可有可无的人了。即使对方还爱你，可是总有一些东西真的改变了。

承诺太廉价，誓言不牢靠，现在谁在你身边，对谁好一点就够了。

所有的关系中，懂得互相服软、轮流低头，就不会轻易走散。

没有人想放弃，不是因为不喜欢也不是因为不爱了，而是攒够了失望，把所有的关心和爱慕都一点点消磨殆尽了。

极度缺乏温暖的人，在感知外界的一丁点温暖后，就会情不自禁地误会成爱。

我告诉你我喜欢你，并不是一定要和你在一起，只是希望今后的你在遭遇人生低谷的时候，不要灰心，至少曾经有人被你的魅力所吸引。曾经是，以后也会是。

两个人在一起久了，就只能看到对方的缺点，不要对爱你的人刻薄，懂得珍惜，不是天生好脾气，只是特别怕失去你。

如果有初见时的强烈动心，还有熟悉后的长久安心，那大概就是真爱了。

真正的失望不是怒骂，不是嚎啕大哭，也不是冲你发脾气，而是你做什么我都觉得和我再也没有任何关系了。

时间会把对你最好的人留在最后，毕竟喜欢是一阵风，而爱是细水长流。

真心觉得，遇到合拍的人，要比遇到让你动心的人更难得。

越长大越觉得，一辈子能遇上一个你说上半句他能接下半句，还能把你宠上天的人有多难。

以前对你的喜欢，是见你、念你、陪伴你。现在对你的喜欢，是不问、不看、不打扰。

大部分情侣分手的原因：一个爱多想，一个偏偏又不爱解释。

友情变成爱情很正常，而爱情不能变回友情，就像毛巾用久了可以当抹布，而抹布不可以当毛巾。

白头偕老这件事其实和爱情无关，只不过是忍耐，但忍耐却是一种爱。所以，真正爱你的人，其实就是愿意一直忍耐你的人。

人生本来就没有相欠：
别人对你付出，是因为别人喜欢；
你对别人付出，是因为自己甘愿。

那种既不能断干净，又不能和好如初的关系，最折磨人了。

每一个不懂爱的人，都会遇到一个懂爱的人，然后经历一场撕心裂肺的爱情。不懂爱的人慢慢懂了，懂爱的人，却不敢再爱了。

这个世界上从没有人有义务爱你，不管你是什么阶段的你，都不要把自己随便托付给别人。先爱自己，别人爱不爱你，爱你多久，都威胁不了你。

"是不是越成熟，就越难爱上一个人？"
"其实不是，只是越成熟越能看清那不是爱。"

不能强迫别人来爱自己，只能努力让自己成为值得爱的人，其余的事情则靠缘分。

喝醉从来就不是酒精的罪过，而是感情的度数太高。

犯不着吃回头草，反正往前走一定会碰到新的。

"失去最爱的人的那种感觉该怎么形容？"
"大概是……身处人海里也觉得孤独，看喜剧都会哭。"

切断联系还是挺容易的，难的是切断想念与盼望。

一个人最大的遗憾，不是错过最好的人，而是当你遇到更好的人时，却已经把最好的自己用完了。

曾经以为一个人的感情和依赖，从有到无会是一个渐渐消减的过程。事实上，它会在某一个时刻，甚至某一个瞬间，突然地立减为零。

等一个人的感觉很辛苦，不知还要等多久，却又舍不得放手。

要么就开开心心、甜甜蜜蜜地在一块儿，要么就还不如一个人。单身不过寂寞，将就却是折磨。低质量的恋爱，不如高质量的单身。

如何判断一个男人是否真正地爱你：

1. 愿意规划你们的未来，说明潜意识里有你；

2. 愿意认识你的朋友，也愿意介绍自己的朋友给你，说明在乎这段关系；

3. 帮助你成长，才是让关系可持续发展的核心。

所谓舒适的感情，本质就是两个懂得如何去爱的人在一起，感情里流动着彼此的爱，感情有互动、有回应。

真正放下一个人，就应该做到不回头，不打扰，不联系。一开始的确很难受，毕竟经历了那么多美好的过往，谁也不能说立马放下。可是，已经决定了分开，就要做好忘记这个人的准备，为了自己的新生活，也为了彼此能够过得安稳。

都说"女人心，海底针。"，其实她也只是想感受到你对她的爱。在生活的一些小事上，能让则让，这不是毫无底线的忍让，而是向她示爱的一种方式。这种方式对男生来说没有损失，对女生而言则体会到了被爱的感觉，是一个双赢的行为。

好的婚姻，是彼此在感情里都觉得舒适、自然，当两个人都有正向的感受后，自然会愿意在感情里投入，也会越来越幸福。

只要你要、只要我有，倾我所能、尽我所有。我给过你的，给不了第二个人。你给过我的，也请不要再给第二个人。

如果一个女人真的爱你，她会因为很多事情对你发脾气，却始终坚守在你身边。

恋人是会在一起吃饭聊天，讲故事和吵架的人，会在一起直到头发变白，天气好的时候牵着手一起出去走走的人。

大多数关系不就是如此吗，上一秒说着永远，下一秒就走散了，再记起时已如局外人。

想你的人自然会来见你，爱你的人会想尽一切办法来到你身边。

那些刻在椅背后的爱情会不会像水泥地上的花朵，开出地老天荒的，没有风的森林？

最难过的，莫过于当你遇上一个特别的人，却明白永远不可能在一起，或迟或早，不得不放弃。

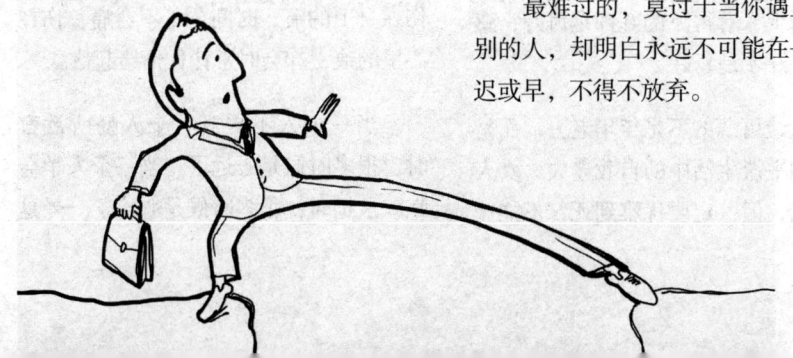

有时候你放不下一个人,不是因为那个人无可替代,而是因为你在那个人身上花费了太多的时间和精力,一旦分开,就好像自己用时间和青春细心堆砌的城堡轰然倒塌。

十七八岁的年纪遇到了不可能在一起的人,却还是拼尽全力去爱,如今才刚刚二十岁风华正茂,却丧失了爱一个人的能力。

我们总是会被突如其来的缘分砸伤,把这些当作是生活中不可缺少的主题。有些缘分只是南柯一梦,瞬间的消逝便成了萍踪过往。有些缘分却落地生根,扎进了你的生命中,从此纠缠不清。

一辈子那么长,一天没走到终点,就一天不知道哪一个才是陪你走到最后的人。有时你遇到了一个人,以为就是他了,后来回头看,其实他也不过是这一段路给了你想要的东西。

陪伴一世的是一颗心、一种心疼、一份包容、一份笃定不移的执着。将就什么都别将就爱,错过什么都别错过真爱,找一个真正爱的人,才会有真正的幸福。感情,慢慢品才会懂;人心,细细看才明了。看得见的好都是讨好,感受得到的好才是真好。

女人最可悲的不是年华老去,而是在婚姻和平淡生活中的自我迷失。女人可以衰老,但一定要优雅到死,不能让婚姻将女人消磨得失去光泽。

嫁的人是谁很重要,因为他决定着你一辈子的生活状态。娶的人是谁更重要,她很有可能决定着你一生的层次和高度。不要将就地嫁,也别违心地娶。

总有一个人会改变自己,放下底线来纵容你;不是天生好脾气,只是怕失去你,才宁愿把你越宠越坏,困在怀里。所谓性格不合,只是不爱的借口。

有些人是你初见好,而感觉越来越差的。有些人是你刚开始不感兴趣,却一点一点爱上的。爱得快,不代表就好,因为真正的情感,永远是积累。

离了心的人留不住,再留会生怨;合不了拍的感情难继续,继续会别扭。伤在身上的痕,时间久了不会痛;伤在心里的痕,却会时常让你情绪起伏。

当一个人不再对一个人畅所欲言时,很多时候是心远了;当一个人学会默默承担时,很多时候是心冷了。爱是需要和被需要，有人对你发脾气、无理取闹才是幸福；爱是你吵我哄，有人在你面前毫无顾忌、随心所欲才是踏实。爱是甜蜜的干扰，要懂得才好。

爱情这东西，时间很关键，认识得太早或太晚，都不行。

爱要真心，也要互动；
情要珍惜，更要随缘；
爱是相吸，不是追逐；
情是相互，不分高低。

别把最爱你的人当成情绪的垃圾桶，无论你心情多烦躁。

那个让你流泪的，是你最爱的人；那个懂你眼泪的，是最爱你的人；那个为你擦干眼泪的，才是最后和你相守的人。

爱情可以浪漫，但不要浪费；不要随便牵手，更不要随便放手。

世界上最远的距离，在你面前却不懂我的心，世界上最远的距离，从我掌心到你掌心。

因为爱过，所以不会成为敌人，因为伤过，所以不会做朋友。

爱情应该是一个磁场，而不应该是一条绳子，捆着他，不如吸引他。一条绳子会让男人有挣脱的欲望，而一个磁场却能给男人自由的假象，和一个永恒的诱惑。

离开不是绝情，是留下来没有人看重；撒手未必轻松，是伤透的心不想再疼。

爱情也好，友情也罢：宁可高傲离开，也不卑微存在；宁可笑着放弃，也不哭着拥有。

不确定就是没在彼此的心上，情感根本无需试探，怀揣那些心知肚明的感情就够了。

爱一个人，不是一时的牵手，而是一世的牵心。

为了记住你的笑容，我拼命按下心中的快门。

深爱一个人也会爱上他的麻烦，因为有爱，根本就不觉得是麻烦，恨不得粉身碎骨，用上全部力量，帮他把麻烦去掉，不管前面是地雷阵，还是万丈深渊。

每个人的内心都是一座城。爱可倾城，亦可毁城。说到底这城还是属于别人的，而我们终其一生等待的攻城人，不是来得太早，便是来得太迟。

成熟的两性关系：放低了对对方的期待，相信对方可以处理好自己的事情，你只是一个支持者和陪伴者，对方的路始终要让他一个人走。两个人始终不同，却能庆祝这份不同，互补共赢；也能彼此分开旅行，去实践自己的梦想，成为真实的自己。

被爱意味着被消耗，被染成灰烬，爱则意味着永不枯息的明灯放射光芒，被爱转瞬即逝，爱则是永存不灭。

我们都不是随便的一个人遇到另一个人，我们都是经过跋山涉水，漫漫长路才找到彼此，在我们的人生长河里，这因缘际会的短暂的一瞬，那不是偶然，那是我们的选择。

时光静好，与君语；细水流年，与君同；繁华落尽，与君老。

不要因为寂寞而错爱，不要因为错爱而寂寞一生。

听过最傻最让人心疼的一句话：
"他伤了你那么多次你怎么还没离开？"
"偶尔他也会给我敷药，喂我吃糖。"

如果说，你是我最心爱的人，那么，这也许不是真正的爱情。爱情就是，我觉得你是把刀子，我用它搅动我的心。

谁曾从谁的青春里走过，留下了笑靥；谁曾在谁的花季里停留，温暖了的想念。

人生那么短暂，凭什么让不在乎你的人来影响心情；人心如此矜贵，干吗用不懂珍惜的人来亵渎你的感情。

不是不想，只是不再打扰；不是不爱，只是不再期待。

有多少人的离去，是不被在意；有多少情的放弃，是不被珍惜。

舍不得的不是名字，而是人；忘不了的不是曾经，而是感情。

原来缘分最痛的结局：人走了，感情还在；时间变了，心没变。

泪水，忍不住也得忍；苦楚，咽不下也得咽；错缘，放不下也得放。

不必用真心换来伤心，最后只剩寒心；不必用重视收回漠视，最终只有无视。

两个人在一起，合拍不合拍很重要。所谓的门当户对不一定是指物质上的，而是指两个人有着相似的成长经历，相似的人生观和价值观，能为了相似的目标而并肩同行。说话总是要解释半天，或者根本说不到一起去，多烦心，能聊得来真的太重要了。

如果你说你在下午四点来，从三点钟开始，我就开始感觉很快乐，时间越临近，我就越来越感到快乐。

谈恋爱，俩人能聊到一起太重要了。对方总能接上你抛给他的点，并且又抛回来一个，有来道去的，像说相声一样，过程中你还一直在笑，能做自己不用装。

男人的爱是俯视而生，而女人的爱

是仰视而生。如果爱情像座山，那么男人越往上走可以俯视的女人就越多，而女人越往上走可以仰视的男人就越少。

一段不被接受的爱情，需要的不是伤心，而是时间，一段可以用来遗忘的时间。一颗被深深伤了的心，需要的不是同情，而是明白。

不管爱情，还是友情，最终目的不是归宿，而是理解、默契——是要找一个可以边走边谈的人，无论什么时候，无论怎样的心情。

女孩们都太轻易把自己想象成对方人生中的大钻石，无论是否能在一起，却都刻骨铭心，其他人只是过眼云烟而已，其实呢，其实我们多数自命清高，不过是他们追逐真爱路上的绊脚石。

有些痛，忍忍就过了，有些麻烦，忍忍就解决了，有些话，忍忍就不想说了，有些爱，忍忍就不想继续了，有些人，忍忍就不想等了。

若是有缘，时间空间都不是距离；若是无缘，整日相聚也无法会意。

人，相互帮扶才感到温暖；事，共同努力才知道简单；路，有人同行才不觉漫长；爱情，要相互记挂才体味情深。

单身不是你邋遢活着的借口。当你的世界只剩下自己一个人，更要好好吃饭、睡觉、娱乐……只有先照顾好自己，才有力气熬到对的人出现，并用身上的光芒吸引对方从此留下。

当你停下来思考自己是否爱着某个人的时候，那就表示你已经不再爱他了。

找个有趣的人结婚最好，这比钱财外貌所带来的快乐都要持久得多。当然，有趣和好玩是两个概念。好玩是一种表象的热闹，有趣则是一个人骨子里深藏的趣味。日子的平淡会沉沦我们的热情，唯有情趣能跟强悍的现实打个平手。

爱是一念之差，最幸福的不过是，你曾温柔呼唤，而我恰好有过应答。

女人年轻时的奋斗不是为了嫁个好人，而是为了让自己找一份好工作，有一个在哪里都饿不死的一技之长，有一份不错的收入。因为，只有当经济独立了，才能做到说走就走，才能灵魂独立，才能有资本选择自己想要的伴侣和生活。

我们永远无法成为别人满意的那个自己，可如果坚持做喜欢的自己，终会遇见喜欢你的人。其实到最后，我们都是在寻找同类，就像溪流汇入江海，光束拥抱彩虹。

我明白，爱情的感觉会褪色，一如老照片，但你却会长留我心，永远美丽，直到我生命的最后一刻。

每个人心中都有一座城，住着一个不可能的人，那个人路过了青春一阵子，却会在记忆里搁浅一辈子。

其实，我们只是想找一个谈得来、合脾性，在一起舒坦、分开久了有点想念，安静久了想闹腾一下、吵架了又立马会后悔认输的人。友情如此，爱情同理。

人之所以讨厌相亲，因为遇到条件差、自己不喜欢的，就会被父母批评要求高；遇到条件好、人家不喜欢自己的，就会被父母说"你看呀，你这个年龄了，条件好的都看不上你了啊"，而后堂而皇之地介绍条件更差的。

如果可能，找一个你愿意跟他说话的人结婚。跟他在一起就有说不完的话，天南海北鸡毛蒜皮，不管快乐还是忧伤的事，都能眉飞色舞地说个没完，对方也能耐心微笑着倾听，这基本可以肯定就是爱了。爱一个人，就是愿意跟他说话。人生漫长，容颜易老，找个能说话的人陪伴一生，实在是幸运至极。

不要怪对方不善言辞，对方只是把说不出的爱都写在了脸上，因为情到浓时，是眷恋；爱到深处，是无言。

有时候，喜欢一个人，真会把自己活得很委屈。

男人思念一个人，是在酒后半醉的时候；女人思念一个人，是在深夜失眠的时候。

和一个人在一起，如果他给你的能量是让你每天都能高兴地起床，每夜都能安心地入睡，做每一件事都充满了动力，对未来满怀期待，那你就没有爱错人，最合适的感情，永远都不是以爱的名义互相折磨，而是彼此陪伴，成为对方的阳光。

好脾气都是磨出来的，坏毛病都是惯出来的，治得了你脾气的是你爱的人，受的了你脾气的是爱你的人。

再恨也别背后诋毁一个曾与你交心的人，再爱也别卑微地去取悦一个不爱你的人。

遇见你是命运的安排，成为朋友那是我的选择，而爱上你是我所无法控制的意外。

专一不是一辈子只喜欢一个人，是喜欢一个人的时候一心一意。

也许生命的美在于遇见，我不知道这一生会遇到多少人，也不知道会有多少倾心的相遇，或许这世上有很多人都可以惊艳你的时光，但能够愿意留在你身边直到慢慢温柔了你的岁月，陪你哭，陪你笑，陪你等待，陪你花开，一生也许只有那么一个。

愿意与一个人相守到老，想与他住同一所房子，睡一张床，生一个孩子，养一条狗，这便是平实的爱情。

单身的最大好处:
不必拿自己的另一半跟别人的另一半作比较。

请找个对自己好的人再嫁。父母含辛茹苦地把你养大,为的不是让你在任何一个男人面前委曲求全。

要是你真正爱一个人,就不舍得太过聪明地对待他。

看见一对情侣吵架,女孩发脾气甩包就走,冲出去不远脚步慢下来,走几步就回头看。男孩也不着急,捡起包在后面慢慢走。路过一个煎饼摊,男孩停下来,对着前面喊:"傻瓜,加几个鸡蛋?"不远处回答:"俩。"这或许就是最高级别的浪漫。

有些人爱到吵架所以分手,有些人爱到平淡也分手。其实真正陪你到老的,是那种没太多意外,也没有当初的心跳,却无论如何也不离开你的人。从激情到亲情,从感动到感恩,从浪漫到相守。时间越久,越不愿离开你,这才叫爱人。

跟你绝配的爱人,并不是天然产生的。你能一见钟情的,并不代表会相处融洽。相处融洽的,不一定会忠心耿耿。真正绝配的爱人,其实都靠打磨。你改一点,我改一点,虽然大家都失去一些自我,却可以成为默契的一对。相爱和相处是两回事:相爱是吸引,而相处是为对方而改变。

看过很多糟心的婚姻,又遇不到能让自己孤注一掷的人,所以单身。

一段友情离开了就淡了,一段爱情分离了就散了,珍惜现在所拥有的,也许下一秒就不再属于你。

爱情与成熟度无关。如果不努力发展自己的全部人格,那么每种爱的努力都会失败;如果没有爱他人的能力,如果不能真正谦恭地、勇敢地、真诚地爱他人,那么人们在自己的爱情生活中也永远得不到满足。

吵架永远不嫌晚,道歉总是嫌太迟。

新婚老公必读兵法:
1. 别企图改变老婆,搞清楚要改变的人是你自己;
2. 别随便批评老婆,否则老婆会"劈平"你;
3. 别妄想逃避老婆,否则老婆会加倍追捕你。

恋爱的新鲜感仅有六个月，六个月一过，就云开雾散，彼此看清了对方的真面目，失望几乎是不可避免的。说来也是，既然蔬菜都无法永远保鲜，那你又凭什么总想在别人的世界占据半边天。

最终导致你们分开的，极有可能是对方身上一开始你就不接受的缺点。

有时候女人需要男人，就像逃亡者需要降落伞一样。如果他现在不在这里，将来就不必在这里了。

爱情数学定律：热恋三天三夜的结果，等于三十年的婚姻冷战。

许多时候，一个人发现自己爱上了一个人，就在和他分手的时候，突然看不到那个人了，才知道自己已经不知不觉对那个人有了很强的依恋。

当一个女人在你面前伪装，她已经喜欢上你了。

好的爱情，让人变成傻子；
坏的爱情，让人变成疯子；
最好的爱情让人变成孩子。

真正的爱情是不能用言语表达的，行为才是忠心的最好说明。

对付老婆的三种办法：
1. 不要随便说好；
2. 不要随便说不好；
3. 不要随便问她这样好不好。

丈夫就是一个白天没时间和老婆说话，晚上又累得没机会听老婆说话的人。

当爱情来临，当然也是快乐的。不过，这种快乐是要付出的，也要学习去接受失望、伤痛和离别。从此，人生便不再纯粹。

恋爱有时是教育工作，费尽心力把那个人整理好了，然后把那个人交还给世界。

恋人之间，最怕的不是情绪化，而是彻底回归平静。一旦万籁俱寂，也就是情之尽头了。越厮缠，才越厮爱。那些正在折腾着的男男女女，别嫌烦：生命在于运动，爱情注定是折腾。

没有誓言的爱情才是最可靠的爱情。真正的爱情，是与誓言无关的。有趣的是，大多数女人都喜欢听男人的誓言，即便是在心里并不把男人的誓言当真，也是感到幸福无比。

每段爱情都带点毒性：
那个让你大病痊愈的，轻易被抛到脑后；
那个让你病入膏肓的，却始终念念不忘。

我们都渴望爱情中满是阳光的正能量，却不得不说：当某个人只会令你开心、不再令你伤心，也就离你的心越来越远了。

热恋的时候，不必那么现实，失恋之后，却必须现实一点。一切已经完了，各有天涯路，多么不舍，也要放手。

人生是一幅风景，爱情是一束鲜花。没有鲜花，风景就不会绚丽，没有爱情，人生就容易成为荒凉的土地。

如果一段感情没有把你变成更好的人，那么很遗憾你找错了人。

女人结婚守则：
1. 在结婚证书上签字前，仔细考虑；
2. 仔细考虑后，请再考虑；
3. 考虑后请再考虑；
4. 实在无法再考虑时，请对方考虑。

男人容易变心，女人则不断变主意。

爱情使人忘记时间，时间也使人忘记爱情。

爱你的人如果没有按你所希望的方式来爱你，那并不代表他们没有全心全意地爱你。

婚姻如同一座危楼，大家都知道很危险，可没有人在乎，仍然进进出出，总认为它不会塌在自己头上。

婚姻三步曲：希望、失望、绝望。

爱情是一种艺术，婚姻是一种技术，离婚是一种算术。

离婚最佳风度学：永远让情况看起来像是你抛弃了对方。

离婚后一年内再婚，是乐观主义者；
离婚后不再结婚，是悲观主义者；
不离婚，是乐观的悲观主义者。

战争就像婚姻，唯一不同的是，打完仗后不需要跟敌方将领睡在一张床上。

身在爱情里的人是仙人，身在婚姻里的人是超人。

所谓"罗曼蒂克"：提供一种想象，却不提供一幅实景。

所谓婚姻专家是能清晰分析出各种问题的症结及方法，却不保证一定能行得通的人。

当男人碰上女人，这是一桩意外；
当男人爱上女人，这是一项游戏；
当男人追上女人，这是一种流行；
当男人娶了女人，这是一个问题。

现代人分成三种：
1. 想结婚的人；
2. 不想结婚的人；
3. 喜欢问"为什么要结婚"的人。

爱情里，主动的那一方永远也不知道，被动的那一方等着他的主动等了多久。

没有踏上爱情路的时候，我们总是满不在乎，狂妄自信。常笑那些儿女情长，因爱而黯然伤神，愁上眉梢的人。但当我们经历爱失去爱后，才确实地知道，自己的心同样脆弱得不堪一击，难以承受情绝的结局。

慢慢来吧，总有一场相遇，是互相喜欢，相互欣赏，共同成长。是隔着茫茫人海，带着温柔奔赴而来。

世间的感情莫过于两种：
一种是相濡以沫，却厌倦到终老；
另一种是相忘于江湖，却怀念到哭泣。

暧昧不可怕，可暧昧的死穴就是对象是自己喜欢的人，不清不白，若即若离，不是甜蜜，是折磨。

没有谁天生是属于谁的，任何人来到你身边愿意为你停下脚步，都是一件值得珍惜的事。这世上什么东西都有个保质期，没有比心存感激更好的保质方法，爱是用心，不是敷衍。

求婚与婚姻的关系，就像用十五秒精彩刺激制作精致的广告，来向你推销一部枯燥乏味、内容平凡的一百分钟电影。

两种麻烦的女人：
一种是会煮饭而不煮饭；
一种是不会煮饭而偏要煮饭。

容貌平凡的女人如果被比喻成电风扇，那美艳的女人就是冷气机，两者都能带给你清凉的感觉，只不过后者必须多耗些电费。

男人唯一能改变女人的时候，是恋爱的时候。其余的时候，女人会自己改变。

一个敏感的男人，会选择一个细腻的女人；
一个敏感的女人，则会选择一个安全的男人。

最浪漫的三个字不是"我爱你"，而是"在一起"。

幸福的关键不在于找一个完美的人，而是找到某人，和他一起努力创造一个完美的关系。

最动人的情话：如果你不开心就欺负我好喽，反正我那么喜欢你。

有些感情纠缠久了，到后来你已经分不清楚，到底你是要爱，还是要赢。

女人的幸福在于：他真的爱我；男人的幸福在于：她值得我爱。

相爱太早爱不起，相遇太晚等不起，缘分太少伤不起，桃花太多爱不起。真正的爱情，没有早到晚到，没有或多或少，是你，就是你。

许多人把心动、迷恋或倾慕误认为爱情，可心动跟真正的爱情根本无法相比。心动的光芒最多只是颗钻石的光芒，让你惊叹于它的华丽，恨不得立刻拥有；真爱的光芒就像阳光，久了也许会让人觉得稀松平常，但这种光芒能温暖你、照耀你，一旦失去，你的整个世界都黑暗了。

人生下来的时候都只有一半，为了找到另一半而在人世间行走。有的人很幸运，很快就找到了，而有人却要找一辈子。

世间最执着的爱恋，是用最纯粹的心去爱一个人，用尽生命的全部力气去承受。一生里如果有一次这样爱过，就算爱如夏花，只开半夏，也无怨无悔。

单身也好，恋爱也罢，只是人生中的某个阶段。没必要羡慕旁人，也别对现状不满。无论身边是否有人陪伴，前方是否有承诺一起努力的目标，喜怒哀乐都需要自己去经历并沉淀。正确地活着，每个阶段都会带给你更好的自己。成长不是单纯为了脱单，而是让自己有力量去体验任何可能。

我们都在最没能力给别人承诺的时候遇见最想承诺的人，也在为了理想不得不前进的时候遇见最想留住的人。

现代女性找老公的要求：高等收入，中等品位，低等智商。

不是所有的人都能知道时光的含义，不是所有的人都懂得珍惜，这世间并没有分离与衰老的命运，只有肯爱与不肯爱的心。

"爱"是：三分喜欢，七分珍惜；三分说开，七分默契；三分宠爱，七分忍耐；三分等待，七分情怀。

许多人的"婚姻"，是男女主角借助"爱情"这个导演，配合"幻觉"这部剧本，站在"期望"这个舞台上，演出的一场令人哭笑不得的荒谬大闹剧。

感情中最磨人的，不是争吵或冷战，而是明明喜欢、还要装出不在乎。爱，总和自尊捆绑在一起。自尊绝非高高在上的姿态，而是坦诚地面对自己。世人都习惯了扮演一种不屑一切的冷艳。演技越好，离快乐越远。别藏得太深，幸福会找不到你。

因为你太过于热情，所以总觉得别人对你都太冷漠；因为你太爱一个人，所以别人一个疏忽你都觉得那是不爱你了。多把精力放在自己身上，就会减少很多矫情的情绪。

友情是站在你身后，你受伤了帮你包扎伤口为你上药；爱情是站在你身前，为你遮风挡雨，不让你有受伤的机会。

女人错过了最想嫁的男人，便没了选择的欲望；男人错过了最想娶的女人，便有了挑剔的毛病。

为你，我用了半年的积蓄，漂洋过海地来看你；为了这次相聚，我连见面时的呼吸都曾反复练习。

所谓陌路，就是最初不相识，最终不相认。

一生至少该有一次，为了某个人而忘了自己，不求有结果，不求同行，不求曾经拥有，甚至不求你爱我，只求在我最美的年华里，遇见你。

慢热是因为怕被辜负，毕竟每一次投入都是倾尽所有。

真心等你的人，总会真心等下去，不愿意等你的人，总是一转身就牵了别人的手。最尴尬的是，一次次高估自己在别人心里的位置。

爱情一直都在，即使相处久了，有了亲情。那句"爱情最终会转化为亲情"其实是把亲情夸大了，爱情一直都在。

我们终究是凡夫俗子，做不到心如止水，既然这样又何必违背自己的心，何不敞开心扉，接纳自己喜欢的人，不管别人的看法，不在乎所有的外在因素，轰轰烈烈地爱一场，不管最终结局怎样，至少将来可以理直气壮地说，为了爱我努力过，至少我不后悔。

没有谁能够陪谁一百年，亦没有谁能够真心待谁一辈子，总会有厌烦的时候。

入戏越深，用情越真，伤口越疼。

陪伴有时是一首歌的时间，陪伴有时是一杯茶的暖香，陪伴有时是一句话的温暖。

爱与不爱，恨与不恨，只在于你的一念之间，选择了，就请不要后悔。

最痛的，不是离别，而是离别后的回忆。

我们总以为自己的婚姻经不起推敲，别人的婚姻更幸福，却忘了爱情不是相忘于江湖就是平淡到老。谁的婚姻里又没有缺憾？在婚姻中慢慢修炼，渐渐明白，女人最重要的或许不是嫁谁，而是无论嫁了谁，都要有让自己幸福的能力。

那些在感情中只求付出，不求回报的傻姑娘，往往都会如愿以偿，得不到任何回报。

暖气＋被窝＋睡觉＋电脑＋手机＋wifi＋热饮＋一个爱的人＝一整个冬天。

喜欢是急着确定关系，爱是等自己有能力给她一个家。

孤独一人也没关系，只要能发自内心地爱着一个人，人生就会有救。哪怕不能和对方生活在一起。

买了就买了，不要去比价；吃了就吃了，不要去后悔；爱了就爱了，不要去猜疑；散了就散了，不要去诋毁。

感情不需要诺言、期限与条件。它需要一个能够信任的人，与一个愿意理解的人。

比起并肩、牵手、接吻，很多人最喜欢的应该还是拥抱吧。当你用双臂紧紧把一个人抱在怀里时，没什么比那更能让人体会到什么叫作拥有了。

温柔的人最后往往是无情的那个，因为他已经做了能做的一切，忍了该忍的一切，问心无愧也没什么后悔。最后决定放手，就真的再也不会回头。

最美好的大概还是那些初识的日子，是对彼此不全然地了解又极度渴望了解的那段时光。

不管你爱过多少人，不管你爱得多么痛苦或快乐，最后，你不是学会了怎样恋爱，而是学会了怎样去爱自己。

最好的爱情需要4个条件：
1. 我喜欢你；
2. 你也喜欢我；
3. 我适合你；
4. 你也适合我。

一座城市令你念念不忘，大抵是因为，那里有你深爱的人和一去不复返的青春。

别接受一开始就死缠烂打追你的人，真正的喜欢都是小心翼翼仔细斟酌，是想触碰却又缩回的手。

其实我们害怕的可能不是结婚本身，而是迫于种种压力跟不太合适的人绑在一起，放弃对爱情的期待和信仰。

我们原以为爱情可以填满人生的遗憾，不料，制造更多遗憾的，却偏偏是爱情。

一个人爱你的时候，你的任性你的缺点都是可爱。一个人不爱你的时候，你说话是错，不说话是错，连呼吸都是错。永远不要为了迁就谁而改变自己，爱的时候勇敢爱，散的时候大步走，别回头。

当你单身时，可以照顾好自己，自

由地去玩，有各种各样的朋友，最后你会忘记爱情，忘记爱情带给你的感动。一个人单身久了，会带有雌雄同体的属性，让你自我温暖与感动。单身的人，不是找不到爱情，而是渐渐失去了爱人的能力。

在你准备好的时候去爱，而不是在你孤独的时候。

我们都希望在最好的年华遇见一个人，可往往是遇见一个人，才迎来最美好的年华。

许多时候我们纠结于我们会不会错过某个人，其实不用纠结，没什么用。在选择纠结的时候就已经选择了错过。

世上最牢固的感情不是"我爱你"，而是"我习惯了有你"。彼此依赖，才是最深的相爱。

谁说现在是冬天呢？当你在我身旁时，我感到百花齐放，鸟唱蝉鸣。

遇见是两个人的事，离开却是一个人的决定。遇见是一个开始，离开却是为了遇见下一个而离开。这是一个流行离开的世界，可是我们都不擅长告别。

要达到能够结婚的状态，需要两个人都达到自我内心的安定：对新鲜的异性不再蠢蠢欲动，对生活的前路不迷茫，经历过的感情抑或其他事已经达到自己预计的分量，决心靠谱而安心地过日子了。这才是可以结婚的时刻。

不要试图去追一匹错过的马，用追马的时间去种草，来年春暖花开，骏马自然会来。同样的道理，也适用于失恋。

对真心相爱的人来说，对方的心才是最好的房子。

当你觉得她不再如初见时那般"乖巧懂事"，变得越来越"无理取闹"，这说明她已对你的爱越来越深，也说明了你对她的爱越来越少。

失恋时受伤的到底是那颗真诚的脆弱的心，还是虚荣心？有时候，你并没有自己以为的那么爱一个人，你只是无法接受他不爱你而已。

如果你总是抱着过去不放，那就别怪现在的人不和你一起走到未来。没有人欠你，也没有人应该等你。

让女人失望的不是你没有钱，而是在你身上看不到希望，永远不要低估一个姑娘同甘共苦的决心。

不是所有人都有好脾气，如果你恰巧遇到了能包容你、迁就你的人，请别磨光了他的感情。不要因为你的幼稚和任性，消耗了你毕生的好运。

一见钟情这种事，浪漫，却不一定长久。日久生情这种事，很难，却更难分开。一见钟情永远和外貌有关，日久生情永远和习惯有关。越缓慢地爱上一个人，就爱得越长久。爱情可以有一瞬间，真情却需要用时间浇灌。

希望人们始终相信爱情，不受世事桎梏，找到一个不是"将就"的人，拥有一场叫"因为爱情"的婚姻。

分别时，看你落泪，我笑着说再见。洒脱，不是无情，而是情到深处。

世上没有一个完全符合你要求的男人，在等待着你，感情是需要相互付出的，磨合才是最适合的。

婚姻是一项艰苦的工作，充满了妥协和更多的工作。踏入此门，妄念绝尘。

爱一个人就是不管多晚都要等他回来才肯睡去，爱一个人就是听见他咳嗽赶紧伸手摸他的额头，爱一个人就是每天都做他爱吃的菜。爱一个人就会想让自己变得更美丽，希望自己能被所有人瞩目，却只能被他一个人拥有。

一个人付出的越多，牵挂就越多，牵挂越多，付出的就更多，牵挂与付出互为因果，直到这种牵挂达到浓烈程度，责任也就变成了爱。

决定放弃了的事，就请放弃得干干净净。那些决定再也不见面的人，就真的不要见面了。

请不要让我再做背叛自己的事了。如果要爱别人，就请先好好爱自己。

人生中最大的幸福就是能邂逅一份如童话般美丽的缘分，在这个世界上无论在何时何地，始终有那么两个人在彼此等待着寻觅着。

天涯太远，一生太长，花期荼蘼，也抵不住荏苒时光。记忆更迭，谁苍白了谁的等待，谁无悔着谁的执着。

所有的合适都是两个人的相互迁就和改变，没有天生合适的两个人。两个人朝着相同的方向努力，就是最好的爱情。

有些人有些事有些爱，在见到的第一次，就注定要羁绊一生，就注定像一棵树一样，生长在心里，生生世世。

人生的旅途中有太多的岔口，一转身也许就是一辈子。错过沿途的风景，错过此时的雪季，错过彼时的花季。

敢爱敢恨不容易，跨过人潮拥抱你和不顾一切撕破脸皮都需要勇气。

分手后不要做朋友，学会不打扰。这不仅是有原则的体现，也是对未来另一半的尊重和期待。

爱一个人有很多不同的方法，有的是用嘴巴说出来，一次次地重复说我爱你；有的是用态度来撒娇发脾气折腾；还有一种是怎么都不愿意说我爱你，但就是关心你照顾你保护你。相爱的方法有千万种，最好的方法只有一种：那就是对你好，并且只对你好。

表白就是冒着以后连朋友都不能做的危险，去赌以后能正大光明拥抱你深爱你的机会。

男人的逻辑永远是"如果你爱我，你就不会走。"而女人的逻辑是"如果你爱我，你会来找我。"

感情最沉重的一步：我仍愿意听，你却不愿讲。

在找到合适的人之前，唯一需要做的，就是让自己变得足够优秀。

真正放弃一个人是无声无息的，不会把他拉入黑名单，当初有多么喜欢，现在就有多么释然。

单身者的日常：总嚷着要找个对象，却从不主动勾搭；没喜欢的人，也懒得接受别人的追求。不是那么宁缺毋滥，却不肯委屈将就。有时，感觉单身挺好的，又常常羡慕别人成双入对。

遇见你之前，我没想过结婚，遇见你之后，结婚我没想过别人。

离开了，就别问我过得好不好。不好你也帮助不了，好也不是你的功劳。

真爱你的人会让你活得像自己，不够爱你的人才用改变你的方式来附和自己。

有钱的给你物质，有时间的给你陪伴，有情调的给你浪漫，那些都不是爱情。爱情完整的模样，应该是花心的为你专一，爱玩的为你安定，性急的为你等待，骄傲的为你谦卑。为了你去尝试不擅长的事，为了你想去成为一个更好的人，这才是爱情最傻最真实的样子。

天雷勾动地火的开头，未必能等得到长相厮守的结局。

所有主动离开你的人，都能在很短的时间找到新人。不是因为他真那么好，而只是因为早有目标，所以才把你当旧鞋一样甩掉。什么不想拖累、不合适、曾经爱过，都是骗人的。说来说去，无非就是喜新厌旧。真正相爱的人，有再多借口也不会离开彼此，因为永远都是真的离不开你，而不是曾爱过你。

大概一个人久了，可以忍受的孤独指数也在不断增加。那些过去以为两个人一起完成才最浪漫的事，慢慢地我都自己去实现了。

如果不能在一起，就不要给对方任何希望任何暗示，这才是最大的担当；分开了，不去打搅让对方安然生活，这才是最后的温柔。

离开后就别再回头，不要幻想重新开始，不要梦想再次升温，结束的感情回不到曾经，离开的心情回不到过去。

其实，久了你就会知道，你需要的只是一个累了能给你端一杯水、病了能陪在你床头的人。这世上所有的久处不厌，都是因为用心。

爱我的人很少，可当你说你爱我的时候，我突然觉得整个宇宙都对我充满了爱意。

要想维系一段感情，除了用心和甜言蜜语外，还要努力变得更加优秀。

所谓的一见钟情，不过是见色起意。所谓日久生情，不过是权衡利弊；就连白头偕老，都不过是习惯使然。

爱情不是学问，不用学习。如果爱一个人，发自内心，难以遮掩，自然而然以她为重。这是种本能，不费吹灰之力。

男人对女人的伤害，不一定是他爱上了别人，而是他在她有所期待的时候让她失望，在她脆弱的时候没有扶她一把。

有些爱给了你很多机会，却不在意、不在乎，想重视的时候已经没机会爱了。

爱一个人，是因为对方像极了爱情本身应有的样子。

有时候不是对方不在乎你，而是你把对方看得太重。有时候总感觉别人忽略了自己，其实可能是自己太闲了。

人类在对待感情上最成熟的标志，就是能分清爱和不甘心的区别。

"归属感"是你强烈地想和他在一起，"安全感"是你觉得他强烈地想和你在一起，"幸福感"是彼此都强烈地想在一起，而最终走在了一起。

女生说"随便"的意思：我懒得想但是你必须想出我满意的。

一直认同，无论之前你多么好胜，都会在爱上一个人的瞬间，发现世界的美好。这种爱会让你不怕伤害，愿意去成长，甚至会发现自己在不经意间变得越来越好。爱和喜欢是根本不同的两种情感，当你发现你愿意对一个人无条件去信任宽容、理解，也懂得道歉低头并不丢人，才是爱的开始。

想要挽回的时候，先想清楚。要分清是不甘，是遗憾，是愧疚，还是真的还爱着。

一个人如果喜欢你，会让你知道，而不是模棱两可让你去猜；一个人如果想你，千山万水也会来找你，而不是发一条谁都发过的慰问信息；一个人如果在乎你，没有借口、没有犹豫会陪你到底，而不是自信地认为你真能独自度

"This is better than watching tv."

过所有。要找的那个人，未来一定要有你。

少年时追求激情，成熟后却迷恋平静，在我们寻找、伤害、背离之后，还能一如既往地相信爱情，这是一种勇气。人人都有属于自己的一片森林，迷失的人迷失了，相逢的人会再相逢。

如果你现在还是孤身一人，不要为了所谓的"安全感"而匆忙地投向下一个人的怀抱。安全感从来都是自己给自己的，只有给足自己安全感的人，才能遇到一个你不需要取悦的人，才能遇到和你同频率的人。

只有双方相互扶持，才能走完婚姻路。

婚姻对男女的不同在于：男人在婚后怀疑，女人在婚前质疑。

爱情像钻石，灿烂但昂贵；婚姻像房地产，冲动购买后你得长期付贷款，而且很容易被套牢。

如果一个女人爱你，你会看到她的任性，她的偏执，她的小心眼，她的坏脾气。如果她不爱你，入你眼的就是这个女人的高傲，冷漠和小妖精面孔。

性格不合就磨合，磨合不了就分手，不然爱就会变成痛苦，在一起就会成为煎熬。旁人肯定会说这是爱得不够的表现，可你在流血的时候痛的不是旁人。

爱情，本就是件宁缺勿滥的事，急不得。有爱情，便全心对待，没有爱情，一个人也很惬意。

感情里，总会有分分合合；生命里，总会有来来去去。要学会：浅喜欢、静静爱、深深思索、淡淡释怀。

如果你非要拒绝我，请不要那么绝对。因为你的一句"我没有那么喜欢你"，我都可以解读为"我有一点喜欢你"。

妈妈说：男人是有爱情的，而女人没有，女人是谁对她好，她就跟谁走了。

我想了半天，发现这句话是真的。

感情，有时是一种自伤。和不关心你的人说你的痛，说了也是无动于衷；和不想你的人说你在等，等了也是浪费感情。

爱只有一个理由，只想和你在一起；不爱却有千万种借口，不想和你在一起。别再拿别人的忙与累，做自欺欺人的安慰；别再把别人的无所谓，让自己执着得那么累。走错了路，要记得回头；爱错了人，要懂得放手。

爱一个人，在一起时会莫名失落。喜欢一个人，永远是欢乐；爱一个人，你会常常流泪。喜欢一个人，当你想起他会微微一笑；爱一个人，当你想起他会对着天空发呆。喜欢一个人，是看到了他的优点；爱一个人，是包容了他的缺点。喜欢，是一种心情；爱，是一种感情。

爱掺杂着各种感觉，但这些感觉是变幻无常的，它们不是爱的本身，而是爱的温度。只要你愿意，就能决定以什么样的态度对待对方。上善若水，从善如流，随缘随心。

这个世界上，从来就没有最好的，只有最合适的。比如云朵和天空，微风和草地，比如我眼中的你，以及，你眼中的我。

一生只谈三次恋爱最好，一次懵懂，一次刻骨，一次一生。我多希望这三次都是和你。

不需要海枯石烂的山盟海誓，只需一生一世的默默相守；不需要多么奢华的烛光晚餐，只需两个人，一桌粗茶淡饭；不需要有座别墅，面朝大海，春暖花开，只需一套小房子，落地窗，一米阳光；不需要鲜艳美丽的玫瑰花，只需给我一个宽厚的肩膀。这就是爱，平淡却幸福着；这就是爱，简单并快乐着。

有一些人，这一辈子都不会在一起，但是有一种感觉，却可以藏在心里守一辈子；在一起的时候需要两个人做决定，分开时只需一个人；婚姻不是一个里程碑，而是一个双方相处的过程，是另外一种人生的开始；因为有风有雨，幸福更值得珍惜，人总是会活出一个方法，等待属于自己幸福。

真正的爱情，不是付出全部，而是让自己成为更好的人。找个让你开心一辈子的人，才是爱情的目标。最好的，往往就是在你身边最久的。所以选爱人不需要太多标准，三样：不骗你，不伤害你，陪着你。

遇到你真正爱的人时，要努力争取和他相伴一生的机会，因为当他离去时，一切都来不及了；遇到了你曾经爱过的人时，记得微笑向他感激，因为他是曾经让你更懂爱的人。

不是每个相遇都能凝结成相守，不是每个相邀都能转化成相知。一辈子那么长，生活中变数那么多。幸好我们总保有一点对于永远的奢望，不至于错过下一次爱情来的时候。

不论你愿不愿意承认，一生爱过的大部分人，都会从陌生变得熟悉，又再从熟悉变得陌生……渐渐地，打动我们的不再是那句"我爱你"，而是一句"我陪你"。——爱情不是终点，陪伴才是归宿。

有的人把你的心都掏了，你还假装不疼，因为你爱。

不要对爱你的人太过刻薄，一辈子真正对你好的人也没有几个，多少人在一切都将失去时才幡然醒悟：每个人都有脾气，为你忍下所有的怒气，仅仅因为那个人比你更心疼你。

两个人之间最好的感觉：表面相互嫌弃，心中不离不弃。

如果有个人对你特别好，记得千万别把那个人弄丢了。

别拿"爱你才会跟你发脾气"这样荒唐的理由，妄图去诠释自己的自私和愚蠢。

拼命对一个人好，生怕做错一点对方就不喜欢你，这不是爱，而是取悦。分手后觉得更爱对方，离开对方就活不下去，这不是爱情，是不甘心。

所谓白头到老，没什么秘诀：在相爱时，存下点感动，在冷战时，懂一些感恩。

真正爱一个人就会觉得，你陪着我的时候，我从没羡慕过任何人。

无论精神多么独立的人，感情却总是在寻找一种依附，寻找一种归宿。

感谢时光，不偏不倚，躲过了风口浪尖，让我恰好遇见你。

在与你爱的人吵架时，吵到最高潮，能让他全盘崩溃的那句话就在你的舌尖上，你却忍住了没有说。对局面有掌控，对未来留余地，对他人有宽容，对自己有约束，这才是真正的高情商。

数学里有一个曼妙的词，希望也可以用在爱情里：有且仅有。

许多时候，明明一个拥抱可以解决的问题，为何要说分手？

什么是爱情里的甜？是相看两不厌。即使吵架即使委屈，但想想那是你，便也是心甘情愿的。

当女人掏心掏肺对你好的时候，最好赶紧、立刻、马上做出选择并且明确态度。不要等女人彻底死了心，又转身求机会。机会，永远留给懂得珍惜的人。

当有人突然从你的生命中消失，不用问为什么，只是他或她到了该走的时候了，你只需要接受就好，不论朋友，还是恋人。所谓成熟，就是知道有些事情终究无能为力。

如果老婆像冰块，情人就是冰激凌，同样清凉解渴，有些人会选择味道比较好的。

主动久了会很累，在乎久了会崩

溃,沉默久了会受罪,想念久了会流泪。结果,如此狼狈。

相爱的人吵架,往往不是没感情,而是用情太深。都深爱时,一点矛盾就会让人受伤很重。由于太重视,所以放不下。真正的爱,不是不吵架不生气不耍脾气不胡闹,而是吵过闹过哭过骂过,最后最心疼彼此的,还是对方。

世事如书,我偏爱你这一句,愿做个逗号,待在你脚边。但你有自己的朗读者,而我只是个摆渡人。

感情世界里最没用的四种东西:
1. 分手后的悔恨;
2. 不爱后的关怀;
3. 高高在上的自尊心;
4. 低情商的善良。

所谓暧昧:享受着恋爱的感觉,却可以心安理得说自己单身。

遇到的每一个人都是有理由的,之前所有的错失与遗憾,都只是为了遇到最终那个对的人。当你受过了青春的伤、尝过了生活的苦,这时候遇见的人,才真的有可能是一辈子。在你最无助时出现的那个人,才是上天派来爱你的天使。

相爱的时候需要真诚,争执的时候需要沟通,生气的时候需要冷静,愉快的时候需要分享,指责的时候需要谅解,过日子的时候需要包容,没有完全合适的两个人,只有互相迁就的两颗心。

喜欢一个人为什么非要谈恋爱,因为喜欢一个人怎么会只甘心做朋友?

我知道有人嫌弃我的体重,有人介意我的容貌,有人害怕我的无理取闹,有人受不了我的脾气,也有人看轻我不把我当回事儿。尽管如此,我还是相信一定有那么一个能容忍我的存在,那个将会是陪伴我一生的人。

少又不甘,多又嫌烦,哪有恰到好处的陪伴。

总有那么一个人,有一天你说不爱了,却在听到关于他的消息时,心狠狠地抽痛。

如果一个男人真的爱你,只会因担心没本事照顾好你而努力。如果他事事与你计较,随便对你发脾气,那只是说明他爱自己,没有爱你的本事和能力。

放弃一个喜欢的人是什么感觉?就像一把火烧了你住了很久的房子,你看

着那些残骸和土灰的绝望。你知道那是你家，却已经回不去了。

慢热的人是不是会错过许多？没抓住那一下子，就错过了一辈子。

一个人离开你，并非突然做的决定。人心是慢慢变冷，树叶是渐渐变黄的，故事是缓缓写到结局的。而爱，是因为失望太多，才变成不爱的。

两个人相处久了，难免会抱怨一句"你变了"。其实，我们并没有变，我们只是越来越接近真实的对方而已。

世界上最痛苦的离别方式：从你们分开的那一刻开始，你没有办法再次走进他的生活，他却在你的生活中无处不在。

看着不喜欢的人，学着将内心的不满沉淀，看着喜欢的人，学着将内心的情绪隐藏。

感情里最心酸的瞬间：有那么一刻，突然不确定是不是就是那个人了。

我羡慕的不是风华正茂的情侣，而是搀扶到老的夫妇。有一种画面叫幸福，这种幸福叫白头偕老。

越亲近的人，越不知道底线在哪里。我们肆意开过火的玩笑，揭最深的伤疤，以为这才是真正相爱的证据，却忘了感情也有一个账户，也需要储蓄。所不同的是，余额归零的时候并不意味着重新开始，而是永远结束。

越是不懂事的男人，越希望爱人懂事。因为他做不到包容，迁就，也不会让步。而在爱情里，一个女人如果太懂事，恰恰不是好事。轻则，容易看起来没情趣，重则，被认为可欺，男人反而会肆意而任性。

我听见爱情，我相信爱情。爱情是一潭挣扎的蓝藻，如同一阵凄微的风，穿过我失血的经脉，驻守岁月的信念。

爱情就像沙漏，心满了，脑子就空了。结婚又是什么感觉？删光曲库里所有的歌只留一首，设成无限循环播放，直到没电。

人心都是相对的，以真换真；感情都是相互的，用心暖心。别去打扰那些已活在你记忆中的人，也许这才是最适合你们的距离。

有些伴侣闹分手的过程很纠结，分分合合好几次，分也分不开，断也断不了。这表明两人并非不合适，只因为他们的沟通模式是以自我为中心，听不到对方的心声，各说各话，始终找不到共赢的方法。如果沟通中只是阐明自己的观点，那是说教，不是沟通。

没必要刻意遇见谁，也不急于拥有谁，更不勉强留住谁。一切顺其自然，最好的自己留给最后的人。

这个世界上，总有那么一个人让你

束手无策，即使他一无是处，即使他劣迹斑斑，你却仍然非他不可。这就是感情的圆周率，无限不循环。

我没有更多的祝福给你，只希望你那边天气适宜，有茶可以喝，有人关心你，不会失眠，不会被骗。

世界那么大，爱一个人容易，被一个人爱也容易，唯独找到一个具有相同频率彼此相爱的人却那么难，当自己最爱的人和最爱自己的人是同一个人的时候，那么你就是世界上最幸福的人，念念不忘，必有回响，不忘初心，方得始终。

当你放下面子对老婆好的时候，说明你已经成为一个真正的男人了。当你给足老婆面子的时候，说明你已经成功了。当你老婆什么时候都会给你面子的时候，说明你已经是人物了。当你还停留在那里自私、耍横，啥也给不了老婆，只知道以自我为中心的时候，说明你这辈子也就这样了。

怕只怕在明白最想珍惜的人是谁、最大的幸福谁能给的时候，那个人已经散落在人海。

前面的路还很长，不要背负太多，不要泪糊了双眼，而没力气迎接新的人和错过了迎面而来那个对的人。

相爱时，我们明明两个人，却为何感觉只是独自一人。分开后，明明只是独自一人，却为何依然解脱不了两个人。感情的寂寞，大概在于：爱和解脱都无法彻底。

没有人是傻瓜。只是有时候，我们选择装傻来感受那一点点叫作幸福的东西。

一个懂你的人，能带来一段彼此舒服的爱。一个不懂你的人，最终会让你懂得一个道理：人生中，懂比爱更重要。真正的爱情，不是一见钟情，而是日久生情；真正的缘分，不是上天的安排，而是你的主动。相爱莫相弃，且行且珍惜。

如果有一天，我变得更冷漠了，请记得，我曾经要人陪的时候你都只说忙；

如果有一天，我变得目中无人了，请记得，曾经也没有人把我放在心里；

如果有一天，我不再在乎你了，请记得，曾经也没人听过我的心事；

如果有一天，我不再对你笑了，请记得，你曾经也没有问过我过得快不快乐。

所有的情缘，从年少时开始，最美。到后来，真心要么输给了生活，要么交给了岁月。

我想和你见面，地点你选。森林、沙漠、夜晚依稀的湖畔、草原、大海、清晨薄雾的街口。只是，不要再在梦里了。

有的人，该忘就忘了吧，人家不在乎你，又何必委屈自己呢？你所谓的念念不忘，在自己眼里，这是爱；在对方眼里，这是烦；在别人眼里，这是没有尊严。

每个女人都希望男人把她当作唯一，而不是二选一。

这世间有两种浪漫：一种是相濡以沫，另一种是相忘于江湖。

有些人将就了一辈子才明白，原来可以将就下去就已经是爱了。没有一个人是完美的，能让你愿意忍耐缺点的那个人，就是爱人。

眼里没你的人，何必放在心里；情里没你的份儿，何苦一往情深。同时要记住，永远不要因为新鲜感，扔掉一直陪伴你的人。

见不到想，见到便笑。见不到思之如狂，见到便心花怒放。

这世间青山灼灼星光杳杳，春风翩翩晚风渐渐，也抵不过心上人眉目间的星辰点点。

和人吵架的时候最好去楼梯吵，这样的好处是：吵完了双方都有台阶下。

月亮极亮，风也十分温柔，所有对你的思念，都落入温软的呼吸里。

喜欢一个人的感觉就是：西瓜最中间的一勺要送给他，奶油蛋糕上的草莓也要送给他。

关于"在爱情中双方到底是谁骗了谁"的问题，就像真正的恋爱该不该以婚姻为终点一样，永远是个谜。

谈恋爱如同在实验室证明一道复杂的数学公式，而结婚则是上菜市场算菜钱。

撞了南墙记得回头，得不到的温柔要学会放手。

太清醒了，所以只接受看得见的喜欢和明确的爱。

早知道嫁给你这么幸福，当时拍结婚照的时候就笑一笑了。

喜欢是清风，是朝露，是脸颊红红，是千千万万人里，心里除了对方再也装不下其他。

爱情的意义不是婚姻，是幸福快乐。

若你有勇往直前走向我的勇气，我定许以绵延不绝的爱意。

不必刻意，互相吸引的人，见面才有意义。

一个对于仪式感很执着的人，总是想给一段关系画一个圆满的"句号"，但是通常都是"省略号"。

把错的人归还人海，是清醒，也是知趣。

即使以后不同路，陪你走过一段也实属荣幸。

喜欢一边吃饭一边说"好吃好吃"的人，喜欢一边旅游一边说"好美好美"的人，就像喜欢一边谈恋爱一边说"好喜欢你"的人，当然要说了，这不是废话，这是礼貌，要让爱着的人感受到爱意。

爱被过于浪漫化了，明明牵手不会有樱花落下，对视时没有电流交锋，接吻也不会冒出火花，但没关系，我平庸地爱你。

爱别人要适可而止，爱自己要尽心尽力。

距离不是问题，相向而行才是关键。

我要将你卷进我枯倦的长河里，拥抱着你流淌向无尽的虚无。我要同你满溢出悬崖和海峡，月球是无限下沉的一扇窗，满载冰雪，永恒破灭。

可惜我相貌平平，惊艳不了她的青春，于是爱她都有种罪恶感。

当一个人不再爱你了，你再怎么哭、怎么闹都无济于事。而让剧情反转，被动变主动的最好方法，就是把所有力气留着去改变。因为只有去改变，才能摆脱所有的无奈、屈辱和不堪。

爱你的人，风里雨里都会等你。不爱你的人，从一开始，就已经注定不会在一起。

总有一个对的人在未来等你，七彩祥云和他都会悄然而至。不必攥着满是针刺的玫瑰不愿放手，也不必躲在漆黑的角落里暗暗哭泣。

试着跟自己和解吧，哪有什么最爱的人，哪有什么离开之后自己就活不下去的人，时间会悄悄地告诉你，凡是失去的人，都不是最爱，离开之后，反而成全了更好的你。

我只要你的爱，面包和牛奶我自己买。

我认真学习，卖力考试，辛辛苦苦打拼事业，为的就是当我爱的人出现，不管他富甲一方，还是一无所有，我都可以张开手坦然拥抱他。

当离开不可避免，我们无需挽留，不爱就是不爱了，何必展露连自己都不想多看一眼的不堪和丑态。

谈恋爱是先和自己谈，把自己谈高兴了才能和别人谈。在准备把自己交出去之前，先想想单身时的日子、护肤、健身、美食、学习、旅行、享受生活，这才是一个女孩正确的生活方式，而不是当一个男人出现之后，就立马围着他转。

强迫经常使热恋的人更加铁心，而从来不能叫他们回心转意。

地球只有一个月亮，它没有生命，被小行星撞得伤痕累累，却象征着浪漫。

婚姻是一种生活方式，而并非结局。爱情同样也是一种生活方式，而非理想。所以，对他们而言，爱情是可以被替代的，或许，也是宁愿被替代的。

我曾经默默无语、毫无指望地爱过你，我既忍受着羞怯，又忍受着嫉妒的折磨，我曾那样真诚那样温柔地爱过你，但愿上帝保佑你，另一个人也会像我一样地爱你。

对一个人最好的放下，是无论再想念也不会去打扰。

面朝大海，春暖花开。

没有物质的爱情是不存在的，因为物质和爱情是密不可分的，是紧密相连的。

爱情不在于说多少次"我爱你"，而在于怎么样去证明你说的是真的。

找一个旗鼓相当因为爱情而结婚的人，是为了以后当浪漫被柴米油盐浸透的时候，还可以有爱情来维持。

其实全世界最幸福的童话，不过是一起度过柴米油盐的岁月。

我们终将遇见那个人，在不知天高地厚的年纪肆意相爱，然后相知，然后相伴相守。

初恋是美好的，用来回味；
热恋是激情的，用来燃烧；
结婚是琐碎的，用来生活；
老年是不离不弃的，用来陪伴。

喜欢是藏不住的，掩住嘴巴也会从眼神中流露。判断一个人对你是否善意和有好感，不要看对方说了什么，而要看对方不经意看你的眼神。

在爱情中，最容易脱离曾经关系的原因就是：其中一个人成长太快。

不必太着急爱上一个人，也不必和一个人熟得太快。

以十倍速度亲近你的人，最后也会以十倍速度离开你。

当你和喜欢的女生说一大堆话时，对方顶多回复个"嗯"或者"哦"，那就赶紧放手，因为她对你没有任何想法，再坚持也没戏。

情侣吵架时，男生趋向于怎么解决问题，女生更在乎对方的态度。

情侣吵架时，如果是男生提出分手，基本上就没有挽留的余地了。

现实中很多的暧昧，都是随着距离的靠近而发生的，要想避免感情的流言蜚语和麻烦，最好的方式就是：保持不远不近的关系，让自己舒服，也让爱人舒服。

异性朋友一旦恋爱，记得主动远离。无论你们的关系有多好，都得懂得避嫌。就算你们之间有纯洁的友谊，也不要给对方的另一半造成不必要的负担。这是对友谊的尊重，也是给自己另一半安全感。

第一次见面就没有动心的人，以后基本上也不会动心。

无论男女，只要经济不独立，早晚被抛弃。依靠别人得来的安全感，也会因别人而丢掉。

轻易得到的往往不被珍惜，太费劲得到的往往不能长久。感情需要相互付出，而一味索取只能分道扬镳。

如果一个女生经常有意无意地跟你说某个男生的名字，十有八九是喜欢对方了。

骗过你一次的人依旧会骗你第二次，出轨一次也会出轨第二次。

喜欢上一个人的第一反应是自卑，觉得自己平庸。

永远别用当下的感受判断一段关系，太片面了。

山无棱，天地合，乃敢与君绝。

判断感情能不能继续升温的"杯子技巧"。和一个人喝东西时，无意间将自己的杯子靠近对方的杯子，如果对方没有移开，说明能够接受进一步升温，如果移开了就说明不希望更进一步接触。

总有一天你会发现任何关系到幕后只是相识一场，大家也都是阶段性的陪伴，那些曾经日思夜想的人，和始终都没有答案的问题，到最后，岁月都会替你去轻描淡写。

真正在意你的人，没有情深义重的表白，只是由衷地期盼你一切都好。

天不老，情难绝。心似双丝网，中有千千结。夜过也，东窗未白凝残月。

美好的爱情，是在各自的世界里独树一帜。你是海洋，我是大地，我们在一起便是一片新大陆，生机盎然，柳暗花明。

不管是清晨的日出，还是正午的小憩，又或是漫天星辰的夜晚，我想和你一起度过。别怀疑我为什么爱你，就像鱼恋着海，鸟儿恋着天空，我也不太懂这是什么道理，我想这就好像呼吸，不用练习，只因为是你。

时间会把正确的人带到你的身边，在此之前，你所要做的，是好好地照顾自己。

人之所以渴望爱，急切地追求爱，乃是因为爱是治疗孤单、羞愧和悲伤的唯一解药。

不知是不是这世间万物讲究平衡中庸之道，情若太深，缘就浅了，拼了命要厮守终身，到头来还是天各一方。

这里荒芜寸草不生，后来你来这儿走了一遭，奇迹般万物生长，这里是我的心。

有人能陪你天南地北，可鲜有人能为你下厨烧菜。爱情，是精神的愉悦和享受，同时也需要烟火气息，因为相爱的人都是凡人。

不论是在爱情里，还是在婚姻里，安全感都要从自己身上得来，相信自己。

不要把命运寄托在别人身上。这样，即便有不测，也不会乱了分寸，不会一错再错。

错的时间遇到对的人叫青春，对的时间遇到对的人叫爱情，错的时间遇见错的人叫婚姻。

爱情不仅会占领开旷坦阔的胸怀，有时也能闯入壁垒森严的心灵。

谈恋爱需要的是感觉，而结婚需要的是思考。

也许结婚的唯一好处就是：不必担心还有任何事情会比自己的婚姻更棘手。

我爱你不是因为你是谁，而是我在你面前可以是谁。

如果可以，不要考验你的伴侣，不是他们经不起考验，而是从你考验的那一刻开始，就已经证明了你们不合适，而且大部分人都经不起考验。

许多夜晚重叠，悄然形成黑暗，玫瑰吸收光芒，大地按捺清香，为了寻找你，我搬进鸟的眼睛，经常盯着路过的风。

狗不会瘦，因为它不会思念。人会瘦，因为他思念着别人。人总是被思念折磨，在思念里做一只可怜的流浪狗。

于千万人之中遇见你所要遇见的人，于千万年之中，时间的无涯的荒野里，没有早一步，也没有晚一步，刚巧赶上了，那也没有别的话可说，唯有轻轻地问一声："噢，你也在这里吗？"

爱情还没有来到，日子是无忧无虑的；最痛苦的，也不过是测验和考试。

当时觉得很大压力，后来回望，不过是那么微小。有些人注定是等待别人的，有些人是注定被人等的。

草在结它的种子，风在摇它的叶子。我们站着，不说话，就十分美好。

我们所爱的，常常不是一个人，而是爱情本身。那天晚上，月光才是你的真正情人。

真爱的第一个征兆，在男孩身上是胆怯，在女孩身上是大胆。

王子公主的爱情不够现实，金钱名利的爱情不会持久，唯有心灵深处的关爱，才是平凡人的爱情——哪怕只有一个眼神，一个微笑或一个吻。

两个人在一起是为了快乐，分手是为了减轻痛苦，你无法再令我快乐，我也唯有离开，我离开的时候，也很痛苦，只是，你肯定比我痛苦，因为我首先说再见，首先追求快乐的是我。

爱情只是人生最浪漫的一种追求，当你长大后自然就会发现，人生还有许多值得追求的东西。

我们经常忽略那些喜欢我们的人，却喜欢那些忽略我们的人。

再动人的风花雪月，也等不到地久天长。不要抓住回忆不放，断了线的风筝，只能让它飞，放过它，更是放过自己。

喜欢跟爱是不一样的，喜欢是荡秋千，可以自得其乐，不需别人的回应；爱是跷跷板，需要一个人坐在对面与你互动，贴近你内心的感觉；有的错过是短暂的遗憾，有的错过却是值得的。你喜欢的人，不能让你更好，那他一定配不上你的喜欢。

不是你的东西，就是追一辈子也不是你的。对于一个不在意你的人，你付出十年的等待和十秒钟是没多少区别的。

后来才知道,人生中大部分的告别是悄无声息的,甚至要很多年后自己才明白,原来那天的相见,竟然已是最后一面。此后即便不是隔山隔水,也没有再重逢。

成年人最体面的告别方式:最后一条消息你没有回,而我也默契地没有再发,从此,互为过客。

"为什么要喜欢那么遥远的一个人啊?"
"因为他在发光啊。"

当你经济独立,见过世面,才不会纠结一个人爱不爱你。

老师:"思念一个人到极致是什么感觉?"
学生:"……"
老师:"只要岁岁平安,即使生生不见。"

今天的云很好看,想拍给你看,想到我们很久不联系了,再看看云,突然觉得,云也没有那么好看了。

有人问我,跟最爱的人分手之后是什么感觉。我说:"没什么,只不过跟得了风湿病一样。白天晴朗没什么事,夜晚阴湿疼得想死。"

有些人就是这样,你准备好了,却已经错过了最好的时机在一起,我以为我必须变得足够好才有资格遇见你,殊不知,遇见你时我才是最好的我。

道歉不一定代表我错了,只是我认为这段关系比我的尊严还重要。

"可以做朋友吗?"这是故事的开始。
"还可以做朋友吗?"这是故事的结尾。

其实很多个瞬间你应该也是喜欢过我的,只不过这些瞬间稍纵即逝你没坚持,我也没当真。

最大的遗憾是连分手都不能当面说清,或许一个拥抱就能解决的事情,最后却是没有任何解释的形同陌路。

不要太长情,也不要把感情看得那么重,否则你就会很难接受离别,而离别,才是人生的常态啊。

友情以上,恋人未满,不甘朋友,不敢恋人。

其实有些人你已经见过这辈子最后一面了,只是你还没发觉。

遇到喜欢的人就勇敢追求,这样你才能知道,拒绝你的人远不止一个。

无论是什么关系,如果对方提供不了情绪价值,给予不了经济支持,也给不了正面陪伴,舍弃才是明智之举。

刮奖刮到一个"谢"字就足够了,爱情也一样。没必要把"谢谢惠顾"四个字刮得干干净净才肯放手。

如果一段关系，需要靠牺牲自己的感受才能维持下去，那这样的关系，真的不要也罢。

有的感情像蛀牙，不拔就会痛一辈子。

所谓合适不合适，不是指门当户对，也不是物质、名誉、地位上的并驾齐驱，而是两个人精神上可以平等地交流与沟通。

我喜欢看风，因为风会替我去见你，在我们无法相见的日子里。

当我决定和你度过下半辈子时，我希望我的下半生赶快开始。

那些我们以为过不去的曾经，时间终究让它远去，那些我们以为永远忘不了的人，时间也终究将其冲淡。

幸福，不是长生不老，不是大鱼大肉，不是权倾朝野。幸福是每一个微小的生活愿望的达成。当你想吃的时候有的吃，想被爱的时候有人来爱你。

流年似水，太过匆匆，一些故事来不及开始就被写成了昨天，一些人还没有好好相爱就成了过客。

最好的爱情是两个人彼此做个伴，不要束缚，不要缠绕，不要占有，不要渴望从对方身上挖掘到意义，那是注定要落空的事情。而应该是：我们两个人，并排站在一起，看看这个落寞的人间。

"我喜欢你"这句话太轻微，"我爱你"这句话太沉重，"我想跟你一起努力"这句话刚刚好。

有事情是要说出来的，不要等着对方去领悟。

因为对方不是你，不知道你想要什么，等到最后只能是伤心和失望，尤其是感情。

别让吵架把两个人的距离拉远了。毕竟生活不一定要比别人过得好，一定要比以前过得好。

我不问 + 你不说 = 距离；
我问了 + 你不说 = 隔阂；
我问了 + 你说了 = 信任；
你不说 + 我不问 = 默契；
我不问 + 你说了 = 依赖。

心若亲近，言行必如流水般自然；心若疏远，言行只如三秋之树般萧瑟。

如果不是小时候缺爱，怎会遇到一个稍微对你好一点的男人就想跟他过一生，原来小时候的伤害，终其一生都在治愈。

五、直面困惑

(别人开导犹如把脉,自己醒悟犹如猛药。)

◎ 有些人的存在，就是为了提醒我们，不要成为那样的人。

◎ 不乱于心，不困于情。不畏将来，不念过往。如此，安好！

◎ 有些事情，要等到你渐渐清醒了，才明白它是个错。

人是污浊的河流，要想接受污浊的河流而自身不被污染，就必须成为大海。

刻薄嘴欠和幽默是两回事，口无遮拦和坦率是两回事，没有教养和随性是两回事，轻重不分和耿直是两回事。

有些人的存在，就是为了提醒我们，不要成为那样的人。

有些事我们需要知道，还有些事，我们知道我们不知道，又有些事，我们不知道我们不知道，咋办啊？学习啊。

人要走，马要放。千日造船，一日过江。路在人走，事在人为。

人总是在经历至暗时刻才会成长最快，悟出道理的过程是痛苦的。如果此刻正在经历至暗，还请保持坚定，黎明不会很远了。

有时候你会特别渴望找个人谈一谈，可是到最后你会发现，往往都谈不出个所以然。慢慢地你领悟到：有些事情是不能告诉别人的，有些事情是不必告诉别人的，有些事情是根本没办法用言语告诉别人的，有些事情是即使告诉了别人，别人也理解不了的。

查理·芒格的人生智慧：

1. 让自己配得上想要的东西；正确的爱以仰慕为基础；
2. 终身学习，获得智慧；
3. 跨学科思考；
4. 逆向思考；
5. 避免极端的意识形态；
6. 远离自我为中心的潜意识；
7. 说服别人要诉诸利益而非理性；
8. 在尊敬的人手下工作；
9. 想办法做最有兴趣的事情；
10. 勤奋；
11. 每次不幸都是一次锻炼的机会。

一个身体有两个"我"：一个在黑暗中醒着，一个在光明中沉睡。

重要的不是拥有很多朋友，而是拥有几个真正的朋友。

应该感谢的是一直陪伴着你的人，应该爱的是一个不管怎样都不会放弃你的人。

别忘了拉过你一把的人，即使有一天不再能帮助你，也要记得他的好，因为他曾经在你举目四望、茫然不知所措时帮助过你。

真心对人好，会很舒服，如果是讨好，就会变得很累。

没有比较，就显不出长处；没有欣赏的人，乌鸦的歌声也就和云雀一样。要是夜莺在白天杂在群鹅的聒噪里歌唱，人家绝不以为它比鹪鹩唱得更美。多少事情因为逢到有利的环境，才能达到尽善的境界，博得一声恰当的赞赏。

你住几层楼？——"人生有三层楼：第一层是物质生活，第二层是精神生活，第三层是灵魂生活"。

不乱于心，不困于情。不畏将来，不念过往。如此，安好！

心小了，所有的小事就大了；心大了，所有的大事都小了；看淡世事沧桑，内心安然无恙。

低级的欲望放纵即可获得，高级的欲望克制就可获得，顶级的欲望通过煎熬才能获得。

刻意去找的东西，往往是找不到的。天下万物的来和去，都有他的时间。

开心的时候听的是歌，难过的时候听的是歌词。

毁灭人只要一句话，培植一个人却要千句话，请你多口下留情。

广结众缘，就是不要去伤害任何一个人。

福报不够的人，就会常常听到是非；福报够的人，从来就没听到过是非。

其实爱美的人，只是与自己谈恋爱罢了。

人生有很多次"如果"，但是没有一次"但是"。

当你知道迷惑时，并不可怜，当你

不知道迷惑时，才是最可怜的。

能够把自己压得低低的，那才是真正的尊贵。

内心没有分别心，就是真正的苦行。

人生活对了的三个表现：有人说你变了，有人说你闲话，活成自己曾经讨厌的群体。

不要不相信任何人，在要求别人爱的同时你是否想到自己是否给了他人爱呢？如果仅仅是想得到他人的爱而自己却毫不付出，这无疑是自私的。

谎言只能求得一时的安定，随后将带来无数的烦恼。

往往都是事情改变人，人却改变不了事情。

我们有时会错误地以为，得不到的，才是珍贵的，已经拥有的，都是廉价的。

没有什么是永远，也没有什么会很久。找个借口，谁都可以先走。

有些事情要绝望到底，才能够看透。

诽谤别人，就像含血喷人，先污染了自己的嘴巴。

牛津大学证明贫穷根源的九大死穴：

1. 总找借口（22%）
2. 恐惧（19%）
3. 拒绝学习（11%）
4. 犹豫不决（13%）
5. 拖延（9%）
6. 三分钟热度（8%）
7. 害怕拒绝（7%)
8. 自我设限（6%）
9. 逃避现实（5%）

考虑一千次，不如去做一次！犹豫一万次，不如实践一次！华丽的跌倒，胜过无谓的徘徊！

我们今天的生活是三年前抉择的，我们三年以后的生活就是今天抉择的。

不大可能的事也许今天实现，根本不可能的事也许明天实现。

当悟之时人自悟，人不度人天度人。

人这一辈子，不是别人的楷模，就是别人的借鉴。

其实根本就没有什么"假如"，每个人的人生都不可重新设计。

人生如棋，走一步看一步是庸者，走一步算三步是常者，走一步定十步是智者。

人生四境界：第一，自然境界，毫无意义地活着。第二，功利境界，为一己私利活着。第三，道德境界，为某种使命活着。第四，天地境界，为众生大道活着。

人若在面临抉择而无法取舍的时候，应该选择自己尚未经验过的那一个。

若要保持某种东西，最好的方法就是不要去理它。爱得太过，则容易毁灭。淡忘它，这样它生存的机会能多些。

人生没有过错，只有错过。

所谓三观一致，并不是要求兴趣喜好、思维方式完全一样，而是彼此间能够求同存异，懂得包容、理解和欣赏。

幸福是比较级，要有东西垫底才感觉得到。

放弃该放弃的是无奈，不放弃该放弃的是无知，放弃不该放弃的是无能，不放弃不该放弃的是执着。

到失去后，才懂珍惜，就已经来不及了。

快乐就是哈哈哈哈哈：

真着急，假生气；热问题，冷处理；敢碰硬，不硬碰；不找事，不怕事；走直道，拐活弯；干累活，会歇息；办事情，分缓急；过去事，不后悔；眼前事，莫攀比；得到的，会失去；失去的，由它去；得志时，不忘形；失意时，不伤悲；常宽己，好心情；多迷糊，长乐呵；尽全力，平常心。

把人生当旅程的人，遇到的永远是风景，淡而远；把人生当战场的人，遇到的永远是争斗，激而烈。人生就是这样：选择什么就会遇到什么，没有对错之分，只有承受与否。

曾经难以割舍的情谊，只有放手。因为我们已然懂得了每个人的世界是不同的，我们终会回到各自的世界，扮演各自的角色。

当你手中抓住一件东西不放时，就只能拥有这件东西，如果你肯放手，就有机会选择别的。人的心若死执自己的观念而不肯放下，其智慧也只能达到某种程度而已。

身上事少自然苦少；
口中言少自然祸少；
腹中食少自然病少；
心中欲少自然忧少。

不羡慕华丽，一切清晰明了；
不虚伪造作，一切云淡风轻。

纵是浓墨重彩，也取那笔最轻；
纵有繁花似锦，也喜那朵最淡。

人生逆境时，切记忍耐；
人生顺境时，切记收敛；
人生得意时，切记看淡；
人生失意时，切记随缘；
心情不好时，当需涵养；
心情愉悦时，当需沉潜。

不要以自己的判断去评论一个人，不要让自己的情绪波及其他人。每一个人都是一个独立的个体，应尊重他人的选择。人不能霸道，霸道无友；心不能自私，自私则困。心中有爱有情谊，眼中能容有世界。路，不在他人的行动里，而在自我修为里。

其实，观念比能力重要，策划比实施重要，行动比承诺重要，选择比努力重要，感知比告知重要，创造比证明重要，尊重生命比别人看法重要。

爱情是灯，友情是影子，当灯灭了，就会发现周围都是影子。朋友，是在最后可以给你力量的人。

人生的每个抉择都像是一个赌局，输赢都是自己的。不同的是赌注的大小，选择了就没有反悔的机会。

许多时候，沉默并非无话可说，而是一言难尽。

人生最困难的三件事：
1. 保守秘密；
2. 忘掉所受的创伤；
3. 充分利用余暇。

心里放不过自己，是没有智慧；心里放不过别人，是没有慈悲。

最奢侈的东西并不是拥有很多的财富就能拥有的，相反，懂得去欣赏和发现生命中真正能让我们有发自内心喜悦的"奢侈品"，才是最重要的。

理性让你清楚地知道你是错的，感性让你不屑一顾地将错就错。

真理无所谓时效，即使隔得再久，也不会因此而变。

最好的朋友关系不是随叫随到，而是各自忙乱，互相牵挂。

人生是一场永不落幕的演出，每一个人都是演员。只不过，有的人顺从自己，有的人取悦观众。

"心眼"这东西：
想多了，就是小心眼；
想少了，就是缺心眼；
一直想呢，就是死心眼；
不想呢，就是没心眼了。

最难跨越的山，并非外面的哪座山峰，而是内心里随时打翻的五味瓶。

世人贪婪，总想寻找两全，可这世间难有什么两全之策。人生百年，不过是教人如何取舍。

不喊痛，不一定没感觉；
不要求，不一定没期待；
不落泪，不一定没伤痕；
不说话，不一定没心声。

在这个世界上，许多别离径直就是永别。当时未能说出来的话，可能就将永远无处可说。

有时候嘴笨，倒不是真的笨，而是脑袋里冒出了太多想说的话，一下子不小心选中了那句最不该说的。

成熟不是为了走向复杂，而是为了抵达天真。

热闹不过是短暂的消耗品，撑起你人生的是孤独本身。

人生要想有一次巨大的飞跃，必须放弃一些东西，甚至是最心爱的东西。人生的重重选择，不过如此。就算能得到一切，也不能同时得到：
得到了爱情，就要付出一些自由；
得到了自由，就要放下一些欲望；
满足了欲望，就要丢下一些自我；
满足了自我，又会错失一些爱情。

人的眼睛是由黑白两部分组成的，却只通过黑的部分去看东西，因为人生必须透过黑暗，才能看见光明。

成年人的世界，就是应该果断又干脆，不耽误任何人，不消耗任何人，不浪费任何人。

已经走到尽头的东西，重生也不过是再一次的消亡。就像所有的开始，其实都只是一个写好了的结局。

人们总是在不停地追求美好，却往往错过了当下的美好。其实，贪婪才是最真实的贫穷，满足才是最真实的财富。

时间，是距离也是宽恕，让一些东西更清晰，让一些感情更明白，让一切都趋于平静。

我们像是表上的针，不停地转动，一面转，一面看着时间匆匆离去，却无能为力。

记忆像是倒在掌心的水，不论你摊开还是紧握，终究还是会从指缝中一滴一滴流淌干净。

人生就像一道多项选择题，困扰你的，往往是众多的选项，而不是题目本身。

朋友总是为你挡风遮雨，如果你在远方承受风雪，而我无能为力，我也会祈祷，让那些风雪降临在我的身上。

许多事情过去了，心境却不被遗忘，这大概就是回忆的价值。

有些事情，要等到你渐渐清醒了，才明白它是个错。

所谓的同学聚会，就是在多年以后给所有到场的人一个机会，看看什么叫沧海桑田，看看什么叫岁月如刀，看看什么叫物是人非。

距离之所以可怕，因为根本不知道对方是把你想念，还是把你忘记。

有时候不是不懂，只是不想懂；

有时候不是不知道，只是不想说出来；

有时候不是不明白，而是明白了也不知道该怎么做，于是就保持了沉默。

时间真的很神奇，人永远不知道它会如何改变自己。换句话说：以前难吃的蔬菜、苦涩的啤酒、无聊的书籍，甚至讨厌的人，后来有一天，却又统统喜欢上了。

别感谢任何伤害你的人，帮你成长的是你自己，让你坚持下去的是爱你的人，所有美好都跟坏人没有关系。

有时候，幸福不是能拥有多少，而是能发现多少；痛苦不是能承受多少，而是能放下多少；爱情不是能享受多少，而是能包容多少；人生不是能实现多少，而是能做好多少。

人生就像蒲公英，看似自由，却身不由己。

时间告诉我们，无理取闹的年龄过了，该懂事了。

那时候我们还太年轻，不知道所有命运赠送的礼物，早已在暗中标好了价格。

没必要交很多朋友，因为不是所有人都会在你需要的时候站出来，相反很多蜻蜓点水的感情还会造成困扰。越长大发现在乎的圈子越小，这不是坏事儿，你只要守护好该守护的人就够了。就是这一小撮人，在你以为会孤立无援的时候，他们早就挺身而出站在那儿了。

时间过了，爱情淡了，也就散了。别等不该等的人，别伤不该伤的心。我们真的要过了很久很久，才能够明白自己真正怀念的，到底是怎样的人和怎样的事。

所有的突然之前，都伴随着漫长的伏笔。

没有水的地方就是沙漠，没有声音的地方就是寂寞。

人生的苦闷：
1. 欲望没有被满足；
2. 欲望被满足了。

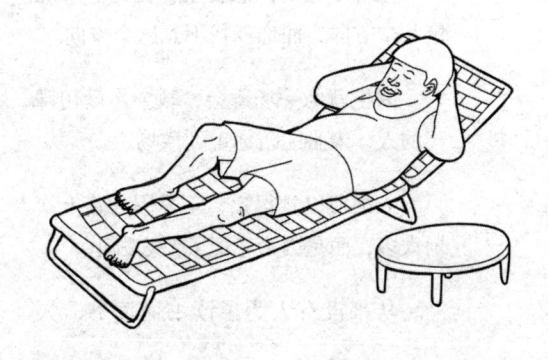

人生就是如此，你以为已经从一个漩涡逃离，其实另外一个漩涡就在你的脚下。用力蹬一脚，就进去了。所以，不需要对生活太用力，心会带着我们去该去的地方。

真正关心你的人，是无事时百般挑剔，有事时抓着你手一声不吭的。监督你过顺境，支撑你过逆境，人生三两人，足矣。

人生的考卷共有4道题目：学业、事业、婚姻、家庭。平均分高才能及格，切莫花费太多的时间和精力在任一题目上。

只有当你得不到的时候，才很容易认为那得不到的一定是最幸福的事，然而幸福本身却并非与此有关。幸福的选择在于，你对自己的满意程度是多少，而不是别人对你的满意程度是多少。

人往往经历过不幸福，才知道什么是幸福。就好比遇见过错的人，才知道谁是对的人。

人生最大的困惑在于你觉得需要确定一个方向，而你却找不到这个方向。

人生就像一场舞会，教会你最初舞步的人，未必能陪你走到散场。

人之所以觉得累，不是因为路上坎坷太多，而是因为忘记了要去哪里。

从来没有人为了读书而读书，人们只会在书中读自己、发现自己或检查自己。

所谓安全感是有一个比你高、比你壮、比你老的人保护着你。

有些快乐，别人未必理解；有些悲伤，别人未必能感受。有些累，累在身上，累在心上；有些泪，挂在脸上，伤在心上；有些痛，无伤无痕，痛在心中。人最怕：深交后的陌生、认真后的痛苦、信任后的利用、温柔后的冷漠；爱有天意，是否会眷顾自己；心有灵犀，为何总让人无语。有声的，亦累；有形的，也苦；有伤的，还痛。原来，看不见的伤痕最疼，流不出的眼泪最冷。

没有一个人，不是在相交中慢慢理解的，没有一份情，不是在相处中渐渐认同的。相交就要比心，相处就要凭情，情始于交往，心在于认同，好不好在来往中体现，行不行在相处间感受。真心付出，即使没有得到真情，也不要伤心。谁好谁坏，早晚都会明白。只要你问心无愧，就算什么都没有得到，也不必太过看重。

我们每个人都像小丑，玩着五个球，五个球是你的工作、健康、家庭、朋友、爱情。这五个球只有一个是用橡胶做的，掉下去会弹起来，那就是工作。另外四个都是用玻璃做的，掉了，就碎了。

真正的坚韧：哭的时候非常彻底，笑的时候非常开怀，说的时候要淋漓尽致，做的时候毫不犹豫。

从前我觉得和喜欢的人吵架是不会破坏感情的，我们可以恶语相向，只要一个黑夜过去第二天就会堆起笑脸，埋怨会烟消云散。当一个人平静地选择离开时，才会发现有些你给予的伤害已经溢出了他容忍的抽屉，正所谓"良言一句三冬暖，恶语伤人六月寒"。

世间没有什么声音比沉默更洪亮了，如果一个人能读懂你的沉默，那他绝不会误解你的语言。

一个人的美丽，并不是容颜，而是所有经历过的往事在心中留下伤痕又褪去，令人坚强而安谧。所以，优雅并不是训练出来的，而是一种阅历。淡然也不是伪装出来的，而是一种沉淀。

所谓"朋友遍天下"不是一种诗意的夸张，便是一种浅薄的自负。热衷于社交的人往往自诩朋友众多，其实他们心里明白，社交场上的主宰绝不是友谊，而是时尚、利益或无聊。真正的友谊，是不喧嚣的。

不够好，才会那么依赖其他人；不够清醒，才会信任所有耀眼的外衣；不够强大，才会浪费时光去迎合他们的玩闹。何必要怪别人呢？都是自己的错。

一个人可以很天真简单地活下去，一定是身边有个人用更大的代价守护而来的。

个性顽强不代表所有伤都能担当，而是假装着不难过；表面沉默不代表心里没感觉，而是现实已别无选择。

原来一个人会梦见另一个人，是因为心底觉得离那个人好远好远。

寂静在喧嚣里低头不语，沉默在黑夜里与目光结交，于是，我们看错了世界，却说世界欺骗了我们。

人多多少少都是按照自己的模式活下来的。当别人和自己差别太大时会感到生气，过于相像又会觉得悲哀。

一块钱的打火机也能点着一千块钱的香烟。几万块钱的一桌菜还是离不了两块钱的盐。人和人也一样，别说配不配，合适了就好。

即使是最好的朋友也应该保持一定距离，友谊最高的境界是守护彼此的孤独。

性格写在脸上；人品刻在眼里；生活方式显现在身材；情绪起伏代表露于声音；家教看站姿；审美看衣服；层次看鞋子；投不投缘，吃一顿饭就能知道。

真的悲伤，连倾诉的念头都没有；
真的幸福，连分享的空闲都省略；
真的决定，连呐喊的力气都节约；
真的高傲，连鄙视的眼神都不屑。

有时候你把什么放下了，不是因为突然就舍得了，而是因为期限到了，任性够了，成熟多了，也就知道这一页该翻过去了。

成功晚来一些更好，然后面对那些所谓的权威、显赫的人，不要太害怕。因为他们也走过你今天的路，有多少所谓的闪光，就有多少灰暗的时刻，任何时候都应该看清自己，别觉得自己那么渺小，也别觉得自己那么伟大。

只有把你自己的生活过到足够好时，你才有闲心和资格去评论他人的生活，而当你过得真的足够好时，可能更没有闲心去评论了，因为你只热爱你自己所拥有的生活。

最大的善良莫过于对陌生人礼貌，对家人耐心，对爱人体贴，对旧人不打扰。

孤独跟寂寞不是一回事。孤独是沉醉在自己世界的一种独处。所以，孤独的人表现出来的是一种"圆融"的高贵。而寂寞是迫于无奈的虚无，是一种无所适从的可怜。孤独是一种财富，人只有在孤独时，心才会真正地安静下来，才会很理智。孤独不苦，而是一种很高的境界。

有人说生命在于静止，有人说生命在于折腾……其实，懒有懒的安逸，折腾有折腾的乐趣。重要的是，你得有享受过程的智慧，又有承担后果的能力。

哪怕你有再多的朋友，也要学会适应孤单，因为再好的朋友也可能有分道扬镳的一天。

世界上的任何东西，都能轻易地背叛你，哪怕是一片阿斯匹林也可以在你生龙活虎的日子里默默过期，在你头痛欲裂的时候失去作用，唯独记忆太过忠诚。

一些人走着走着就不见了，想去追也没用，后来才明白，走掉的那些人，是为了给后来的人腾一些地方，好让他们和我相处得舒服些，所以走掉的人，也成了别人的世界里后来的人。

对生命而言，接纳才是最好的温柔，无论是接纳一个人的出现，还是接纳一个人的从此不见。

人生所有的问题，都是关系的问题。在所有的关系之中，你和你自己的关系最为重要，它是关系的总脐带。如果你处理不好和自我的关系，一生就不得安宁和幸福。

心之何如，有似万丈迷津，遥亘千里，其中并无舟子可以渡人，除了自渡，别人爱莫能助。

人是从什么时候开始变现实的呢？从终于认识到自己的局限开始，从第一次感觉到无能为力开始。从承认世界很大而内心很小开始。

一直以为人是慢慢变老的，其实不

是，人是一瞬间变老的。

一个人脾气好，不容易发火，不跟人过不去，不仅对自己是幸福，对他周围的人也是幸福。相反，好发脾气，老跟人抬杠，喜欢挑人毛病的人，不但一辈子磕磕碰碰，周围的人也跟着受累。

年龄就好像耕地，事物的本质会逐渐被挖掘出来。可是只有当时日已过，我们无力做出任何改变时，我们才拥有智慧。似乎，我们是倒着生活的。

阅读或许就是一个安全出口。到书里去，那里有可以栖身的地方，让人暂时忘记了我是谁，我在哪里。

真正的行者，不在于走过了多少地方，而在于成就了多少次全新的自己。

旅行的意义，不是逃避，不是艳遇，不是放松心情，更不是炫耀，而是为了洗一洗身体和灵魂，给自己换一种新的眼光，甚至一种生活方式，为生命增加多一种可能性的叉枝。

人之所以觉得时间一年比一年过得快，是因为时间对自己一年比一年重要。

人们常常去怀念那些过去的事情，不是因为它有多美好，只是因为它再也回不来了。

夜里不睡的人，白天多多少少总有什么逃避掩饰的吧。白昼解不开的结，黑夜慢慢耗。

恋爱的第一步：让自己变好看。
结婚的第一步：让自己变靠谱。
生孩子的第一步：让自己变有钱。

许多事情，不是你想做就能做，要先让自己有足够的条件。

有些人的好就像埋在地下的酒，总是要经过很久，离开之后，才能被人知道。剩下饮酒的人只能寂寞独饮至天明。最遥远的距离是人还在，情还在，回去的路已不在。

一个人的成熟，并不表现在获得了多少成就上，而是面对那些厌恶的人和事，不迎合也不抵触，只淡然一笑对之。当内心可以容纳很多自己不喜欢的事物时，这就叫气场。

爱就是当你掉了一颗大门牙，却仍可以坦然微笑。因为你知道你的朋友，不会因为你的不完整，而停止爱你。

人之所以会觉得难受，大概是因为投入了大把时间和精力，到最后却没能得到想要的东西，那种一瞬间被失落灌满的样子，让自己感到不值得。

有时候，我们放不开不是因为失去，而是心疼自己的付出。

有时，人们对自己的幸福熟视无睹，总是把眼睛看向别人的幸福。其实，你所拥有的正是别人所羡慕的。

我们总是希望得到别人的好。一开始，感激不尽，可是久了，便是习惯了。习惯了一个人对你的好，认为是理所应当的。有一天对方不对你好了，便有了怨恨。其实，不是别人不好了，而是我们的要求变多了。习惯了得到，便忘记了感恩。

别老想着"以后还来得及"，有一天你会发现，有些人，有些事，真的会来不及。

说出口的伤痛都已平复，绝口不提的才触及心底。

成长的很大一部分，是接受。接受分道扬镳，接受世事无常，接受孤独挫折，接受突如其来的无力感，接受自己的缺点。然后发自内心地去改变，找到一个平衡点。跟世界相处，首先是和自己相处。

不要把理想与前途混为一谈，所谓"前途"是指你想做什么样的工作，所谓"理想"是你想做什么样的人，现在的人关注前途远远超过理想。

陪你度过最黑暗的夜晚的人，才是值得与之共度最辉煌的日子的人。

所谓得体，就是有许多话不必说尽，有许多事不必做尽，失望是无可避免的，大部分的失望都是因为高估了自己。

别人对你说的话、做的事，从来不能决定你是什么样的人；你对别人说的话、做的事，才能决定你是什么样的人。

有时候人就是这样，遇到再大的事自己忍忍就过去了，听到身旁的人一句安慰就泪流满面。后来才明白，怕的不是冷漠，怕的是突然的温柔；怕的不是自己吃苦，怕的是身边的人为你难过；怕的不是孤独，怕的是被辜负。

因为你自卑，所以你自尊心强，所以你多疑敏感，所以你缺乏安全感，所以你控制欲强，所以你占有欲强，所以你的小心思很多，所以你的烦恼也不少。

人不是向外奔走才是旅行，静静坐着思维也是旅行，凡是探索、追寻、触及那不可知的情境，不论是风土的，或是心灵的，都是一种旅行。

渐渐觉得，友谊这个东西已经被世人捧得太高，它跟永恒其实没有太大关系。换了空间时间，总会有人离去，也总会有更与当下的你心有相通的同伴不断出现，来陪你走接下来或短或长的一段路。所以，不要太念念不忘，也不要期待有什么回响。你要从同路者中寻找同伴，而非硬拽着旧人一起上路。

灵魂只能独行，陪伴不是把别人拉到你的生活轨迹上，或者强行进入别人的世界找到一个位置，陪伴是一种心灵的在场，就好像我不用问候一声，也知道你一定随时会回应我的召唤。

看清一个人何必去揭穿，讨厌一个人又何必去翻脸。活着，总有看不惯的人，就如别人看不惯我们。活着，说简单其实很简单，笑看得失才会海阔天空；心有透明才会春暖花开。

眼泪真正的作用是洗净眼睛，要你看清楚让你落泪的那个人。

曾以为自己活得很明白，后来才发现，一个真正活明白的人，不会忍心让自己活得太明白。

只有用心去看，才能看得真切，重要的事情，肉眼是看不见的。

懂得让步的人是聪明的，这是把决定事态走向的主动权，握在了自己的手上。在感情的对抗战中，赢了面子就输了情分。往往死撑到底的人，都成了孤家寡人。弯腰不是认输，只是为了去拾起你那丢掉的幸福。

一个成熟的人往往发觉可以责怪的人越来越少，人人都有他的难处。

我们都习惯于和亲近的人发脾气，而把温和的一面留给了陌生人。因为知道亲近的人不会转身，不舍得离开，没法轻易地断掉你们之间的联系，就可以肆无忌惮地做所谓的"自己"。那些说出口的伤害总有一天会疼了自己也疼了别人，所以想要开心地在一起，就请好好地说每一句话。

尊敬一个人是要尊敬他的行为，而不是他的年龄。如果一个人的行为不正确，那么不管他多大岁数，都不能尊敬他，反而要去指责他。

我们都会变，样子不变，心也会变，许许多多旧友，早已变得如陌生人一般，皆因他们有不同的角色要扮演，去适应生活与环境，不得不变。

朋友有两种：一种需要经常见面，否则连话都难接上，感情更淡漠；另一种朋友不必天天联系，三年五载甚至更长，彼此音容模糊，可一朝晤面，宛若朝夕相处。

无趣的不是这个世界，而是我们没有坚持那些有趣的活法。

时间应该多放在打理真感情上，交些真性情的朋友，一起经历些难忘的事情。不是所有人都需要成为朋友的，把真心都给值得的人吧，毕竟知己一二抵过千百个泛泛之交。

我们不能干涉别人的人生，就算是为了对方好。这是他的人生，只有他一个人能决定他的人生。我们必须顺应事实，放手成长，没有必要医治好在成长路上与你擦肩而过的每个人，即使成为最顶尖的医生，也做不到这样。

如果你的心能够容纳无限的经验，虽然饱经世故，却又能维持单纯，这才是朴素。

许多人的失落，是违背了自己少年时的立志。自认为成熟、自认为练达、自认为精明，从前多幼稚，总算看透了、想穿了。于是，我们就此变成自己年少时最憎恶的那种人。

去过的地方越多，越知道自己想回什么地方去。见过的人越多，越知道自己真正想待在什么人身边。

吵架最激烈不过一分钟，而那一分钟你说出的话，是你用一百分钟都弥补不回来的。

放下自己的脾气向你的坏脾气低头的人，并不是因为怕你，而是比你更懂得珍惜。

我们听到的一切都是一个观点，不是事实。我们看见的一切都是一个视角，不是真相。

当脾气来的时候，福气就走了。人的优雅关键在于控制自己的情绪。用嘴伤人是最愚蠢的一种行为。一个能控制住不良情绪的人，比一个能拿下一座城池的人更强大。水深则流缓，语迟则人贵。我们花了两年的时间学会说话，却要花数十年的时间学会闭嘴。可见：说，是一种能力；不说，是一种智慧。

时光的绝情之处是它让你熬到真相，却不给你任何补偿。

不要尝试去弄清每件事，因为有时候一些事情不是用来理解的，而是要懂得接受它们。

随着年龄的增长，我们没有变得更好也没有变得更坏，而是变得更像我们自己。

世界上最厉害的本领是什么？是以愉悦的心情老去，是在想工作的时候能选择休息，是在想说话的时候保持沉默，是在失望的时候又燃起希望。

不要在电话里吵架，一定要面对面，因为，也许当你看到她说某句话的表情时，你就不忍心那样做了。

想要不后悔，请做好三件事：
1. 知道如何选择；
2. 明白如何坚持；
3. 懂得如何珍惜。

只是因为太年轻，所以所有的悲伤和快乐都显得那么深刻，轻轻一碰就惊天动地。

一个人的涵养，不在心平气和时，而是心浮气躁时；一个人的理性，不在风平浪静时，而是众声喧哗时。

无聊是非常有必要的，一个人在空白时间做的事，决定了他和其他人根本不同。愚蠢是非常有必要的，一个人能发现多少人愚蠢的一面，决定了他能爬多高。

当一个人只站在自己角度看问题时，一切都是错的；而当自己站在中心位置看问题时，一切都是对的。

生气，是因为自己不够大度；郁闷，是因为自己不够豁达；焦虑，是因为自己不够从容；悲伤，是因为自己不够坚强；惆怅，是因为自己不够阳光；嫉妒，是因为自己不够优秀。

让你不厌其烦的人，往往是你的贵人；让你不厌其烦的事，往往是你的天赋所在。

摸不透的心就算了，不必费力去揣摩；看不清的人就远躲，不必劳神去猜测。人生短暂，精力有限。我们应该将所有倾注于所爱的人、相处愉快的人的身上。

不要因为害怕失去，而不敢去拥有，否则，你就失去人生。同样的，不要因为拥有什么，而担心它的失去，否则，你就失去了自我。

不惊扰别人的宁静，就是慈悲；
不伤害别人的自尊，就是善良。
人活着，发自己的光就好，不要吹灭别人的灯。

如果有缘，错过了还会重来；如果无缘，相遇了也会离开。聚有聚的理由，离有离的借口，人生没有如果，只有后果和结果。

最该铭记的人：穷时，借钱给你的人；难时，背后挺你的人；苦时，同舟共济的人；病时，端茶倒水的人；你什么都不是时，真心真意喜欢你的人；你什么都不懂时，全心全意指点你的人。

人应该要有善良之心，学识修养，以及大大小小的美德，但却不能过度。

善行没有尺度，就如一把乱飞的飞刀，不分善恶，无差别地划破空气，伤到任何一个处于其路径上的人，包括自己。

善良和爱都是免费的，但不是廉

价的。你的善良，需要带点锋芒；你的爱，需要带些理智；带眼识人，毕竟不是所有人都配拥有它们。

见识越广，计较越少；经历越多，抱怨越少；人越闲，越矫情。

青春就像是切洋葱，我们都泪流满面，却还乐此不疲。

有时候，上天没有给你想要的，不是因为你不配，而是你值得拥有更好的。

不要刻意去猜测他人的想法，如果你没有智慧与经验的正确判断，通常都会有错误的。

命由己造，相由心生，世间万物皆是化相，心不动，万物皆不动，心不变，万物皆不变。

世间之人皆有欲，有欲故有求，求不得故生诸多烦恼，烦恼无以排遣故有心结，人就陷入"无明"状态中，从而造下种种惑业。

阅历这种东西，杀掉了幼稚，也误伤了纯真。

海鸥不眷恋大海的话，可以飞得更高。

我们不会再相遇，这就是分开的意义。

如果不是志同道合，有些路一个人走会更加自在惬意。

当你意识到，围墙之外还是围墙，才会渴望翅膀。三点一线的重复生活，让人羡慕流浪。

心若不自由，肉体就是最大的囚笼；心若自由，便拥有了宇宙。

来去自如的人，心里都住着风。

自得其乐，比指望别人带来快乐要可靠得多。

幸福的人不是什么都拥有，而是对已经拥有的感到满足。

人们的悲观并不相通，所以才有一个词叫作体谅。

许多人拼尽全力爬到了梯子顶端，才发现梯子架错了地方。

人类的误解有时候在于，都理所当然地以为：即便自己不表达，别人也该知道，最终每个人都觉得自己委屈。

有些人，走不出围城，不是因为不认路，而是喜欢被困住。

只有自己不可辜负，别被人误，别被己误。

改变不了的东西，说出来也没意义。

人生不能像做菜，把所有的料都备齐了才下锅。

遗憾的不是太多心事无法诉说，是这一路的风雨没人懂我。

不同的人自然有不同的心境、不同的经历、不同的角度以及对事物不同的感知力。所谓的感同身受，有时，不过是一场痴人说梦。所以，当你开始理解不被理解，所有的委屈也就烟消云散了。

中年以后的男人，时常会觉得孤独，因为他一睁开眼睛，周围都是要依靠他的人，却没有他可以依靠的人。

真正见过世面的人，才不会轻易去评判别人，因为他们更懂得慈悲和宽容。只有苛刻和狭隘的人，才会简单粗暴地给人划分，为不同的人标上并不属于他们的标签。

说了那么多，无非是想表达人生苦短，去做你想做的事，成为你想成为的人。你知道吗？很多时候你之所以没有成功，是因为你不想成功。你成功的欲念不够强烈，所以失败才成了人生常态，平庸才成了人生常态。问问自己，你一天当中最想做什么，哪一个排在最前面，那个最想做的事才会成就你。

人的一生，不是在争取自己的空间，就是在适应别人的空间。独处是将自己无限放大，相处则是尽可能地缩小，去适应别人空出来的位置。

这世间，有一个可怕的词叫"如果"。如果当初我选择创业就好了，如果当初接下那个项目就好了，如果当初学那个专业就好了，如果当初勇敢表白就好了……可现实从不仁慈，它绝不会给你一个从头再来的机会。

离开你的人不要惋惜，那一定不是同路人。陪伴你的人，请多珍惜，因为谁都无法预料哪一天就会咫尺天涯，各奔东西。

世界上最让人底气十足的不是尊重与平等，而是偏爱。

在自己喜欢的时间里，按照自己喜欢的方式，去做自己喜欢的事，对我而言这便是自由的定义。

上天让我们习惯各种事物，就是用它来代替幸福。

不要纯粹地寻找一个完美的人，而是要用完美的眼光，去欣赏一个不完美的人。

抓不住的东西，连伸手都显得多余。

跟正常人讲道理，不正常的人不需要道理。该和善的时候一定要和善，该骂的时候千万别忍让，时时处处都彬彬有礼那是烂好人。

当有一天，你迂迂回回后终于到达了想去的地方，才会惊讶地发现，原来之前所走过的一切，都只是通往这里的

必经之路，哪怕少一步，都无法塑造出今天的你。

强者永远不要为自己辩解。低价值的人总是想着向高价值的人解释。如果你也喜欢和别人解释，或者总想证明自己，那么无形当中，你就会降低自己的价值。

永远都不要暴露自己的需求感。所有的美好，背后都是有筹码的，并不是以我们的意志为转移的，而且不是我们要，别人就会给。

事情都是有好有坏的，回报大的事要么就风险大，要么就过程难。

人和人之间之所以不能理解，不是因为不能理解事情本身，而是不了解他的成长环境、心气秉性、前因后果或者阶层不同。

事儿来的时候别怕事儿，也别惹事儿，学会藏拙，让对方不会那么轻易就看穿你，等到时机成熟之后，再给对方致命一击。

关于原则的真相：

原则上自愿，就是必须；原则上必须，就是自愿；

原则上可以，就是不可以；原则上不可以，就是可以。

大多数人不是找不到好的赛道，而是时时刻刻担心自己正在走的不是好赛道，左顾右盼，最终一事无成。

读懂拒绝指南：

"下次一定""有时间的""实在是忙"都可以理解为"不去"；

"回家商量""考虑一下""等我需要"都可以理解为"不买"；

"不太适合""先做朋友""你是好人"都可以理解为"不爱"；

"有待加强""还有空间""想法不错"都可以理解为"不行"。

许多你以为特别好的关系，有无数细节会向你证明不过如此。人际交往的最佳铁律就是不要高估你在任何人心里的位置。

一个人的成就取决于他身边5个朋友的平均值。要想知道一个人真实的样子，看他身边的朋友比看他本人更准。

说话慢一点，男性会显得更加沉着有力，女性则显得更加温柔镇定。许多人张嘴就像炒豆子，噼里啪啦倒出一堆句子，逻辑混乱前后重复，神态语气也带着廉价的精明，实在不聪明。

情商低的直接表现，是明知道自己不行，却非要硬上。在自己不擅长的领域，最佳策略就是想都不要想。

收入悬殊太大的人，难成为真正的朋友，因为财富会影响一个人的三观和视野。

想要赢得对方的好感，可以研究一下他做事的思路和说话的语气，并学着去模仿，这样对方会不由自主把你当作自己人。

追求成功的思想根本就是错的，成功是一个人全身心投入做事之后，所意外获得的副产品，只能因缘际会，而不是苦苦强求。

和你聊得来的未必是朋友，有可能是那个人情商高，和谁都这样，所以不要着急觉得和人家相见恨晚。

不是谁每天都吃不起饭，也不是谁都能月入几万。有些网上的东西看看就好，别太当真。

判断一个人喜欢谁：
当一群人一起大笑的时候，看他的眼睛里装着谁。

人生最重要的两天：你来到世界的那天，和你明白了为什么你来到这个世界的那天。

一句话不同的表述效果大不一样：
1. 把"谢谢"改为"谢谢你"；
2. 把"随便你"改为"听你的"；
3. 把"你听明白了吗"改为"我讲清楚了吗"。

人为什么有两只耳朵，而只有一张嘴巴？就是希望我们能够多听、少说。多听取别人的意见丰富自己，少谈论别人的八卦。

不管爱情、工作还是生活，只要有输赢，就不存在公平。

不要随便在外人面前发火。在没说原因的情况下发脾气，只会让身边的人觉得莫名其妙，不仅解决不了问题，还会被人觉得性格差。

越难越费时间的工作，越不会被安排给领导身边的亲信。而那些能力突出，但又不太擅长拍马屁的人，往往承担着一个团队80%的工作量。

成年人的朋友圈大都是精心编辑的，别太信以为真。爱晒家庭的，不一定就夫妻恩爱；天天抱怨工作累的，可能很满足现在的薪资。一个人最真实的样子，一定是在他独处的时候。

可以用文字电话解决的事情，最好不要用语音。一是语音极不方便，翻译还可能不准确；二是容易引起反感、耽误事情。方便自己的同时，也要多考虑对方，人缘才会越来越好。

玩笑归玩笑，千万不要拿别人的缺点开玩笑。说者无心，听的人就不一定觉得你在开玩笑。尤其敏感一些的人，真的会想很多，如果你在场的朋友里有性格比较敏感的人，说话还是要注意一点。

改变命运最快的方式不是学习一个人，是直接复制一个人。

越是吵着要离开的人，越是离不开，反倒是那些默默忍受的人，心里早已开始计划离开了。

看清了很多人，却不能随意拆穿。讨厌很多人，却又不能轻易翻脸。有时候，就是要逼自己变得逆来顺受、宠辱不惊。

才不足则多谋，识不足则多虑；
威不足则多怒，信不足则多言；
勇不足则多劳，明不足则多察；
理不足则多辩，情不足则多仪。

换衣服换得勤快的人，不一定就爱干净。把家里收拾得很干净的人，一定很爱干净，并且有很强的独立意识。

和别人说话时，喜欢看别人眼睛，进行对视的人，往往很注重倾听。看文章和看书很慢的人，往往很注重思考。

不合群的人，不一定对群体有敌意，但非常合群，并且融入特别快的人，很可能对其中的某些人有很强的敌意。

人经常产生的三大错觉：

1. 我能赢他；
2. 手机响了；
3. 对方喜欢我。

如果能看穿一个人，不是因为我们对他有多了解，而是在他的身边看到了曾经的自己。

整天说读书没有用的人，多半是没有读过多少书的人。即便读过也不是什么正经书，远远地躲开就好了。

只会嘴上炫耀的人，办事都不牢靠。那些平常低调，不爱显摆的人，往往办事能力都非常强，要靠谱得多。

如果可以，不要在睡前做任何决定，不是说做决定不好，而是这时人通常比较感性，决定更多是脑门一热，隔天起来就后悔的那种。

一个女生经常找你聊天，不一定喜欢你，可能只是把你当成一个好的倾听者而已。

突然间找你的朋友，不是要结婚了，就是要借钱了，突然升温的感情，肯定不正常。

敢于承认自己错误的人，心胸都比较坦荡。

长得不错，还一直说自己不好看的人，其实是想让你夸她。

别人请客吃饭，一般不是什么重要日子，肯定是有事求助。

人缘太好的人，要么是被世事磨得圆润了，要么是擅长伪装。有棱有角有个性的人，朋友不会太多，但关系都特别好。

人的嘴巴是心灵的大门，人要表达的意见、秘密、想法都是从嘴里说出去的，如果这道大门防守不严，那么内心的秘密就会被悉数曝光，会惹大麻烦。

当你察觉到自己的利益被侵害时，一定要当场就翻脸。当场翻脸叫有理有据，事后翻脸叫小肚鸡肠。

看破不说的人，一般都比较聪明，不喜欢给自己找麻烦。

讲话时对方左顾右盼，证明你的讲话内容没有吸引到他。

有人明目张胆地讨厌你，你也一定要发自内心地不喜欢他，这才是最基本的礼貌。

说话语速比较快的人，控制欲望都比较强。

汉字新解：
1. 福：有衣穿有饭吃，就是福；
2. 道：迈开脚，才能走出一条道；
3. 夸：自大的人，最终要吃大亏；
4. 忙：一忙，就把心给丢了；
5. 停：暂时停下，是为了更好地前行；
6. 劣：差人一等，是因为比别人少出了力。

真正的关心只有一种表现：为某人某事，心甘情愿地花费自己的时间。

人的一切痛苦，本质上都是对自己的无能的愤怒。

我们永远无法理解比自己更有深度的人，就像二维永远不懂三维。

越是急躁的时候越不要说话，不是不能发泄情绪，而是你往往会说出一些以后会后悔的话，去外面呼吸呼吸新鲜空气，回来你会平和很多，情绪也会变稳定。

学历高不代表素质高，满嘴脏话的文身男可能在公交车上给孕妇让座，名牌大学毕业的人也可能在虐杀小动物。学历高只能证明其善于考试，善于在试卷上填写标准答案，却未必懂得做人的道理。

认识一个人，并不需要琢磨他说了多么有力量的话，而是看他能实现其中的多少，哪怕只是一件小事，也比鸿篇巨论有力量得多。

有时候，我们看见别人的样子，或许并不是对方真正的样子。同样，我们看见的很多事情，或许也不是事情真正的样子。身边许多事情都需要我们深入了解，换一个方面去进行思考，不要光听一个人说什么。

非黑即白，非左即右，非朋友即敌人，非圣人即恶棍，是很幼稚而危险的思维，一定要警惕。

真正的修行，不是逃离，不是躲避，而是欣然地面对，全然地接受。

人人都想要被喜欢，所以当他们被讨厌的时候，就觉得不安全，可是喜欢有那么重要吗？喜欢只是人际关系中的一种而已，那个感受有可能不是对方发给你的，而是你自己解释出来的。世界上所有你收到的恶意，只有一个解决办法，就是你怎么去解读这个恶意。

为什么很多人宁愿吃生活的苦，也不愿吃学习的苦？因为学习的苦需要你主动去吃，而生活的苦你躺着它就来了。

为什么一些问题永远得不到解决？因为解决问题的人，就是制造问题的人。

不要以为世界上的人都在关心你的事，你是不是以为人人都在盯着你？其实，各人有各人的事，没人管你这档子事。

我们一直寻找的，却是自己原本早已拥有的。我们总是东张西望，唯独漏了自己想要的。这就是我们至今难以如愿以偿的原因。

积累福报的八德：
口德：得饶人处且饶人；
掌德：赞美别人，学会鼓掌；
面德：看破别说破，面子上好过；
信德：疑人不交，交人不疑；
礼德：礼多人不怪，送礼送到位；
谦德：锋芒毕露者，处处树暗敌；
理德：换位思考，替别人着想；
尊德：学会尊重他人的想法和意愿。

心灵的成熟过程，是持续不断地自我发现、自我探寻的过程，除非我们先了解自己，否则我们很难去了解别人。

人可以用两种方式体验孤独：一是在世间感受孤独；二是感受世间的孤独。

未经他人苦，莫劝他人善。在没有搞清楚事情的全貌时，不要随便安慰别人，不然你的安慰就会变成伤害。

水的清澈，并非因为它不含杂质，而是在于沉淀。心的通透，不是因为没有杂念，而是在于明白取舍。

走向成熟的一个标志：不是积极地去张扬自己的权利，而是顾及他人。换言之，要不断地对他人有同理心。

真正有气质的淑女，从不炫耀她所拥有的一切。她不告诉人她读过什么书，去过什么地方，有多少件衣服，买过什么珠宝，因为她没有自卑感。

在世人中间不愿渴死的人，必须学会从一切杯子里痛饮。在世人中间要保持清洁的人，必须懂得用脏水也可以洗身。

瞬间清理你和他人之间能量纠缠的4句话：

1. 我尊重你的命运；
2. 我理解你的局限；
3. 我把你的能量还给你；
4. 我把我的能量拿回来。

只要你不计较得失，人生还有什么不能想办法克服的？

人为善，福虽未至，祸已远离；人为恶，祸虽未至，福已远离。

莫妒他长，妒长，则己终是短。莫护己短，护短，则己终不长。

须交有道之人，莫结无义之友。饮清静之茶，莫贪花色之酒。开方便之门，闲是非之口。

总有人问"为什么会犯下同样的错误"？原因或许只有一个：前一次不够痛。

群处守嘴，独处守心。修己以清心为要，涉世以慎言为先。

不懂别人就少说话，人最大的修养是知人不评人更不讽人，尊重人与人之间的不同。

高潮时享受成就，低潮时享受人生，有心思时干有意义的活，没心情时做有意思的事。

多一点忍耐，就会少几次后悔。少几次翻脸，就多几个台阶。多几次听不见，就少几次庸人自扰。少撂几句狠话，就多一些余地。

别总因为迁就别人就委屈自己，这个世界没几个人值得你总弯腰。事情都有度，低调过度会被认为低能。

别人恭维你时，偷偷高兴一下就可以了，但不可当真，因为那十有八九是哄你的；别人批评你时，稍稍不开心一下就可以了，但不可生气，因为那十有八九是真的。

合适的人生位置既不靠近钱，也不靠近权，而是靠近灵魂；真正的幸福既不是富贵，也不是凡事都对，而是问心无愧。

被人误解很正常，哪怕是你最亲的人。不要总盼着别人跟你想到一起，毕竟心不同，想法就不一样。出现矛盾时，不妨一笑而过，相信时间是最好的磨合剂。

执着是一种负担，放弃是一种解脱。人没有完美，幸福没有一百分，不

能拥有那么多，何必要求那么多。

每个人的性格中，都有某些无法让人接受的部分，再美好的人也一样。所以不要苛求别人，不要埋怨自己。玫瑰有刺，才会是玫瑰。

环境不会改变，解决之道在于改变自己。

有时候，你想证明给一万个人看，到后来，你发现只得到了一个明白的人那就够了。

江海之所以能成为百谷之王，是因为懂得身处低下。

世上最重要的事，不在于我们在何处，而在于我们朝着什么方向走。

为明天做准备的最好方法就是集中你所有智慧，所有的热忱，把今天的工作做得尽善尽美，这就是你能应付未来的唯一方法。

不该问的事不问；
不该说的话不说；
不该做的事不做。

和勤奋的人在一起，不会懒惰；和积极的人在一起，不会消沉；和智者同行，会不同凡响；与高人为伍，能攀登巅峰。跟对人，选对路，做对事比努力更重要。

顺境时，多一份思索；逆境时，多一份勇气；成功时，多一份淡然；彷徨时，多一份信念。生活总是这样，你以为失去的，可能在来的路上；你以为拥有的，可能在去的途中。

宁可自己去原谅别人，莫等别人来原谅自己。

这个世界到处充满着不公平，我们能做的不仅仅是接受，还要试着做一些反抗。

在人之上，要把人当人；在人之下，要把自己当人。

实在觉得累了，就休息一下，抽个小空，发个小呆，花点儿小钱，吃点儿好的，不晒成绩，晒晒太阳。等你调整好情绪，找回了节奏，再去跟生活大干一场。

弱者选择复仇，强者选择原谅，智者选择忽略。

凡事不宜操之过急，放松一步，往往可以化险为夷。

所谓"行家"就是把所有精力，都集中在一件事上，不被负能量消耗，不中途退场。

"欲速则不达"，不必慌张，不要妄想走捷径，先修炼好内在，时间会给你答案。

你可以讨厌两面三刀的人，但千万别正面与其发生冲突，因为他们会在你背后捅刀子。

人们喜欢谈论邪恶的东西，你需要自己判断，相信自己的眼睛和耳朵。

想要干好事，记住两句话：
1. 别把自己太当人；
2. 别把别人不当人。

无法驾驭的东西，一开始就要远离，拿不住就要放下，宁愿让其变成遗憾，也别伤到你分毫。

对付小人的 7 个办法：
1. 勤打招呼，少说话；
2. 不主动来往，但不拒绝来往；
3. 不深交，也不绝交；
4. 可以给予好处，但不能占其便宜；
5. 不进其圈子，也不让其深入自己的领域；
6. 不帮忙，不阻拦；
7. 任其发展，任其自生自灭。

5 个拒绝技巧：
1. 拖延时间，不要立即给对方答复；
2. 直接拒绝并提供替代方案；
3. "找人挡枪"；
4. 适当贬低自己；
5. 实在无法拒绝，则答应 20%。

冰山露出海面的仅仅是一角，而绝大部分隐没于海面之下。

理解自身的阴暗，是对付他人阴暗的最好方法。

六、摆脱内耗

（且停且忘且随风，且行且看且从容。）

◎ 你可以表达愤怒，但不要愤怒地表达。

◎ 只有忘记以往的事情，才能够继续前进。

◎ 真正的强大，不是原谅别人，而是放过自己。

满身戾气的人，一定都过得很辛苦。仇恨是自己给自己建造的地狱，原谅别人其实就是放过自己。

学会接受这三件事，就会释然很多：

1. 有些事情就算你做得再完美，也会有人不满意；

2. 总会有人不喜欢你，不是你做得不好，而是从一开始，他们就对你有偏见；

3. 这个世界上没有什么简单的事，如果有，那就是你把它想得太简单了。

坏情绪也不要都说给别人听，不管怎么样，夜晚你就睡觉吧，白天你就出去散散心，阴天你就吃好喝好，雨天你就听听雨。要记得，总有一天，会有一束阳光驱散你所有的阴霾，带给你万丈光芒。

无论你活成什么样子，背地里都会有人对你说三道四，不申辩不计较一笑了之，其实就是最好的蔑视。

遇急事要缓，遇大事要静，遇难事要变，遇顺事要敛，遇烂事要远。

人可以有所期盼，前提是要不怕失望。

你可以表达愤怒，但不要愤怒地表达。

一等人，有本事没脾气，二等人，有本事有脾气，三等人没本事大脾气。

不要过度沉迷于过去的失败和难过中，也不要过度沉迷于自己出生的卑微中，很多事情光靠想是想不通的，你不是苏格拉底，也不是柏拉图！你要做的是，朝前看！向前走！去实践！

你今天受过的苦，吃过的亏，担过的责，扛过的罪和忍受的痛，都会成为照亮你人生之路的光。

有时候，当我们觉得不快乐，不幸福了，也许是因为追求的不是"幸福"，而是"比别人幸福"。或许，偶尔停下忙乱的步伐，好好看看身边，珍惜点点滴滴，享受所拥有的一切，那样就会快乐。

成年人的世界只管筛选，不管教育；只有选择，没有改变。自己不觉醒，他人如何度；自己若觉醒，何须他人度？

有些事，发生了就只能接受。有些人，失去了就只有放手。有些路，选择了就没有回头。我们尝试着长大，一路跌跌撞撞然后遍体鳞伤。

你患得患失，太在意从前，又太担心将来。有句话说得好："昨天是段历史，明天是个谜团，而今天是天赐的礼物，我们应该像珍惜礼物那样珍惜今天。"

别和过去的事过不去，因为它已经过去；别和现在的事过不去，因为还得过下去。

有时候，我们要对自己残忍一点，不必过分纵容对自己的爱怜。

只有忘记以往的事情，才能够继续前进。

遇不到给你安全感的人不要紧，要学会自己给自己力量。看书、听歌、跑步，你喜欢的任何事都行。认真丰富自己，安顿正负情绪，随遇而安不是无所谓，是保证自己遇到什么情况都能撑得住自己。

不要贪恋没意义的人或事，拎着垃圾的手怎么腾得出来接礼物，新的征途上，往事归零，爱恨随意。往事不回头，未来不将就。

小时候，我们都长身体去了，所以很大真很快乐。等长大，不长身体，就都长心眼去，就活得很累了。

记忆是痛苦的根源。

杨绛先生在给一位读者的回信中说："你的问题主要在于读书不多而想得太多。"想得太多只会毁了你。让你陷入忐忑，让实际上本不糟糕的事情，变得糟糕。

不论这个世界多么糟糕，你自己的世界一定要精彩，不论人心多么黑暗，自己的内心一定要明亮。不要用糟糕去对付糟糕，不要用黑暗去对付黑暗。

逢人不说人间事，便是人间无事人。

对生命的最佳回应，是生活得很快乐。

整理一下自己的心情，忘记那些不愉快的事吧。听听音乐，看看风景，说能说的话，做可做的事，走该走的路，见想见的人。

还有更重要的事要做，更好的人值得托付。慢有慢的好处，反正一切只会更好。

后悔是一种耗费精神的情绪，因为后悔是比损失更大的损失，比错误更大的错误。

人生不能设计，你只能面对。

以清净心看世界，以欢喜心过生活，以平常心生情味，以柔软心除挂碍。

不开心时深呼吸一下就好，这只是糟糕的一天，不是糟糕的一辈子。

不要一直不满人家，应该一直检讨自己才对。不满人家，是苦了你自己。

要包容那些意见跟你不同的人，日子才比较好过。要是一直想改变别人，你会很痛苦。

无法驾驭的东西，一开始就要远离，拿不住就要放下，宁愿让其变成遗憾，也别伤到你分毫。

生活本不苦，苦的是欲望过剩；人心本不累，累的是牵挂太多，执于一念，会受困于一念；一念放下，会自在于心间。

什么时候放下，什么时候就没烦恼。

逝去的东西，最好不见，最好不念。

忘记是一种奢侈，而记忆是一种折磨。

不管你经历多痛的事情，到最后都会渐渐遗忘。因为，没有什么能敌得过时光。

生活欠我们一个"满意"，我们欠生活一个"知足"。

耶鲁大学心态理念：
1. 要无条件自信，即使在做错的时候。
2. 不要想太多，定时清除消极思想。
3. 学会忘记痛苦，为阳光记忆腾出空间。
4. 敢于尝试，敢于丢脸。
5. 每天都是新的，烦恼痛苦不过夜。
6. 面对别人的优秀时，发自内心地赞美。
7. 做人的最高境界不是一味低调，也不是一味张扬，而是始终如一的不卑不亢。

贵而不骄，胜而不恃，贤而能下，刚而能忍。

记住该记住的，忘记该忘记的，改变能改变的，接受不能改变的。

有些东西"得之我幸，失之我命"，不必看得太重。

一切都会好起来的，即使不是在今天，总有一天会的。

一些受过伤的人会更加勇敢，因为他们知道，最痛不过如此。

人活得之所以累，是放不下架子、撕不开面子、解不开情结。

别人怎么评价你都不重要，最重要的是自己得看得起自己。

如果痛到无法哭泣，就试着用微笑代替。

计较得太多就成了一种羁绊，迷失得太久便成了一种痛苦。

失去只是一种姿势，得到并不等同于幸福。

若能一切随他去，便是世间自在人。

不论你在什么时候开始，重要的是开始之后就不要轻言放弃；不论你在什么时候结束，重要的是结束之后就不要后悔。

所有真正的问题，从来不是解决掉的，而是遗忘掉的。

若将过去抱得太紧，怎么能腾出手来拥抱现在？

世界那么大，不是每个人都能得到自己想要的结果。

忙的时候，学的东西可能最多；压力最大的时候，效率可能最高。

世界上没有绝对完满的东西。太阳一到中间，马上就会偏西；月圆，马上就会月亏。有缺憾才是恒久，不完满才叫人生。

最使人痛苦的往往不是生活的不幸，而是你希望的破灭。

在内卷的时代，不要丢了自己的节奏，在内耗的年纪，不要磨光了自身的美好。

不与别人盲目攀比，自己就会悠然自得。不把人生目标定得太高，自己就会欢乐常在。不刻意追求完美，自己就会远离痛苦。不时时苛求自己，就会活得自在。不吹毛求疵，就会活得轻轻松松。

用美好的心灵看世界，学会宽恕别人，就是学会善待自己。仇恨只能永远让我们的心灵生活在黑暗之中；而宽恕，却能让我们的心灵获得自由，获得解放。愚昧的人老是耿耿于怀，一切始终存在。

无论人生上到哪一层台阶，阶下有人在仰望你，阶上亦有人在俯视你。抬头自卑，低头自得，唯有平视，才能看见真正的自己。

去做那些让你紧张的事，当克服了这段焦虑后你就会发现，其实一切没你想象中那么难。

世界没有两片相同的树叶，即使你再不堪，也是独一无二的，无须自轻自贱。

人们总是习惯了不该习惯的习惯，执着着不该执着的执着。有时候，在乎太多，对自己是一种折磨。

朋友中，谁最穷，谁就说话少；
社会中，谁胆大，谁就机会多；
职场中，谁话多，谁栽跟头多；
感情中，谁主动，谁就会被动；
亲人中，谁最富，谁的亲戚多；
办事中，谁尽量，谁就办不成；
体制中，谁圆滑，谁就升得快；
借钱中，谁发誓，谁就不还钱。

人这一生，每个人都有自己的命运。你介入了别人的生活，就会改变别人既定的轨迹；你参与了别人的因果，就要为别人的祸福买单。正所谓，众生皆苦，唯有自渡。

自己过得好，才重要。需要你付出精力的，是你自己的生活。

生命的完整，在于宽恕、容忍、等待与爱，如果没有这一切，拥有了所有也是虚无。人生那么短，凭什么让不重要的人影响了自己重要的心情。

回忆是一件美好的事情，所以，不要把时间都浪费在记恨一个人身上，因为有些事永远也回不去以前的样子了。

从某种程度上说，人生不完满是常态，而圆满则是非常态，就和"月圆为

少，月缺为多"的道理是一样的。如此理解世界和人生，那么我们就会很快变得通达起来，也逍遥自适多了，苦恼与晦暗也会随风而去了。

意志力是人的一条救生索，它可以帮助我们脱离困境，引导我们走向胜利。

如果因为生活中失去阳光而毫无生气，那么我们可以创造属于自己的彩虹。

活在当下，放眼未来。人生是一种态度，心静自然天地宽。不管有多么迷茫，或许记得，或许遗忘，我们都不能在回忆里徘徊，未来一定会有份温柔的目光锁定你。

什么时候我们开始无法像孩子一样肆意地大呼小叫了？心里的小情绪堆积得像山一样高，直到溢出来。与其如此，不如永远像孩子一样。

要用行动控制情绪，不要让情绪控制行动；要让心灵启迪智慧，不要让耳朵支配心灵。人与人之间的差别，主要差在两耳之间的那块儿地方！

人生从来就不是一场痛苦与烦恼的游戏，它应该是内心世界能够达观和自尊的存在，更是对自我偏激的一种反思，放下纠结纷争，承担平静自在，活一场人生的超越和解脱。可以这么理解：人生是一场忘我无我的坚持，不是一场自私自我的僵持。

人在最悲痛、最恐慌的时候，并没有眼泪，眼泪永远都是流在故事的结尾，流在一切结束的时候。人是可以快乐地生活的，只是我们自己选择了复杂，选择了叹息。

收拾起心情继续走吧，错过花你将收获雨，错过这一个，才会遇到下一个。

有些事放开就好，看开就好，不必计较太多，心宽就是对自己最好的礼物。

人生难免要受些委屈和伤害，与其耿耿于怀郁郁寡欢，还不如坦坦荡荡泰然处之。只有经受住狂风暴雨的洗礼，才能练就波澜不惊的淡定。

山高水长，怕什么来不及，慌什么到不了，天顺其然，地顺其性，人顺其变，一切都是刚刚好。

真正能治愈自己的，只有你自己。要想活得快乐，就要学会清醒地做事，糊涂地做人。

人生有许多东西需要放下，只有放下那些无谓的负担，才能一路潇洒前行。如果心是快乐的，那么，在哪里都是快乐的，如果心是喜悦的，那么，无论做什么都是喜悦的。决定我们心情的，不是别人，而是自己。

不要害怕说"对不起"。真诚的道歉往往能赢得别人的尊重，磊落的胸怀是快乐人生的源泉。

凡是错过的或失去的，永远补不回来，越补越失望。不如接受现实，在内心彻底放下他们，反而能够得到新的。

有时候，我们活得很累，并非生活过于刻薄，而是我们太容易被外界的氛围所感染，被他人的情绪所左右。其实你是活给自己看的，没有多少人能够把你留在心上。

风雨人生，错错对对，不要计较太多。人生没有彩排，写好的剧本可以更改，人生无法从头再来。错的对的无法涂鸦，不如坦然面对，若对了，就一笑而过，绝不张扬；若错了，就吸取教训，学着长大。行走于尘世，要无愧于内心，活得坦坦荡荡，从从容容。

从明天起，请做一个这样的人：率性而行，随遇而安。以最自然的姿态和意愿去生活，就会发现内心深处的快乐将不可一世地蓬勃生长。

人，只要拥有微笑，就能豁达乐观地活着；人，只要时刻保持微笑，就能在漫漫人生道路上，拥有一张永久的通行证。

幸福，不是收获得多，而是抱怨得少。遇人不苛求，遇事不抱怨。只有善于驾驭自己情绪和心态的人，才能获得平静，感受到幸福的味道。

学会把自己的心态放低、放平，多看自己的缺点，多看别人的优点，让傲慢的心变得谦虚恭敬，这样所处的环境就自然融洽了。

如果埋怨成习惯，心灵就像上了枷锁，没有一刻解脱。

心中所承受过来的那些苦与痛，不是因为时间久了就没有了感觉，而是懂得了说与不说都一样。

一忧一喜皆心火，一荣一枯皆眼尘，静心看透炎凉事，千古不做梦里人。

心若简单，生活就简单；心若复杂，生活就充满痛苦。

别人想什么，我们控制不了；别人做什么，我们也强求不了。唯一可以做的，就是尽心尽力做好自己的事，走自己的路，按自己的原则，好好生活。

面对变化，接受无常，放过自己。

也许，现在所有的不快乐，都将是我未来快乐的源泉。

怀揣一颗美好的心灵，世界无处不飞花。春的轻盈、夏的浪漫、秋的萧瑟、冬的寂寞都是一种独特的美。快乐、忧伤、感动、悲戚也各有独特的美。若你没感受到，是因为你的心过于忙碌。让自己每天躺在向日葵上，即使再沮丧依然向着阳光。心情只一秒，心灵却永恒。怀揣一颗美好的心灵，人生处处阳光明媚。

太强调悲伤的人，永远不会注意躲在角落里的幸福。

不管天资多么聪颖，我们偶尔也会做些蠢事。一般人出了丑，总是羞赧不堪，只想躲起来避众人耳目。在我看来，这又何必呢？换个角度来看，这些蠢事其实还蛮有趣的，要是能够一笑置之，不是更好吗？

真正的强大，不是原谅别人，而是放过自己。

上天没有给你想要的，是因为你值得拥有更好的。

受伤或不受伤是自己选择的，自己决定不受伤，那么谁也伤害不了你。

其实，人生就是一个多面体，换个角度和心情，就会发现这个世界是如此美好。

不开心的时候，尽量少说话多睡觉，也只有夜晚一床温暖的棉被和一个好梦，才可以慰藉每天有太多不如意的我们。

虽然别人都不在意你的感受，可你很在意别人的感受啊，所以你活得比别人累一点也很正常啊。

这个世界从来不存在完美的人、事和感情，那些只发生在童话里，现实的常态，除了平淡，就是千疮百孔与劫后重生。

过去的都会过去，该来的都在路上，挥别错的，才能和对的相逢。

眼泪，是当你无法用嘴来解释你的心碎的时候，用眼睛表达情绪的唯一方式。

不顾别人感受是自私，太顾别人感受是自虐。

如果你累了，那就拉上窗帘，关上手机和闹钟，深呼吸一口气钻进被窝，放空去睡觉。毕竟，难熬的日子总需要更多精力。

年龄越大，越学会了顺其自然，不想再挽留什么，相信该留的不会走。

即使你不够快乐，也不要把眉头紧锁，人生本来短暂，为什么还要栽培苦涩。

记性太好，有时候是一种负担。容易忘记往事的人，是幸福的。

"如果对未来的自己只讲一句话，你会说什么？"
"会告诉自己，要好好学着失去。"

努力工作吧！工作能拯救你，埋头苦干可令你忘记痛楚。

不要由于别人不能成为你所希望的

人而愤怒，因为你自己也不能成为自己所希望的人。

天空不总是晴朗，阳光不总是闪耀，所以偶尔情绪崩溃一下，也无伤大雅。

要没点自我安慰的本事，还真活不到现在。

永远不要为难自己，比如不睡觉、不吃饭、难过自责，这些都是傻瓜才做的事。

避免失望的最好办法是不寄希望于任何人、任何事。期待，是所有心痛的根源，心不动，则不痛。

让你恐慌的不是变化的世界，而是无从安定的心。

过得太累，源于过于敏感，又过于软弱，丢不开放不下。

有什么不开心的呢？该上班的上班，该读书的读书，该睡觉的睡觉，该出去玩的出去玩。是你的，自然不会走，该来的，挡也挡不住。

保持适当的钝感，遇事"迟钝"点，不要凡事都放在心上。当我们试着不去计较那些无足轻重的小事时，心中也就没了那么多累赘，整个人也会轻松自在许多。

去找一个像太阳一样的人，帮你晒晒所有不值一提的迷茫。

人真的忙起来，根本没有太多复杂的情绪。人太闲，才会把鸡毛蒜皮当回事。

每个人大概都会经历一些情绪崩溃的时刻，在我们最需要有一个人去依靠的时候，往往到最后都是自己一个人挺过去的。有些事现在看来不过如此，但在当时真的是一个人，一秒一秒熬过来的。

不为难自己，不辜负岁月。时光，浓淡相宜；人心，远近相安。好好爱自己，把期望降低，把依赖变少，就会过得很好。

坏心情总会过去，乐观一点，开心一点，只要活着一定会遇上好事。

如果觉得不快乐，那就出去走走吧。世界这么大，风景很美、机会很多、不要蜷缩在一处阴影中。

一个人总要走陌生的路，看陌生的风景，听陌生的歌，最后在某个不经意的瞬间发现，原本费尽心机想要忘记的事情，真的就这么忘记了。

心情就像衣服，脏了就拿去洗洗晒晒，阳光自然就会蔓延开来。过好每一个当下，一万个美丽的未来抵不过一个温暖的现在。

闭上眼睛，清理你的心，过去的就让它过去吧，用心甘情愿的态度，过随遇而安的生活。

如果难过，就努力抬头望天空吧，望着望着就忘了……它那么大，一定可以包容你的所有委屈。

如果你在背后议论我，那只能说明，我活得明显要比你精彩许多。

去找一个温暖如太阳的人，为你晒掉所有不值一提的悲伤。

如果每天呐喊21遍"我用不着为这一点小事而烦恼"，不知不觉就会发现，在你心里积攒着一种不可思议的力量。

别总是无病呻吟，别总把自己说得那样楚楚可怜。谁都受过伤流过泪，不见得你比别人更痛苦，只不过你表达得更精彩罢了。

不管全世界所有人怎么说，我都认为自己的感受才是正确的。无论别人怎么看，我绝不打乱自己的节奏。喜欢的事自然可以坚持，不喜欢的怎么也长久不了。

不敢生气的是懦夫，不去生气的才是智者。

没有来临的事别胡思乱想，不属于你的人别痴心妄想。好好地活在今朝，珍惜眼前所拥有的，这样就够了。

既往不恋，当下不杂，未来不迎。当下的每一个瞬间就是生命的唯一瞬间，活好了当下，就活好了一生。

人这一辈子，无非就是个过程，荣华花间露，富贵草上霜，生不带来，死不带去，得意些什么？失意些什么？顺其自然、随遇而安，如行云般自在，像流水般洒脱，才是人生应有的态度。

少年气，是历经千帆举重若轻的沉淀，也是乐观淡然笑对生活的豁达。

为人处世的最好状态：不刻意。

不刻意自我表现，也不刻意淡泊名利；不刻意迎合，也不刻意狂狷；不刻意追逐流行，也不刻意卓尔不群。如是，则不心累，不纠结，不失望。

人生无须过于执着，尽人事安天命而已。选择了、努力了、坚持了、走过了，问心无愧就好，至于结果怎样，其实并不重要。

咖啡苦与甜，不在于怎么搅拌，而在于是否放糖。一段伤痛，不在于怎么忘记，而在于是否有勇气重新开始。在家带娃，如果你能照顾好自己的情绪，不违背道德，不冷嘲热讽，不制造对立，就是上进。

不快乐的人不是困在对昨天的遗憾中，就是活在对明天的迷茫里。其实每一个人、每一段经历出现的或早或晚都有它的意义，太早错过的是要告诉你珍惜相遇，相见恨晚的是要告诉你珍惜拥有。无论远近遇上的都是运气，无论高低看见的都是风景。

没有人能烦恼你，除非你拿别人的言行来烦恼自己；没有放不下的事情，除非你自己不愿意放下。

把你的脸迎着阳光，就不会有阴影。

到了一定的年龄，开始学会谁都不想取悦了，没必要去迎合什么，觉得跟谁在一起感觉舒服就在一起，包括朋友，累了就躲远，你喜欢我，我喜欢你，我们就在一起玩耍，我们都不喜欢，千万不要在一起，生活已经如此艰难，为何不让自己过得顺畅些呢？

世界上既无所谓快乐也无所谓痛苦，只有一种状况与另一种状况的比较，如此而已。

跟自己说要活得真实，不管别人怎么看，就算全世界都否定自己。还有我自己相信自己。跟自己说要过得快乐，无须去想是否有人在乎我，一个人也可以很精彩。跟自己说悲伤时可以哭得很伤心，眼泪流干后，要抬起头笑得很漂亮。

不要把别人的闲言碎语当成礼物，因为你并不是收破烂的人。当你真正完全投入到当下的事情中去时，不管这个事情多么简单卑微，你都能感受到无穷的乐趣。

人生只有三天：迷惑的人活在昨天，奢望的人活在明天，只有清澈的人活在今天。昨天已经过去，是过了期的支票，明天还没有来到，是不可提取的支票，只有活在今天是最现实的。

真希望一夜醒来，事情都变好。所有深夜的心事都变成头顶的那一颗星星，指向每一条正确的路。

一些该拿起的要拿起，一些该舍弃的要舍弃。只有让该结束的结束了，该开始的才会开始。

世界上最有力量的人，并不是那些号称自己是最强大的人，而是能与自己的脆弱和平相处的人。

心情不好就少听悲伤的歌，饿了就自己找吃的，怕黑就开灯，想要的就自己赚钱买，即使生活给了你百般阻挠，也没必要用矫情放大自己的不容易，现实这么残酷，拿什么装无辜。改变不了的事就别太在意，留不住的人就试着学会放弃，心受了伤就尽力自愈，除了生死，都是小事，别为难自己。

人的强大，除了自信和坚持，还有一点非常重要——学会享受孤独。无论是否有人理解体恤你的悲伤，都必须要学会与自己交流。孤

独看起来是一个人独处，实则是自己与自己的沟通。"孤独"另一个名字也叫"找自己"。

出去走走，别让坏情绪迷乱了世界，慌乱了心。

真正忙的人，没心思议论别人，真正过得好的人，没心情在意别人的评价。

我们既活着做人，就必须造就我们所处的实际环境，凡事忍耐些。

拥有好心情的最佳方式就是"干正事"。如果一整天你都为理想付出切实努力：学会了规定的单词，读完了必读的书，收尾了工作，写完了稿子，签约了合同……那么遇到态度不好的出租车司机、多收钱的看车大妈、排队加塞的无良青年基本也会一笑置之。心中充实，才有底气快乐。

理解你所不能理解的是学习，接受你所不能接受的是成长，承认你所不能承认的是接纳，忘记你所不能忘记的是放下。人生就是不断去学习、有成长、懂接纳、会放下。

请你得意时要看淡，失意时要看开。人生有许多东西是可以放下的，只有放得下，才能拿得起。尽量简化你的生活，会发现那些被挡住的风景，才是最适宜的人生。千万不要过于执着，让自己背上沉重的包袱。

是你的，就是你的；不是你的，不必强求。努力了，珍惜了，问心无愧。至于其他的，交给命运。

苦只是一阵子，过后回头看看，其实那都不算什么。

学会宽恕伤害自己的人，因为他们也很可怜，被压力推动，不由自主。

三个方法解决所有的问题：接受；改变；放开。不能接受那就改变，不能改变，那就放开。

要学会维持你的快乐，不断地感恩，不断地将脸朝向有光的地方。时间长了，你自然就学会了和喜悦相处的诀窍。希望你一站出来，就让人能从你身上看到生命的光彩。

以前的时候总觉得自己得不到的才是最好的，现在不了，自己拿到什么，就把什么变成属于自己的最好的东西。

茶不过两种姿态，浮、沉；饮茶人不过两种姿势，拿起、放下。人生如茶，沉时坦然，浮时淡然，拿得起也需要放得下。

人生中出现的一切，都无法拥有，只能经历。深知这一点的人，就会懂得：无所谓失去，而只是经过而已；亦无所谓失败，而只是经验而已。用一颗浏览的心，去看待人生，一切的得与失、隐与显，都是风景与风情。

没有过不去的坎，没有过不去的沟壑，只有过不去的心。我们所走过的路是幸运还是跌撞，是对还是错，谁也无法看透。珍惜现在，走过了就不要后悔；淡然完美，看淡了，才有良好的心境。

有些伤痛，挥不去，就学着遗忘；有些过去，忘不了，就藏于心底；有些工作，做不好，就求助别人。只要快乐，就什么都不缺。

与其在乎别人对你的议论，不如努力去做一些让他们羡慕的事情。

人生其实没什么好迷茫的，走得随意一点潇洒一点，反正终点都是定好的，又不用怕迷路。

一个人之所以变得柔软，一定是因为她懂得了理解和宽容。对于自己不曾了解的事情学会了缄默，而不是盲目地批评，哪怕是不同意许多事情，也学会了站在对方的立场上想问题。没有了非此即彼，非黑即白的执拗，学会了打开心胸，不止对现在，也对过去那些曾经难以搁置的顽念，学会了释怀。

如果你知道，那些你所去较真的事，根本就没有人认真过，也许你就能活得坦然点。

我们总是在注意错过太多，却不注意自己拥有多少。

有时候你以为天要塌下来了，其实是自己站歪了。

人生太多的痛苦和不幸，都是因为想要活成"别人那样"，而不是活成"自己这样"。

一件事对你伤害的程度与事情本身没有太多关系，受伤的程度取决于你对事情的态度。重视就重伤，轻视就轻伤，无视就无伤。

无论什么时候，一个人都不应该做自己情绪的奴隶，不应该使一切行动都受制于自己的情绪，而应该反过来控制情绪。无论境况多么糟糕，你应该努力去支配你的环境，把自己从黑暗中拯救出来。

怎样度过人生的低潮期？安静地等待；好好睡觉；锻炼身体，无论何时好的体魄都用得着；和知心的朋友谈天，基本上不发牢骚，主要是回忆快乐的时光；多读书，看一些传记，增长知识，顺带还可以瞧瞧别人倒霉的时候是怎么挺过去的；趁机做家务，把平时忙碌顾不上的活儿都干完。

再大的伤痛，睡一觉就把它忘了。背着昨天追赶明天，会累坏了每一个当下。边走边忘，才能感受到每一个迎面而来的幸福。烦恼不过夜，健忘才幸福。

人生总是在失落中思索、遥望。如果人生没有了忧伤苦恼，没有悲欢离合，那么就是一场空白，一场惨淡。花季的烂漫，雨季的忧伤，随着年轮渐渐淡忘，沉淀于心的，一半是对美好的追求，一半是对残缺的接纳。曾经看不惯，受不了的，如今不过淡然一笑。

山有山的高度，水有水的深度，没必要攀比，每个人都有自己的长处；风有风的自由，云有云的温柔，没必要模仿，每个人都有自己的个性。

不要去猜测别人的心里在想什么，琢磨别人的心思的人从来都不是幸福的人。每个人都应该关注自己的内心的所思所想，如果连这一点都做不到，那是可悲可叹的。

背不动的，要放下；伤不起的，要看淡；想不通的，可以不想；恨不过的，要抚平。人生，就是一个修炼的过程，何必用这一颗不平的心看待人和事，作践了自己，辜负了岁月。

情绪这种东西，非得严加控制不可，一味纵容地自悲自怜，便越来越消沉。

不要对自己太过苛刻，对自己太苛刻的人，只会消耗掉更多让自己幸福的能力。

不要把你的快乐寄托在别人身上。每个人各有自己的生命追寻，这一刻他拉起你的手，下一刻他可能转身而去。无论别人的真心有多少，都没有理由扛起你生命的责任。只有你，才能让你自己真正快乐。

忧伤是一张矫情的脸，面目可憎。既然选择活着，就必定有所承担。那些无所谓的情绪，怎么有资格出席生命的狂欢？

别傻乎乎地让自己有太多想法，想象力只会创造出一个一开始就并不存在的问题。

每个人都会有一段异常艰难的时光，生活的窘迫，工作的失意，学业的压力，爱情的迷茫。挺过来，人生就会豁然开朗；挺不过来，时间也能教会你怎么与它们握手言和，所以你都不必害怕。

这些年看开了许多事情，世间没什么非你不可，也没什么不可失去。愿意留下来的就好好相处；想要远走的，就挥挥手说声抱歉恕不远送。好好做事，努力挣钱，学会负起该有的责任，也学会摒弃不必要的负担。

有些事想不通，就不去想；有些人猜不透，就不去猜；有些理悟不透，就不去悟；有些路走不通，就不去走。

从以前到现在，我都很羡慕、敬佩那些会交际、会应酬的人，一直学不会或不自在，常让自己很自责。现在想想，好像这样也还不坏，至少比在人群散尽、灯光暗淡、杯盘狼藉的时刻，发现现场只剩一个疲惫、孤单、空虚的自己好多了。

无论你多么努力地让自己做到完美，始终有一群人在背地里指着你的背影比比划划。不需要跟谁对骂或者抽谁一嘴巴，他们未必是坏人，只是看不懂你的活法。

几乎所有的失去，都是从害怕失去开始的。而几乎所有的得到，都是从失去开始的。

我们必须勇敢地面对可怕的事情，因为我们不可能逃避它们。越早忘记它们，就能越早渡过这一关；越早对自己说，"是的，事情已经发生。"就能越早开始新的生活。

心小了，所有的小事就大了；心大了，所有的大事都小了。

错过了漂亮，你还拥有健康；错过了健康，你还拥有智慧；错过了智慧，你还拥有善良。错过了财富，你还拥有安逸；错过了安逸，你还拥有自由；错过了自由，你还拥有人格。

以前我总是习惯焦虑，每次都期望有人指明我要走的路，可人终究是孤独的，每个人的人生都有别人参与，却都要自己完成。现在我已经学会面对和接受孤独，即使伤疤没磨炼得足够硬实，也不再依赖别人给的铠甲。

行动是打败焦虑的最好办法，当你不知道该做什么的时候，就把手头的每件小事做好；当你不知道怎么开始时，就把离你最近的事情做好。

是你太敏感，敏感到自以为是，敏感到以为全世界都在盯着你，所以你让自己活得疲倦，活得做作，其实真正在意你的人没几个。

接受一切，悲剧就消失了。或者，至少悲剧变得不那么沉重了。而你就在那里，在这个世界无拘无束地前进。

没有力气再往前走，也没有余地往后退，原地踏步又心有不甘，这就是所谓的焦虑。

不要因为他人的怀疑，而给自己烦恼；也不要因为他人的无知，而痛苦了你自己。

那么多自己过的日子都过来了，怕什么，总会有人把剩下的所有节日一个不落地陪你过完。

没人能让所有人满意，所以让你自己和中意的人满意就可以了。你所判定的一切，也许就是你自己内心的投影。人生就是一个不断接纳和抛弃的过程，就是一段迎接冷眼嘲笑孤独前行的旅途。

一个人的自愈的能力越强，才越有可能接近幸福。成为一个寡言，却心有一片海的人，不伤人害己，于淡泊中，平和自在。

实在放不下的时候，去趟重症病房或者墓地，你容易明白，你已经得到了太多，再要就是贪婪。时间太少，好玩儿的事儿太多，从尊重生命的角度，不必纠缠。

当你偶尔发现语言变得无力时，不妨安静下来，让沉默替你发声。

如何应对负面情绪？可以听歌，也可以看书。孤独无助时，不要逃避，也不要立马找人倾诉。静下来是最好的办法，如果连音乐和书都无法让你静下来，就去洗把脸想想初衷，你一定能想起自己是谁，这就是我的答案。如果以上都无效的话，那就去跑步，漫漫长路会告诉你答案。

真正的智慧是接纳，外不起分别，内不生对立；不与天斗，不与人争，不和自己闹别扭。

向往天上的行云，青草边的流水，羡慕它们的自然安详，和谐静谧。生活就应如行云流水般顺其自然，生活中点滴的残缺，并不影响人生的旅途，"花自飘零水自流"，人生本不完美，又何必庸人自扰。

镜子很脏的时候，我们并不会误以为是自己的脸脏；那为什么别人随口说出糟糕的话时，我们要觉得糟糕的是我们自己？

别让那些不重要的事来影响你，从而让你失去那些真正重要的东西。

心简单，世界就简单，幸福才会生长；心自由，生活就自由，到哪都有快乐。

一个人的不幸，是从羡慕别人开始的。若你总是试图变成想象中的某个人，难题就来了。

人之所以累，是因为越来越不会做真正的自己。要知道，上天给你这样的一份生活，自有它的道理。把自己的日子过好，就是幸福唯一的捷径。

人生最大的突破之一：不再为别人的看法而担忧。

不要为旧的悲伤，浪费新的眼泪。不要为离开的过客，堵塞未来的道路。

不管天气怎样，给自己的世界一片晴朗；不管季节变换，让自己的内心鸟语花香。

以前总认为坚持会让我们变强大，长大后发现，让我们强大的，是放下。

对自己好，就要用心；对别人好，就要关心。看别人，烦恼起；看自己，智慧生。体谅别人，就会做人；清楚自己，就会做事。人经不起考验，故不要轻易考验于人。

我们最重要的不是去计较真与伪、得与失、名与利、贵与贱、富与贫，而是如何好好地快乐度日，并从中发现生活的诗意。

不必太纠结于当下，也不必太忧虑未来，当你经历过一些事情的时候，眼前的风景已经和从前不一样了。

凡事随缘，不攀缘，境来不拒，境去不留。不执着于一念，舍得放下，适时放下，才能还原生活的安详。体验了失误，才会更好地选择；体验了失败，才会更好地把握；体验了失去，才会更好地珍惜。只有体验过了，才真正懂得，没有什么是不可以割舍，不可以放下的。

不要强调自己多么重要，受了多少委屈，也不要一心想着去改变个人的屈辱，我们应该努力去理解并且欣赏自己本质上的微不足道。

心若计较，处处都是怨言；心若放宽，时时都是晴天。

不要杞人忧天。烦恼并不会减少明天的负担，却会失去今天的快乐。

做什么事、说什么话，都太在乎别人的感受，等于为别人活着，只要把自己做好，别自私、别自大就可以，不要把自己神话了，其实，你照顾不了所有人的感受，你只会让自己不好受。

这个世界，总有你不喜欢的人，也总有人不喜欢你。这都很正常。而且，无论你有多好，也无论对方有多好，都苛求彼此不得。因为，好不好是一回事，喜欢不喜欢是另一回事。

别再为失去的什么而沮丧，你失去了，别人才有机会遇见，别人失去了，你才有机会拥有，真正属于你的，永远不会离开。

即使遭遇了人间最大的不幸，那么能够解决一切困难的前提是——活着。只有活着，才有希望。无论多么痛苦、多么悲伤，只要能够努力地活下去，那一切都会好起来。

一道幸福之门关闭时，另一道就会打开。我们经常盯着关闭的门，对开启的门却视若无睹。

出现不顺心的事情，不要心怀不满、怨气冲天，也不必耿耿于怀、一蹶不振，是福是祸都得面对，是好是坏都会过去。

道理都懂，但该怨的还是会怨，该骂的还是会骂，该哭的也还是会哭，毕竟心里的难受不是道理所能释怀的。

凡能说透的东西，基本也就是释怀了，要知道，心结是说不清楚的，甚至说不出口。

人生若不往前看也不往后看，只是活在当下，就什么烦恼也没有，有时候我们觉得活得太累，只是因为想得太多。

人还是要保持因生活细碎而满足的能力，比如品尝久违的美食、重温熟悉的街角、买到钟意的裙子、感知温柔的刹那，这些看似鸡零狗碎的生活碎片却是通向快乐星球的秘密隧道。

要给所有坏情绪都贴上一个"都会过去的"标签。

与其说是别人让你痛苦，不如说自己的修养不够。

删除一些难过，才能容纳更多快乐。

一无所有，是无限拥有的开始。

岁月漫长，不慌不忙也无妨。

人生就像一杯茶，不会苦一辈子，但总会苦一阵子。

偶尔想不开的时候，应该就是快乐在加载。

人的内心不种满鲜花，就会长满杂草。

每天吃一点甜品，这样日子就可以一直甜下去了。

心里的绳结越用力栓得越紧，只有那些被温柔对待过的人，才能轻柔地打开。

放不下的执念，时光会为你风轻云淡。

喜欢花不一定要摘下，喜欢风不一定要带回家。人要学会跟不属于自己的东西告别。

人生就是这样，百转千回后，你就渐渐学会了背对着人群哭，转过身微笑，学会了将心事不动声色地尘封和隐藏，有些过往，要用坚强来支撑。

已经失去的东西，就不要惦记了，在惦记的过程中会失去更多。

与其匆忙赶落日，不如等待满天繁星。

当一个人踮起脚尖靠近太阳的时候，全世界都挡不住他的光。

没事，只不过是恢复原状罢了，我本来就是一无所有的。

半路下车的人很多，不必耿耿于怀。

茶要泡开才好喝，人要想开才好过。

我决定不再纠结一些事，或许我懂了，又或许我不想再懂了。

喜欢导航软件里的一句话：您已偏离路线，请在合适的位置掉头。

走到今天的我们，早该拔掉了身上的刺，再也不是那个一不开心就大吵大闹、争论不休的孩子，而应该喜怒不形于色，用更广阔的胸襟包容一切。

快乐你别嫌小，一个小，两个加起来，三个加起来，你加到一百试试？快乐就大了。

所有事情到最后都会变好，如果没有变好，那是因为还没到最后。

那些折磨你的，往往不是某个人某件事，而是你自己的内心。学会和自己和解的人，懂得随时清零的人，往往活得都比较精致。

疯狂收集每一个快乐的瞬间，用它们回击每一个糟糕的日子。

无论你觉得自己多么了不起，也永远有人比你更强；无论你觉得自己有多么不幸，永远有人比你更加不幸。

心若被困，天下处处是牢笼；心之所安，矮瓦斗室也是人间天堂。若把心中的杂念，诸如贪嗔痴怨爱恨情仇统抛却脑后，世界便自然而然澄清空明，人生也如清风明月般清丽明朗，正所谓一念放下，万般自在。

"我有一个好消息和一个坏消息你想先听哪一个啊？"

"我能不能只听好消息啊？"

"那怎么行，那你怎么能体会跌宕起伏的人生啊。"

为人最难的是糊涂，最怕的是较真。凡事都要斤斤计较，还有什么快乐可言呢？

尚未被生活磨平棱角的天真，是人生中宝贵的礼物。释怀不只是告别过去，更是迎接更美好的未来。

当我习惯了波澜不惊，内心的柔软早已成了茧。

不为过去和将来忧虑，当下才是你仰望星空的地方。

如果很多人都不看好你，也不必垂头丧气，没必要跟他们较劲而毁掉了自己的计划，活着不是为了证明谁对谁错，而是要在这个有限的时间里，把自己想要经历的东西，尽量全部去经历一下。

世界越是浮躁，人心就越要平静。当一个人静下来，整个世界都会为他让路。

不害怕改变，才是给自己最好的安全感，当无法改变境遇的时候，我们可以改变的就是面对它的态度，若是有无惧改变的决心，无论什么年龄、处于什么样的环境，都有机会迎来成长的惊喜。

山有顶峰，湖有彼岸，在人生漫漫长途中，万物皆有回转。当我们觉着余味苦涩时请你相信，一切终有回甘。

只有不回避痛苦和迷茫的人，才有资格去谈论乐观与坚定。命运不会厚待谁，悲喜也不会单为谁准备。

心本来就不大，别什么都装进去。对昨天纠结不放，是对今天和明天的亵渎。

今天再大的事，到了明天就是小事；今年再大的事，到了明年就是故事；今生再大的事，到了来世就是传说。人生如行路，一路艰辛，一路风景。

人生有多少计较，就有多少痛苦；有多少宽容，就有多少欢乐。痛苦与欢乐都是心灵的折射，就像镜子里面有什么，决定于镜子面前的事物。

不用担心"暂时落后"，不必恐慌"一无所有"。人生的路曲折且漫长，偶尔堵车很正常，就像导航软件里提示的那样：前方道路拥堵，但你仍然在最佳路线上。

埋怨这个抱怨那个，自己源源不断产出负能量，犹如一堵墙，将好运、福气统统隔绝自身之外。长此下去，只会让事业不顺、亲友疏远，让自己在内耗中不断地挣扎。

精神内耗，说白了就是自己内心戏太多了：
言未出，结局已演千万遍；
身未动，心中已经万重山；
行未果，假象苦难愁不展；
事已毕，过往仍在脑中演。

我们这一生，如果能逃过天灾，躲过战乱，不遇坏人，不生大病，就已经非常非常幸运了。如果还能家庭和睦，收入稳定，爱人相守，友谊长存，那就真要感谢老天爷。

拥有松弛感的三个要领：
1. 学会接纳：我们在生活中遭遇不顺的时候，总认为它不该发生，就容易陷入纠结。如果转个念头，把它当作人生的一种经历，不顺就变成了礼物。
2. 学会拒绝：勇敢地说"不"，才能更加充分了解自己的边界，自洽地做出一些选择和决定，松弛面对自己和他人。
3. 学会消解：可以接受自己的负面情绪，并恰当地表达情绪，而不是带着情绪化去表达。

这一路走来，我放弃了那种非要让大部分人爱上我的努力，并学会去赏识、珍视那些真正对我有兴趣的人。

不要总拿自己跟别人比，你羡慕别人瘦，别人还羡慕你肠胃好，你羡慕别人有钱，别人还羡慕没人找你借钱。

烦恼的原因是或者没学问，或者没

修养，或者没有钱。

人生需要准备的，不是昂贵的茶，而是喝茶的心情。

保持快乐的三个秘诀：
1. 无所谓；
2. 没必要；
3. 不至于。

说直白点就是：关你什么事，关我什么事，你懂什么。

为什么要替别人考虑，我还没见过几个人为我考虑过。

看透后，一半是理解，一半是算了。

除了生病以外，所有的痛苦，都是价值观带来的。

日落是免费的，春夏秋冬也是，不要觉得人生那么无望，希望你快乐。

成年人大部分的不快乐，要么源于比较，要么源于欲望。

人生是用来体验的，而不是用来演绎完美的，慢慢接受自己的愚钝和平庸，允许自己偶尔出错和断电，带着遗憾拼命地绽放，这是与自己达成和解的更好办法。不要总是抓着过去不放，无谓地消耗自己，放下焦虑吧，去拥抱那个不完美的自己。

世界和生活从不慌张，慌张的是被世界和生活押解着的每一个人。

我想当一个诗人的时候，我就失去了诗，我想当一个人的时候，我就失去了我自己。在你什么也不想要的时候，一切如期而来。

人生唯一的真相就是，只有你自己才能决定自己的人生。你才是你自己人生航行的舵和帆。忠于时光、忠于内心，才能够获得心灵的自由，也才能邂逅别人看不到的光景。

不要期待过多，对生活中的小事心存感激。

一星陨落，黯淡不了星空灿烂；一花凋落，荒芜不了整个春天。

别在树下徘徊，别在雨中沉思，别在黑暗中落泪。向前看，不要回头，只要你勇于面对，抬起头来就会发现，此刻的阴霾不过是短暂的雨季。向前看，还有一片明亮的天，不会使人感到彷徨。

永远不要去责怪在你生命中出现的任何一个人，因为好的人给了你快乐；坏的人给了你经历；最差的人给了你教训；最好的人给了你回忆。每一个人的出现都有它的原因，每一段经历都值得感激。

岁月本长，而忙者自促；
天地本宽，而鄙者自隘；
风花雪月本闲，而扰攘者自冗。

活得糊涂的人，容易幸福；活得清

醒的人，容易烦恼。这是因为，清醒的人看得太真切，一较真儿，生活中便烦恼遍布；而糊涂的人，计较得少，虽然活得简单粗糙，却因此觅得了人生的大境界。

人有一种坏习惯，记得住倒霉，记不住走运，这实在有失厚道，是对神明的不公。

我们，不要去羡慕别人所拥有的幸福。你以为你没有的，可能在来的路上，你以为他拥有的，可能在去的途中……有的人对你好，是因为你对他好。有的人对你好，是因为懂得你的好。

不那么好过的日子里，要学会每天给自己找一个开心的理由，哪怕只是阳光很暖，电量很满。

该来的总会来，该走的留不住，人生本没有如果，只有后果和结果，无论何时，都要具备用微笑面对一切的能力，无论何时，别忘记微笑的魔力。

车站有两个地方最感人：一个入口，一个出口。一个是不想让你走，一个是等你回来。

不乱于心，不困于情，不畏将来，不念过往。如此，安好。

不管你过得怎么样，都不要一副悲哀的样子，不要逢人就诉说自己多可怜，过得好不好，始终是靠自己，没人会帮你，别人只是同情，连感同身受都难。

有些人看起来整天面带笑容，并不是因为他们事事顺利，只是他们比你敢于面对问题、善于遗忘不幸、勇于拥抱欣喜。

别努力得那么苛刻：比变好更好的方式是慢慢变好，比瘦更好的方式是健康地瘦，比多读书更好的阅读是有选择地读，比结婚更重要的事情是遇到合适的人。

幸福的秘诀不在于拥有多少必需的东西，而在于能从不需要的物件中获得多少自由。寻求幸福的方法就在我们心中。需要一个，就只拿一个。拿了两个，连最初拥有的感动也会失去。

昨天越来越多，明天越来越少。走过的路长了，遇见的人多了，不经意间发现，人生最曼妙的风景是内心的淡定与从容，头脑的睿智与清醒。

所谓累，一半源于生存，一半来自攀比。很多时候我们不是为自己活着，而是为"面子"而活。人的烦恼，多数并非缺少什么而不满足，而是因为"别人比自己好"的不平衡。

获得幸福的不二法门是珍视你所拥有的、遗忘你所没有的。

哲人无忧，智者常乐。并不是因为所爱的一切他都拥有了，而是所拥有的一切他都爱。

人这一生，没有一味的苦，没有永远的痛；没有迈不过的坎儿，没有闯不过的关。

寒冷到了极致时，太阳就要光临。

别太在乎别人的评价，懂你的，不用解释，不懂你的，解释也没用。

努力地工作，就像不苛求回报一样；真诚地去爱，就像从来没有受过伤害一样；投入地跳舞，就像没有人在一旁看着你一样。这样的生活，肯定可以给你带来快乐。

在一切变好之前，我们总要经历一些不开心的日子，这段日子也许很长，也许只是一觉醒来。

天气影响身体，身体决定思想，思想左右心情。

不是某人使你烦恼，而是你拿某人的言行来烦恼自己。

有时候，受了委屈，本来不想哭，可是只要别人一问你怎么了，就会忍不住地流眼泪。

我的房间很小，我就把窗户开得很大；

我的情感很重，我就把诺言许得很轻；

我的往昔很空，我就把今天填得很满；

我的喜悦很少，我就把笑容积得很多。

灯会一盏一盏亮起来，路会一点一点走平坦，手中的花也会一朵接一朵地绽开，不要太着急，人生的好运正在慢慢来。

请爱上照顾自己的感觉，把你的幸福置于一切之上。这是你的生活，所以不要担心"他们"会说什么。

理想的生活状态：
良心无愧、身体无病、胸中无累、肩上无债。

枕头要经常晒，因为里面装满了心酸的泪和发霉的梦。

只要春天不死，就会有迎春的花朵年年岁岁开放。

如果想征服生命中的焦虑，活在当下，活在每一个呼吸里。

一个人有几十万亿个细胞，不断地代谢，它们只为你而活着，你还有什么理由难过？

没有目标也无妨。认真过好此时此刻，这本身就是跳舞。不要把人生弄得太深刻。

如果我是那张不及格的试卷，我很想看看标准答案，可后来我才知道，我只是拿错了考卷，其实我可以满分。

耳机线就像是输液管，听音乐的时候很像生病打点滴，是一个治愈的过程。

不要因为睡懒觉而感到自责，因为你起来也创造不了什么价值。你能在浪费时间中获得乐趣，就不是浪费时间。

折磨你的从来都不是任何人的情绪，而是你心存幻想的期待。世界万物都在治愈你，唯独你不肯放过你自己。

如果一个人影响到你的情绪，你的焦点应该放到控制自己情绪上，而不是影响你的那个人上。

时间在不断筛选身边的人和事，当你什么都不在乎的时候，人生才刚刚开始。

世界上的事往往不那么称心，称心的不如意，如意的又不太称心，既称心又如意的情况是少之又少。

人生最终的价值在于觉醒和思考的能力，而不在于生存能力。

凡是你想控制的，其实都控制了你。当你什么都不想要的时候，天地都是你的。

我站在一楼，有人骂我，我听到了很生气。我站在十楼有人骂我，我听不太清楚，我还以为他在和我打招呼。我站在一百楼有人骂我，我根本看不见，也听不见。一个人之所以会痛苦，是因为他没有高度。高度不够，看到的都是问题，格局太小，纠结的都是鸡毛蒜皮。

一个女人最重要的能力，不是你把自己打扮得多漂亮，也不是你挣钱有多厉害，而是无论发生任何事情，你都有快乐起来的能力。

人要学会放下，放下是一种饶人的善良，也是饶过自己的智慧。

人最顶级的能力是屏蔽力，任何消耗你的人和事，多看一眼都是你的不对。

接受全部的现实，接受当时的自己实际上没有可能做得更好的现实。一个已经"做到了当时所能做得最好"的自己，不应该被后来的自己反复责怪。

祝你逃出苦难，向春山。

"未来"扑面而来，我们终将释怀。

七、眷恋人间

（祝你历遍山河，依然觉得人间值得。）

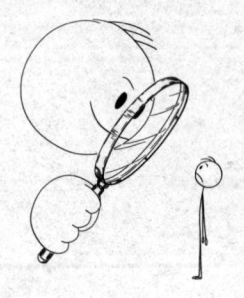

◎ 你尽管善良，一切美好都在路上！

◎ 被人惦念的滋味，是如此让人受宠若惊。

◎ 幸福可以超简单：有人爱；有事做；有所期待。

你尽管善良，一切美好都在路上！

为天地立心，为生民立命，为往圣继绝学，为万世开太平。

自然中的好东西都是缓慢的，太阳一点点升起，花儿一朵朵开，粮食成熟，细水长流，这些东西都是慢慢来的。相反，那些骤然的都是灾难。所以别太着急了，只要定好目标，做好眼前的事，总有一天会发现想要的已经来了。

幸福充实的人生，无非就是吃着碗里的，看着碗里的，千万别惦记锅里的。

找到一个喜欢一辈子的兴趣，它将陪伴你度过那些孤独的岁月。这个兴趣无关大小，能值得你喜欢一辈子，就足以证明它的价值。

永远不要以伤害自身的方式证明自己的清白，不要陷入自证陷阱，他人爱信不信。

时间改变着一切，一切改变着我们。原先看不惯的，如今习惯了；曾经很想要的，现在不需要了；开始很执着的，后来很洒脱了。

人的上半生，要不犹豫；人的下半生，要不后悔。

别用下辈子安慰我，我只求这辈子能好过。

请你不要离开，这里胜似花开，没有人会去涂改梦境中的色彩。

言慢者贵，性柔者富，德厚者旺。允许自己做自己，允许别人做别人。

山水有相逢，来日皆可期。

世上最美好的事莫过于：我长大，您未老；我有能力报答，您仍然健康。

够用是富，不求是贵，少病是寿，

淡泊是福，知足是乐。

优质的生活，就是能够做到断舍离。断掉往事的纠缠，才能有更好的开始；舍弃错误的坚持，才能找到正确的方向；离开不懂珍惜的人，才能遇到可以共度余生的人。

无论世界是否待你温柔，请保持住你的善良，好运会与你不期而遇。

不管昨晚你是多么泣不成声，伤心欲绝，早晨醒来城市依旧车水马龙。

人生即一场相遇，即使错过也不深究，珍惜安好。

想念小时候，那时对我们来说，人生最艰难的决定，只是到底要用哪支蜡笔。

幸福不是终点，而是旅程的途中。

这个世界上没有人有义务对你好，所以你应该这样想，那些冷漠和刻薄是理所当然，那些温柔相待才更应该珍惜。

一个人真正值得炫耀的东西，是善良，是教养，是包容，是见过世面的涵养。向阳而生，努力向上，做一个温暖的人，不卑不亢，清澈善良。

相信别人，感受他人的爱，同时给予他人爱。

多希望死亡只是身上的一个按钮，一按即去，不痛不痒。

离别与重逢，是人生不停上演的戏，习惯了，也就不再悲怆。

但行好事，莫问前程，福虽未至，祸已远离。

一个家庭最好的风水：穷不怪父，孝不比兄，苦不责妻，气不凶子。

那些我们以为永远都不会忘记的事情，就在我们念念不忘的过程中，被我们忘记了。

别把眼光停留在想象中，你拥有的，都是你的幸福。

幸福是一个原始花园，无需门票也没有栏栅，真诚的微笑是它的源泉，简单的环境充满空间。幸福离你并不遥远，丢掉浮躁你就能沉醉其间。

一个人若是只为自己努力，就太寂寞了。若是有一个你在乎的人在看，那才不枉此生。

茶喝三道：
第一道，苦若生命；
第二道，甜似爱情；
第三道，淡若轻风。

如果我们都是孩子，就可以留在时光的原地，坐在一起一边听那些永不老去的故事一边慢慢皓首。

许多念念不忘是一瞬，而许多一瞬

却念念不忘。

被人惦念的滋味，是如此让人受宠若惊。

世界上最好的感觉，就是知道有人在想你。

请把阳光穿在心上，让泉水泻在心底。

从今天起，努力去做一个可爱的人，不羡慕谁，也不埋怨谁，在自己的道路上，欣赏自己的风景，遇见自己的幸福。

仙人掌，一生注定就是要守护沙漠的。

有一天，蝴蝶变成了花，不用再不停地飞翔表明自己的自由，平淡安静地留守，也是一种幸福的忧愁。

幸福太少，因为我们想要的太多。越简单的生活和日子，越会有幸福的味道，越容易品味到快乐的真谛。

我们要惜福，要珍惜每一份友情与爱情，还有更为重要的亲情。

母亲给儿子东西的时候，儿子笑了；儿子给母亲东西的时候，母亲哭了。

那些繁华哀伤终成过往，请不要失望，平凡是为了最美的荡气回肠。

世间事，除了生死，哪一桩不是闲事？

人一入世就带着一个谜团，若不能勘破，就得不停地穿越。翻过一层层的自我，从精神的雾障中寻找突破，才能看清繁华确实是一缕烟般的存在。

翻开岁月的扉页，每一道风景都在滋养着花香，温暖，一点点在指尖蔓延。

从今天开始，去做喜欢的事情，去爱最亲近的人，想笑就大笑，想哭就痛哭，不再束缚情感的空间，让自己活得轻松些。

过去的已经一去不复返了，再怎么悔恨也无济于事。未来的还是可望而不可即，再怎么忧虑也是会空悲伤的。今天心、今日事和现在人却是实实在在的，也是感觉美好的。

许多个不经意的偶然，会随着岁月的流逝而被世人所遗忘，这一切却为未来埋下伏笔，在某个不经意间绽放开来。

一个人最好的生活状态，是该看书时看书，该玩时尽情玩，看见优秀的人懂得欣赏，看到落魄的人也不轻视，有自己的小生活和小情趣，不用去想改变世界，努力去活出自己。

人生需要一些风情点缀的。就是我们的灵魂总要一点历史的问候，一些诗意的触摸，一些自然的慰藉。

尽己力，听天命。无愧于心，不惑

于情。顺势而为，随遇而安。在喜欢自己的人身上用心，在不喜欢自己的人身上健忘。如此一生，甚好。

有一种思念，是淡淡的幸福；
有一种幸福，是常常的牵挂；
有一种牵挂，是远远的欣赏。

青春，是与七个自己相遇：
一个明媚，一个忧伤，一个华丽，一个冒险，一个倔强，一个柔软，最后那个正在成长。

想着过去的记忆，品着现在的心酸，念着未来的坎坷。

躲在某一时间，想念一段时光的掌纹；躲在某一地点，想念一个站在来路也站在去路的，让我牵挂的人。

那些刻意强求的东西，或许我们一辈子都得不到，而那些不曾被期待的东西往往会在淡泊从容中不期而至。生命放达，内心自由，首先就要拥有一颗安闲自在的心。

岁月中跋涉，每个人都有自己的故事，看淡心境才会秀丽，看开心情才会明媚。累时歇一歇，随清风漫舞，烦时静一静，与花草凝眸，急时缓一缓，和自己微笑。

人与人相处，更多的是需要彼此之间的一份理解，一种信任。凡事多向积极的一面靠拢，就会感觉生活并不像我们想象中的那么糟糕。对待别人多一份宽容，就会发现这样的人生会多一份惊喜在等着自己。

当心真的在疼，眼泪快要流下来的时候，那就赶快抬头看看，这片曾属于我们的天空；当天依旧那么广阔，云依旧那么潇洒，那就不应该哭。

曾经拥有的，不要忘记；
不能得到的，更要珍惜；
属于自己的，不要放弃；
已经失去的，留作回忆。

再烦，也别忘微笑；
再苦，也别忘坚持；
再累，也别忘爱惜自己。

学会寻找快乐，并将这种快乐充实在自己生活的不同阶段，即使你什么都没有，只要拥有快乐，就是这个世界上最富有的人。

其实我们都不需要太多，孤单时有人陪伴，无助时有人帮助，落泪时有人心疼。四季冷暖，有人叮咛你加衣；生活劳碌，有人嘱咐你休息。于心灵是一种温暖，于生命是一种感动。

路过风和雨，才知道不弃的是深爱；经历荣与衰，才懂得不变的是真情；走过一段路，经历一些事，才能真正看清一些人；患难时，读懂了人情冷暖；平淡中，体会到缘分善变；时间，会沉淀真挚的情感；风雨，会历练值得珍惜的情缘。

人生四季，寒暑交替，静心体味生活的悲与喜，笑看起起落落。

我们要学会珍惜我们生活的每一天。因为，这每一天的开始，都将是我们余下生命之中的第一天，除非我们即将死去。

人不必太美，只要有人深爱。人不必太富，只要过得温暖。

不要等到了一个笑容，才面露慈善；不要等到被爱了，才去爱；不要等到寂寞了，才明白朋友的价值；不要等到一份最好的工作，才要开始工作；不要等到拥有许多，才开始分享；不要等到别人受伤了，才乞求原谅；不要等分开了，才想要挽回。不要等待，因为，人不知道等待需要花费多长的时间。

人的理性粉碎了迷信，而人的感情也将摧毁利己主义。

回忆像笼着轻纱的梦，只能隔着轻纱远远观望它，美好而又朦胧。

人们总是挂念情爱太多，挂念亲恩太少，前者如一餐美食，一场盛宴，撩拨着浓浓的欲望，让人忘情投入，欲休难止；而后者如同身边氧气，时刻滋养我们，无声无息，却总是被忽略遗忘。欲望会让你得到最想要的，也会失去最重要的，回首总已迟。

一捧幸福的阳光，不仅仅是一片温暖，更是心灵的磨合剂；一捧幸福的阳光，不仅仅是一片普照，更是一次心灵的对话；一捧幸福的阳光，不仅仅是一片晴天，更是一件完美事情的开始。

裘衣白马，长剑短笛，诗文直抒胸臆，方是书生意气。

无处安放的记忆，在浮华深处，被盛世喧嚣湮没了清浅的足迹，重重叠叠的梦，夜夜在枕边潮湿缱绻。有时候，眼泪也是一种无法言说的幸福。

虽然岁月磨平了我们的棱角，内心住着的那个小孩还是不想长大。接受自己原本的样子，比努力扮演另一个人轻松多了。

永远别去羡慕别人的生活，即使那个人看起来快乐富足。永远不要去评价别人是否幸福，即使那个人看起来孤独无助。幸福如人饮水，冷暖自知。你不是我，怎知我走过的路和心中的乐与苦。

希望你全心全意爱别人的时候，也能想起一下自己。

人一辈子，走走瞧瞧，吃吃喝喝，不生病，就是福气。如果能遇到自己爱也爱自己的人，再发点小财，就是天大的福气。

不要让期望你的人，等待太久；
不要让嘲笑你的人，得意太久；
不要让疼爱你的人，失望太久。

最好的生活状态：白天可以有说有笑，晚上还能睡个好觉。

人生不过是午后到黄昏的距离，茶凉言尽，月上柳梢。

从马尾到卷发，从衬衫到长裙，从帆布到高跟，从素颜到淡妆，从青涩到成熟，青春也就这么长。

这世上肯定有某个角落，存在着能完全领会我想表达的意思的人。

最喜欢晚上下雨，把窗帘一拉，屋里只开一盏灯，洗完澡躺在床上，拽一条毯子，看电影，什么也不想。外面是冰冷的雨，屋内是静谧的温暖，看完电影，缩进被窝睡觉，一夜好眠。

时间在走，年龄在长。懂得的多了，看透的多了，快乐越来越少了。我怀念那些年，未来遥远得没有形状，我们单纯得没有烦恼。

人的一生，都有一些说不出的秘密，挽不回的遗憾，触不到的梦想以及忘不了的爱。

学会与自己作伴：不必为了顺从别人或讨好别人而扭曲自己。

在时代和个人得种种不幸中，有人却看到了生活的种种幸福。酸甜苦辣是食物的味道，喜怒哀乐是生活的味道。

人生八种恩，许多人做不到：一、生养之恩。二、援助之恩。三、救急之恩。四、引路之恩。五、知遇之恩。六、知己之恩。七、相守之恩。八、陪伴之恩。

多少难熬的我都熬过去了，如今的我不闻不问、不痛不痒，又凭什么不快乐？

希望成为那种即使再孤单、生活再坎坷、不管天晴天阴、不管有无人爱都会眷恋着夕阳和晨光，捕捉生活美好瞬间的人。

要是无法讨好这个世界，那就首先讨好自己吧。别等憔悴了才知道要对自己好。讨自己欢心，永远不会太早和太迟。

好好珍惜那个每天和你说早安的人，不是谁刚睁眼都能想到你。

可不可以有一个人，可以看穿我的逞强，可以保护我的脆弱。

有些人是会一直刻在记忆里的，即使忘记了他的声音，忘记了他的笑容，忘记了他的脸，可每当想起他时的那种感受，是永远都不会改变的。

无论在飘雪的北方，还是在渐寒的江南，只要生命中还有一轮朝阳，内心就不会结冰，灵魂便依旧春意盎然。

凡世的喧嚣和明亮，世俗的快乐和幸福，如同清亮的溪涧，在风里，在我眼前，汩汩而过，温暖如同泉水一样涌出来，我没有奢望，我只要你快乐，不要哀伤。

及时采撷你的花蕾，旧时光一去不回。今天尚在微笑的花朵，明日便在风中枯萎。

我落日般的忧伤就像惆怅的飞鸟，惆怅的飞鸟飞成我落日般的忧伤。

地球之所以是圆的，是因为上天想让那些走失或迷路的人重新相遇。

大提琴的声音就像一条河，左岸是我无法忘却的回忆，右岸是我值得紧握的璀璨年华，中间流淌的，是我年年岁岁淡淡的感伤。

捧几把阳光洗洗脸，挤一节朝露刷刷牙；盛一碗蓝天作早餐，摘几叶空气泡泡茶。

山高，路迢，我在寻找，寻找一方乐土，了却一段飘摇。水寒，风萧，我在苦笑，苦笑今日因缘，困惑际遇蹊跷。夏日的夜空，有颗流星在动，那是游子，不是归人。午夜里的城，无息无声，那不是安睡，是入梦。

岁月像一个迷惘的梦，我们在梦里还是梦外有时都难解难分；岁月像一把无情的刀刃，每个人的脸上都会被刻下痕迹；岁月又像求知的眼神，我们在眼神里慢慢看懂了人生。

没有你，没有谁，留下的尽是一切的美；不曾远行，不曾高飞，来去仅此轻轻一回。不求谁懂，无需人陪，难得是深深自醉；莫究是非，莫论错对，毕竟已心中无悔。汝非鱼，焉得鱼之乐；君非偶，安知偶心扉。世态泱泱，万千感慨无罪；红尘滚滚，无数风云成灰。

幸福可以超简单：有人爱；有事做；有所期待。

总有一天，我也会变老，时间掩盖了我的热情，吞噬了我的纯真，收回了我的童趣，可它抹不去我的快乐，我的愿望是：现在当个快乐的女孩，中年时当个快乐的阿姨，老年时当个快乐的老太婆。总之，拥有快乐的一生。

在这个光怪陆离的人间，没有谁可以将日子过得行云流水。时间永远是旁观者，所有的过程和结果，都需要我们自己承担。

许多时候，我们说放下了，其实并没有真的放下，我们只是假装很幸福，然后在寂静的角落里孤独地抚摸伤痕。

想念一个人，不一定要听到他的声音。听到了他的声音，也许就是另一回事。想象中的一切，往往比现实稍微美好一点。想念中的那个人，也比现实稍微温暖一点。思念好像是很遥远的一回事，有时却偏偏比现实亲近一点。

最好的人，像孩子一样真诚，像夕阳一样温暖，像天空一样宁静。

最先道歉的人最勇敢，最先原谅的人最坚强，最先释怀的人最幸福。

家是一间可以遮风挡雨的房子，一盏永远为你守候的灯光，一个充满烟火气息的厨房，一张摆满家人亲手做的饭菜的餐桌。

有一种强大叫简单，强大到谁都无法破坏内心的纯粹。

读书和旅行一样，都是在别人的世界里，寻找自己。

梦想是自由的，但是实现梦想，度过幸福一生的人少之又少。因此，绝大部分没有那么幸运的人，要么伤心地长吁短叹，要么沉醉于悲伤中，要么草草地了结一生，要么笑着搪塞过去，要么将错就错走向犯罪，不论走哪条路都是前途渺茫。

专注于那些好的、向上的、积极的、真心关怀自己的，而不是相反的那些。对后者忽略、遗忘、置之一笑。

人不应该是插在花瓶里供人观赏的静物，而应该是蔓延在草原上随风起舞的韵律。生命不是安排，而是追求，人生的意义也许永远没有答案，也要尽情感受这种没有答案的人生。

一切都会过去，明天各人又将各奔前程。生命无所谓长短，无所谓欢乐哀愁，无所谓爱恨得失。一切都要过去，像那些花，那些流水。

青春总有很多东西无法挽留，比如走远的时光，比如枯萎的情感；总有很多东西难以割舍，比如追逐的梦想，比如心中的喜爱；面对前进道路上的未知因素，路走不通的时候，不要眷恋已逝的风景，不要回望来时的行程，失败了一件事，总有一扇门还在为你的梦想打开。

人的一生需要面临许多选择，还有懂得选择。友不在多，投缘为好；人不在众，志同为佳。跟有正能量的人交往，即便放低姿态；跟品格优秀的人交往，抱一颗真诚的心。

思念这东西，真的很没道理。不是为了缅怀往事而念念不忘，而是真的念念不忘。

时间是一把刀，它刻下好多伤痕，最终也把我雕成了一朵花，如约绽放。

有些梦境，是不是前生。有些相

识，是不是旧人。有些知遇，是不是因缘所定。有些恩怨，是不是冥冥之中。有些熟悉，是不是曾经相逢。有些感觉，是不是心意相通。有些场景，是不是似曾去过。有些故事，是不是在延续前尘。明明灭灭，一切如幻如梦，飘飘渺渺，终究难解难分。

时间很短，天涯很远。往后的一山一水，一朝一夕，自己安静地走完。倘若不慎走失迷途，跌入水中，也应记得，有一条河流，叫重生。这世上，任何地方，都可以生长；任何去处，都是归宿。那么，别来找我，我亦不去寻你。守着剩下的流年，看一段岁月静好，现世安稳。

人生沉浮，如一盏茶水，苦如茶，香亦如茶。

淡名，淡利，无争，无夺。一切自然，一切脱俗，一切幽美邈远的意境，都是人生的淡雅之美。

享受生活中每一件小事情，因为有一天你回首从前，会发现这些其实都很重要。

我宁愿保持沉默，也不向那些根本不在意我的人诉苦。哭，就畅快淋漓；笑，就随心所欲；玩，就敞开胸怀；爱，就淋漓尽致；人生，何必扭扭捏捏。生活，何苦畏首畏尾。劳累，听听音乐；伤心，侃侃心情；失败，从头再来；一辈子，需要的就是随性。

喜欢一首歌，许多时候不是因为喜欢，只是借一种方式去怀念一个人。

人间的事往往如此，当时提起痛不欲生，几年之后，也不过是一场回忆而已。

戴上耳机，听一首浅吟低唱的情歌，看一场不紧不慢的落雪吧。

远处的霓虹，在地上映出彩色的倒影，撑一把伞，试着看这个世界模糊的姿态。

人在尘世，谁没有艰难，谁没有辛酸，唯一能扛的只有自己的双肩；谁没有错缘，谁没有遗憾，到最后能看清的只有自己的双眼。

别逢人诉说了，没用的，旁人终归是旁人，没几个人真把你的伤当自己的痛处。如果真的有那么个值得倾诉不幸的人，你面对着他，未及开口，已无声哽咽。能够让你不用哭着说出伤痛的人，都是不需要说的人。这一生，陪着

我们一同欢喜的该是身边全部的人,陪着哭的仅一个人就好。

在喜欢你的人那里,去热爱生活;在不喜欢你的人那里,去看清世界。

独乐,是一个人独处时也能欢喜,有心灵与生命的充实;独醒,是不为众乐所迷惑,众人都认为应该过的生活方式,不一定适合我们。

请相信这个世界真的有人在过着你想要的生活,忽晴忽雨的江湖愿你有梦为马,随处可栖。

许多时候你愿意讲给别人听的,大概是那些很想,却再也没有机会告诉以前的自己的话吧。

美丽的梦和美丽的诗一样,都是可遇而不可求的,常常在最没能料到的时刻里出现。

人到了某一个阶段,生活就会开始给你做减法。拿走你的一些朋友,让你知道谁才是真正的朋友;拿走你的一些梦想,让你认清现实是什么。当你能看着自己忙里忙外,成为自己生活的旁观者,才能找到自己的节奏。

时间总能教会你点什么,哪怕是开始觉得自己该努力了。

要记住每一个除父母外对你好的人,因为他们本可以不这么做的。

不论一个人多么坚强,内心总有一块柔软的地方。生活如舟,摇摆不定;生活如麻,千丝万缕。此生,不求惊天动地,只求淡然行走于红尘,以一袭洒脱,爱上真实的自己。以一颗无尘的心,还原生命的本真。

时间,带不走真正的朋友;岁月,留不住虚幻的拥有。

总有一个人,一直住在心底,却告别在生活里。

心里知道,在那个角落,有一种安静而又细致的幸福正在慢慢酝酿。喜欢这个时刻,知道生命除了外表的喧闹与不安之外,在内里还有一种安静和慎重的成长,不会因为时日的推移而消失,就好像这水仙淡淡的清芬一样。

一个内心丰富的人既不害怕独处,也不害怕人群,因为他们可以在独处时心中绽开大千世界,也可以在人群中保持一份恬淡清寂。

一杯热茶,暖的是身;一句懂得,暖的是心。

开拓视野,冲破艰险,看见世界,身临其境,贴近彼此,感受生活,这就是生活的目的。

人,其实不需要太多的东西,只要健康地活着,真诚地爱着,也不失为一种富有。

刚来到世界的时候,小拳头都握得

紧紧的，知道终有失去，后来长大学会摊开手掌，知道终有收获。

花开不知秋已去，雨来方觉冬已深。一窗夜雨，冷了回忆，一场花开，却暖了心情。

浮生若梦，浮尘如空，为欢几何，百转千折。

人生的幸与不幸，关键看你面向哪里。时间，能经历很多事，亦明白很多理；能证明很多事，亦看透很多人；能落满很多灰，亦涤荡很多尘。时间，能封尘很多岁月，亦开启很多记忆；能抚平很多苦难，亦冲刷很多伤痛；能淡看世上纷繁，亦从容人间冷暖。

喜欢在雨中漫步，享受雨的洗礼，看着行走过的脚印在雨中慢慢沉淀，犹如岁月蹉跎，留下的又岂止那满满回忆。

总是寻找着某种东西，如今才发现，原来自己想要寻找的，不过是阳光罢了。

喜欢文字，无关自身文采，无关他人看法，只为自己的喜欢。

人本过客来无处，休说故里在何方，随遇而安无不可，人间到处有花香。

我站在树上，学习像鸟一样飞翔，虽然知道这不可能，可还是要试一试，风来了，临风飞舞，我感到无比幸福。

有些事，把它藏在心里也许更好，等时间长了，回过头去看它，就变成了故事。

一生中会遇上很多人，真正能停留驻足的又有几个，生命是终将荒芜的渡口，连我们自己都是过客。

人生的风景，其实都是心灵的风景，什么都可以错过，就是不能错失自己的心。

走到途中才忽然发现，我只剩下一副模糊的面目，和一条不能回头的路。

遇到那些能相处得舒服、聊天聊得来，彼此之间坦荡不计较，把你放在心里而不是做表面功夫的那种朋友，真是一种莫大的福气。

无论贫穷还是富足，开心的人最令人羡慕。

当我年轻的时候，我想成为除我之外的任何人。但我必须接受我自己，我的缺点，我的一切。我们没法选择自己的缺点，它是我们的一部分，我们只能接受它。

"努力就有收获""相爱就会在一起"是世界上最大的两个谎言，却一直支撑着我们年少时的跌跌撞撞。

小孩子才怕分开，大人只在惦记何时才能重逢。

这个世界上值得热爱的东西太多，

等我们发现这一点，就不会畏惧痛苦和失去。别害怕孤单，要对热爱的东西不遗余力。

"是的，我很重要。"我们每一个人都应该有勇气这样说。我们的地位可能很卑微，身份可能很渺小，可这丝毫不意味着我们不重要。重要并不是伟大的同义词，它是心灵对生命的允诺。

岁月改变了我们的容颜，一成不变的是脚下走过的风景。

有时候，蓦然之间，就是想开始一段简简单单的旅行，不用多远，也不用多久，一个人、一只包、一条路、一段旅程、一种心情，没有任何束缚，亦没有丝毫羁绊。

有时候，不要把世界看得太孤单了，正如你总在想念某些人，也总会有某些人在一直想念你。

其实活着还真是件美好的事，不在于风景多美多壮观，而是在于遇见了谁，被温暖了一下，然后希望有一天自己也成为一个小太阳，去温暖别人。

人生最幸运的事之一就是能遇到一个好玩的且能和自己玩得来的人。

旅行永恒的诱惑：不能停留，没有终点。

第一个爱恋的对象应该是自己：写诗给自己，与自己对话，在一个空间里安静下来，聆听自己的心跳与呼吸。

笑到肚子痛，比哭到心痛好。

人生两大乐事：
1. 做到自己认为自己做不到的事；
2. 做到别人认为自己做不到的事。

世界那么大，与我们有什么关系？守着自己的一片天，喝喝茶、看看书、听听音乐、散散步、发发呆也没什么不好。

幸运的人会知道，幸运并不是富贵成功，抑或毫无痛苦地快乐着，而是无论喜怒哀乐，都被爱着。

不要花太多时间去想所剩下的生命，反而忘了好好地生活。

人生最宝贵的不是你拥有的物质，而是陪伴在你身边的人。

路在脚下，是距离；路在心中，是追求。有追求，就会有坎坷；有希望，就会有失望；风有风的方向，云有云的心情，别奢望人人都懂你，别要求事事都如意。平常一颗心，淡然一些事。与

人相处，真诚一点；与人误解，宽容一点。

三种值得信任的人：
1. 知道你笑容背后的悲伤；
2. 明白你怒火里掩藏的善意；
3. 了解你沉默之下的原因。

有些乐趣和人生际遇或许我们永远不会有，然而正是在这些"得不到"和"有所得"之间，我们确立了自己在这个世界上的位置。

不知不觉，总以为还很年轻的我们，在年龄栏选择出生日期时，却发现，那个熟悉的年份你怎么跑得那么远。

每一个新朋友，身上都有那么一处能让我们想起已经远离的老朋友，可能是声音可能是性格。或许啊，那些曾经离开我们的人，都在用不同的方式回到我们身边。

人生最大的孤独是行走在密集的人群中，却没有一个人可以倾诉。

一路上追逐奔波，最后想要的，不过是宁静的幸福。

越来越喜欢老朋友，越来越不喜欢结交新朋友，不是社交恐惧，也没有交流障碍，而是懒得认识一些不想认识的人，懒得应付一些不想应付的事儿。因为明白：世界上没几个真心对自己好的人，所以只想把时间用在值得的感情上。

我们都曾被这个世界孤单地对待过，你面对的世界那么大，你面对自己，却感觉那么渺小。命运，也许是人生最奇妙的部分，每一种孤单，都会因与另一个人的相遇而不治而愈。

幸福根本不用有多温暖的阳光，也不用多甜蜜的情话，而是我一个人的时候走着走着就笑了。

机场比婚礼的殿堂见证了更多真诚的吻，医院的墙比教堂听到了更多的祈祷。

越来越喜欢"慢慢"这个词，一分一秒，慢慢走路，赏风景，慢慢做很多事。好像慢慢地，就能活很久，慢慢地一切都能好起来。

世界旅行不像它看上去那么美好，只是在你从所有炎热和狼狈中归来之后，你忘记了所受的折磨，回忆着看见过的不可思议的景色，它才是美好的。

愿你漂泊的时候会有人送你酒喝，孤独的时候总有人陪你唱歌。

我们开始都一样，斤斤计较，伪装成顺其自然。后来也一样，尽过全力，才可以接受失去。

不管你曾经被伤害得有多深，总会有一个人的出现，让你原谅之前生活对你所有的刁难。

有些东西，并不是越浓越好，要恰到好处。深深的话我们浅浅地说，长长的路我们慢慢地走。

大概就是因为不停地在遇到能让自己有勇气继续走向未来的人，所以生命才有了更完整的意义。从此不再囿于旧日的阴雨，也不再因为一个人而甘于忍让，变得不争。

每个人都一样，都有一段独行的日子，或长或短，这都是无可回避的。不必总觉得生命空空荡荡，放心吧，一时的孤独只是意味着你值得拥有更好的。

有一个人可以去惦念，是缘分；有一个人惦念自己，是幸福。

穿过残垣断壁苍松古柏，我们来到山崖上。沐浴着夕阳，心静如水。我们向云雾飘荡的远方眺望，其实什么也看不到。生活的悲欢离合远在地平线以外，而眺望是一种青春的姿态。

人生最大的勇敢之一，就是经历欺骗和伤害之后，还能保持信任和爱的能力。

卓越是一种习惯，放弃是一种智慧，笑而不语是一种豁达，痛而不言是一种修养。

现在看来，能在旅途中留下记录，是一件多么好的事情。照片，文字，书，还有感情。这些都是时光曾经存在的印迹。我们的生命，亦是一段看不到终点也无法有归途的长路。

人生无论是走到生命的哪一个阶段，我们都应该喜欢那段时光，交付那段时光该交付的情感，也完成那个阶段该履行的承诺。

既然是岁月，就免不了炎凉荣枯；既然是人生，就免不了爱恨情仇。坦坦荡荡地走过，平平淡淡地结束，生命犹如花朵，灿烂地绽放，壮美地凋零，真实的人生面目，顺其自然，云淡风轻。

夜赏天河星汉缥缈罗列，昼品春秋炎凉无常轮换。醒了，喝茶去；醉了，喝茶去；恼了，喝茶去；笑了，喝茶去。

说过的话、发生的事，所有的一切都让它随风飘散吧，不必太在意。无论是喜悦或是悲伤、成功或是失败，一切都会成为过去，成为历史中的一页，成为我们生命旅途中的一隅风景。

幸福不是房子有多大，而是房子里的笑声有多甜。

人就是这样，好一下，坏一下，高兴一阵，痛苦一阵，在自知冷暖中，我们慢慢学会了隐忍，日子就不觉得难过了。

在愤怒的时候可以哭，可以闹，可以呐喊，可以摔东西，但永远不要说出让自己后悔一辈子的话。

人不是向外奔走才是旅行，静静坐着思维也是旅行，凡是探索、追寻、触及那些不可知的情境，不论是风土的，或是心灵的，都是一种旅行。

真正的强大：
1. 遭受过人生的不幸，但仍期待幸福；
2. 受到过别人的背叛，但仍勇敢去爱；
3. 看见过世间的丑恶，但仍付出善意。

一个人需要隐藏多少秘密，才能巧妙地度过一生。这佛光闪闪的高原，三步两步便是天堂，却仍有那么多人，因心事过重而走不动。

我们共同经历过的每一件小事，在当时看来也许毫无意义，但注定会成为彼此毕生的秘密，因为在未来的日子里，哪怕各自努力想要诉说给任何一个外人听，都必然无法还原当时的景状，即使能说得清眼里曾看到的，也说不清心里曾掠过的。

年少的时候，觉得孤单是很酷的一件事情。长大以后，觉得孤单是很凄凉的一件事。现在，觉得孤单不是一件事。至少，努力不让它成为一件事。

真正的幸福的源泉在我们自身；一个人只要善于追求幸福，别人是无法使他落到真正悲惨的境地的。

一个人独处，并不是丢下一切躲起来，而是要回到最纯粹的自己。

爱情与友情，不是一辈子不吵架，而是吵了架还能一辈子。

幸福没有明天，也没有昨天，它不怀念过去，也不向往未来，它只有现在。

人生旅途中，大家都在忙着认识各种人，以为这是在丰富生命。可最有价值的遇见，是在某一瞬间，重遇了自己，那一刻你才会懂：走遍世界，也不过是为了找到一条走回内心的路。

人生到头来，活了多少岁不算什么，重要的是，如何度过这些岁月。在孤独的时候，给自己安慰；在寂寞的时候，给自己温暖。

时光静好，不是雨无心，只是泪多情，因你欢喜，也因你伤悲。对身边的人好点，因为重要的人越来越少，剩下的越来越重要。

人生像是个碰碰车，碰对了方向，光彩一辈子；碰对了环境，舒坦一辈子；碰对了时运，顺当一辈子；碰对了爱好，充实一辈子；碰对了爱人，幸福一辈子；碰对了领导，宽松一辈子；碰对了朋友，快乐一辈子。

当一些熟悉的面容渐渐远去，当那些新的脸孔在眼前晃动，你会明白什么是旅程。当眼角悄悄爬上了鱼尾纹，当青春痘剩下了思念的份，你会理解什么是青春。当你阅尽了世间冷暖，就能体会什么是假、什么是真。当你看多了物是人非，就会懂得什么是短暂、什么是永恒。

跋涉的历程很久很久，总以为最美的时刻应属于深秋，其实不然，深秋的纷纷落叶，让你觉得嫩绿的春天更值得逗留。回忆的画面太旧太旧，本以为繁花的世界就在追求，其实不是，追求中的失去，让我们明白人生的初见才是一杯永远芬香的酒。

这个世界上肯定有另一个我，做着我不敢做的事，过着我想过的生活。

在平淡的生活中发现美，在淳朴的爱里感谢和回味，在渐渐老去的人生里互相温暖。

人的一生要疯狂一次，无论是为一个人，一段情，一段路途或一个梦想。

凡是温柔的人，都缘于被温柔的人那样对待过，深深了解那种被温柔相待的感觉。

时间就是这个样子，徜徉其中觉得慢，一旦定睛回望，弹指之间。

最初我们来到这个世界，是因为不得不来；最终我们离开这个世界，是因为不得不走。

人生总是在前行，那些所有你以为过不去的过去，最后都留在了最后。人生中最永恒的幸福是平凡，最长久的拥有是懂得珍惜。人生这部大戏，一旦拉开序幕，不管你如何怯场，都得演到戏的结尾。

念着彼岸，却注定此岸绽放。花开有时，竟已是千年。

真正热爱生活的人，内心一直装着一个繁华的世界。

人生在世，最难的就是"人间清醒"。

无论走到生命的哪一个阶段，都该喜欢那一段的时光，完成那一阶段该完成的职责，顺生而行，不沉迷过去，不狂热地期待未来，这样就好。

世界先爱了我，我不能不爱它。

珍惜自己在长大成人后所获得的每一次年仅七岁的快乐，以及共同营造出这种氛围的人。

美好的事情，记得三两件，就足以酿酒了。

如果有一个房子，可以让人喝醉，埋起头来哭泣，放下所有的羞耻和秘密。它就是自己的家。

人这辈子千万不要马虎两件事，一是找对爱人，二是找对事业。因为太阳升起时要投身事业，太阳落山时要与爱人相拥。

天使就是在你最需要帮助和关心的时候，缓缓向你走来的那个人。

那些瞬间的美好时光，只要放在心里珍藏，就可以地久天长。

吃过很多苦的人，总不忘给别人一些甜。

星河滚烫，不负我奔赴一场。

总有许多瞬间，被生活摸了摸头，浪漫且温柔。

不存在十全十美的文章，如同不存在彻头彻尾的绝望。

保持年轻的秘诀是用孩子收获礼物的心情，来过生命中余下的每一天。

银河系已经够冷了，人间只需要温暖。

总有一些人，穿越人海，携温柔向你而来。

未来会有新的故事发生，不确定才引人入胜。

与其在朋友圈里字斟句酌，不如在现实中好好生活。

幸福新解：所有的碎碎念都有了归处。

留长发吧，在风吹动的时候心也吹动了。

有人走向海，有人走向山，都是好风光。

我是张三是李四，我是芸芸众生里的普通人，起风了我就挡风，下雨了我就打伞，没伞我就淋雨，打雷我就捂耳。

总想着来日方长，却忘了世事无常。

故事不怎么感人，讲故事的人却一直掉眼泪。

酒杯太浅，敬不了来日方长，巷子太短，走不到白发苍苍。

不敢驻足于自家门前，不敢逗留在旁人家窗边，只好不停歇，一路走。怕有人赶，怕无人追，所以片刻不能留。

无论身心多么疲惫，都必须保持浪漫的感觉。形式主义虽然不怎么棒，但总比懒得走过场要好得多。

有阴影的地方，必定有光。即使身处低谷，也千万不要放弃希望。这个世界，总有人在偷偷地爱着我们，也总有人等着我们去爱。

长大以后，懂自己的人越来越少。少有人会在意你为什么快乐或者为什么悲伤。我们像是穿梭在宇宙里一颗独立的小星星，不运动的时候，四周空无一人。

我必须承认生命中大部分时光是属

于孤独的，努力成长是在孤独里可以进行的最好的游戏。

当所有的人都离开了你，那就成为自己的观众吧，无助时听听自己的心声，受伤时抱住孤独的自己，勇敢地去折腾、去冒险、去珍爱、去放弃。

其实，我们都是天生柔软的动物。是外界的磨难，让我们逐渐长出了坚硬的外壳。

人生总有些悔不当初的遗憾，这就是学费。如果再给一次机会，可能你照样会不够珍惜，这就是人性。——所以，错过的，就此别过。未来的，敬请期待。

那些生命中的美好并不是等你做好准备才到来。相反，它可能在你最不经意的时候出现，带给你意外的惊喜和感动。

长安旧梦深巷里，朱墙粉饰能几时。
浮絮残叶水荡涤，冷暖沉浮唯自知。

究竟是什么样的终点，才配得上这一路的颠沛流离。

少年与爱永不老去，即便披荆斩棘，丢失怒马鲜衣。

以清净心看世界，以欢喜心过生活，以平常心生情味，以柔软心除牵挂。

一切都如生命一般，在悄然地变化着，就如这黑夜一样，失去了光明却拥有了星空的美。

记忆像腐烂的叶子，那些清新、那些嫩绿早已埋藏在时间刻度的前段，唯有铺天盖地的腐烂气味留在时间刻度的尾部。

疲倦过、努力过、哭泣过、欢笑过，它们都在我的日记里留下了痕迹。

宁可做个善良的人坦荡一辈子，也不做个虚伪的人算计一辈子。睡能睡得舒坦，笑能笑得灿烂，就是赢了一辈子。

我想每个人都至少有这么一个挚友，你和他在人生的拐点遇到，惊叹于彼此的不同或者相似，有过不少平淡无奇却值得纪念的时光，任白云苍狗，风云变幻。

时间已经停止了，剩下的不过是慢慢老去。

重要的东西？眼睛是看不见的，就像花一样，如果你喜欢一朵长在某颗星星上的花，那夜里看天空就会很温馨，所有的星星，都好像开着的花。

再好的人生也不可能只有喜悦没有疼痛，尤其是在年轻时。有时候我们会觉得这个世界糟透了，恨不得一切就此消失。其实，这只不过是命运给予我们的一些考验，没人能够幸免。

活着确实很不容易，可我们既然来了这世间，难道要因为一点点困难和当下的不如意，就想着得过且过吗？既然我们变成了有思想的人，既然几十年后大家都要离开人间，为什么不用尽全力过得好一点？为什么不稍微努力一点活成自己喜欢的样子？

"我是个失败的父亲，糟糕的丈夫。"

"我觉得你只是个觉醒晚了的人。"

一粥一饭，当思来处不易；半丝半缕，恒念物力维艰。

"万物负阴而抱阳，充气以为和。"天地间最珍贵的一种气，就是和气。无论是家业还是事业，和则未有不兴，不和则未有不败。

人生必需品无非三样：经济独立；人格健全；身体健康。其他种种，都是浮云。可惜的是，对于许多人来说，这些都是奢侈品。

今年花胜去年红。可惜明年花更好，知与谁同？

内心的喜好是推动事业进步的最大动力。它能帮你克服困难、坚持到底。如果你喜欢的事情有很多，要挑选自己最擅长做的事。这样就能在感受快乐的同时，取得超乎常人的成就。

我生来平平淡淡，没有显赫家世，没有倾城容貌，惊艳不了青春，斑驳不了岁月。可我依然想温暖时光，饱读诗书，努力弥补我这平淡出身，并在后期绚烂绽放。

人之所以悲哀，是因为我们留不住岁月，更无法不承认，青春，有一日是要这样自然地消失过去。而人之可贵，也在于我们因着时光环境的改变，在生活上得到长进。岁月的流逝固然是无可奈何，而人的渐渐蜕变，却又脱不出时光的力量。

我们趋行在人生这个亘古的旅途，在坎坷中奔跑，在挫折里涅槃，忧愁缠满全身，痛苦飘洒一地。我们累，却无从止歇；我们苦，却无法回避。

人一经长大，那一切就成为身外之物，不必让种种记忆永远和自己同在，就让它留在它所形成的地方吧。

我花了很长的岁月，走过大半个世界，才真正学到什么是爱，什么是命运，以及我们所做的抉择。

以清净心看世界，以欢喜心过生活，以平常心生情味，以柔软心除挂碍。

有趣就是在最普通寻常的日子里熬出甜味、活出雅致、过得清欢。有趣才是一个人的最高才情。

曾经，我也感到人生无望，仿佛失去了前进的动力。但是，当我静静地欣赏着日落时，我开始明白，人生的美好从不曾离去。

拥有希望的人，和漫天的星星一样，是永远不会孤独的。

童年时阻挡自由的理由是"你还是个孩子。"

成年后阻挡自由的理由是"你已经是个大人了。"

有趣的人，一碗白粥也能喝出玫瑰气息。

人心，远近相安；
流年，长短皆逝；
浮生，往来皆客。

日子就是这样，有秩或无秩地过着，如草一样，逢春生绿，冬来变黄。

永远有人问，为什么美好的总在昨天。那是因为，我们不知不觉爱上一个词，叫怀念。

我们总是为许多遥不可及的事情奔波，却错过了路边的花开，傍晚落在身上的夕阳。忙着生活的同时，记得去感受日常生活中的小细节，生活除了琐碎与平淡，还有可口的美食和无数盛开的花朵。

书上说，天下没有不散的筵席。但你别怕，书上还说了，人生何处不相逢。

青春像一把刀子，锋利敏感；而生活像另一把刀子，厚重敦实。当青春和生活这两把刀子对削的时候，青春这把刀子就会慢慢卷刃，而人就在生活中慢慢成熟。

我尽可能不去缅怀往事，因为来时的路不可能回头。

有滋味的生活，从来不是逃避柴米油盐，去追逐远方，而是有能力也有心，去将眼前的苟且过出诗和远方的味道。

日落时分，夕阳散发着温暖的光芒，将整个世界染成一片金黄。那一刻，我仿佛看到了希望的火苗在我内心燃起，驱散了我曾经的忧虑。夕阳的余晖洒满大地，仿佛在告诉我，无论遭遇多少挫折，春天依然会如约而至，带来新的希望。

道德本来就不教导我们如何使自己幸福，而是教导我们如何使自己无愧于幸福。

只有在疾病和痛苦面前，人才是平等的，没有尊卑高低。

从现在起，我开始谨慎地选择我的生活，我不再轻易让自己迷失在各种诱惑里。

活着，是一件很美好的事情。既然来到人间，便去爱，去经历，去感受，去欣赏一切微小的欢喜。

时间识人，落难知心，不经一事，不懂一人。时间是最好的过滤器，岁月是最真的分辨仪。

有的人本来很幸福，看起来却很烦恼；有的人本来该烦恼，看起来却很幸福。

那时候阳光透过婆娑的枝叶投射到我身上，我的脸颊赤红赤红的，仿佛阳光偷走了世界最好的胭脂，全部涂在我的脸上了。

爱是我们死去时唯一能带走的东西，它能使死亡变得如此从容。

我心中已经听到来自远方的呼唤，再不需要回过头去关心身后的种种是非与议论。我已无暇顾及过去，我要向前走。

其实真正的送别没有长亭古道，没有劝君更进一杯酒，就是在一个和平时一样的清晨，有的人留在昨天了。

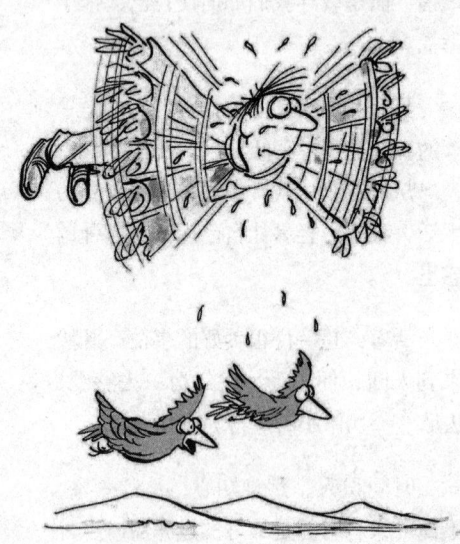

人生就是一列开往坟墓的列车，路途上会有很多站，很难有人可以自始至终陪着你走完。当陪你的人要下车时，即使不舍，也该心存感激，然后挥手道别。

人生意义到底是什么呢？吃得好一点，睡得好一点，多玩玩，不羡慕别人，不听管束，多储蓄人生经验，死而无憾，这就是最大的意义吧，一点也不复杂。

世界上有两种人：索取者和给予者。前者也许能吃得更好，但后者绝对能睡得更香。

我愿你孤立在斜阳里，望见远海的变色，用日的微光，抵抗夜色之侵伐。

最好的朋友是静坐在游廊上，一句话也不说，当各自走开的时候，仍感到经历了一场十分精彩的对话。

所谓坚守本心，从来不会是一条坦途，你所往之处横亘山川河流，目之所及或有乌云蔽日，但你胸怀坦荡，何须在意谁会搅弄风云，只要心中明月常在，总有揽月之日。

百花争艳的春天是充满活力的季节，烈日曝晒的夏天是富有热情的季节，瓜果飘香的秋天是极具魅力的季节，白雪飘飘的冬天是最富遐想的季节。

岁月斑驳，时光静好。错过，留

云烟处；温暖，存心海间。一个笑脸能思绪万千，一个念想能感悟百般，岁月走过，静看清浅流年，任那些美好与哀愁，轻点心头。

风没有停，只是吹到别的地方去了，让那里的树跳舞。

若晴天和日，就静赏闲云。若雨落敲窗，就且听风声。

看庭前花开花落，宠辱不惊，望天上云卷云舒，去留无意。

不是世界选择了你，是你选择了这个世界。既然无处可逃，不如喜悦。既然没有净土，不如静心。既然没有如愿，不如释然。

日子就是这么庸常，却有细碎的事物，如太阳碎碎的光芒，洒落其上。

和聪明人交流，和靠谱的人恋爱，和积极的人共事，和幽默的人随行。人生若能如此，就是最大的幸福。

有理想在的地方，地狱就是天堂。有希望在的地方，痛苦也成欢乐。

同样是一颗心，有的能装下高山，有的能装下大海，有的却只能装下一己之悲欢。有大心量者，方能有大格局，有大格局者，方能成大气候。

静坐常思己过，闲谈莫论人非。

人人都会错过，人人都曾经错过，真正属于你的，永远不会错过。

许多的经历，一次，两次，也许说明不了什么问题，但坚持下来，放在人生的长河里，能随着时间一直流淌至今，即使穿不起一串珍珠，也穿起了属于自己最珍贵的记忆。

就算是无人问津的小巷口，也会有专属于它的温柔。

人前一杯酒，各自饮完；人后一片海，独自上岸。

谎言和誓言的区别：一个是听的人当真了，一个是说的人当真了。

瞧这些白云，聚了又散，散了又聚，人生离合，亦复如斯。

卦不敢算尽，畏天道无常；
情不敢至深，恐大梦一场。

终于到了我小时候最羡慕的年龄，可是没有成为小时候想成为的人。

我并不是不幸福，也没有什么心理阴影，也没有吃过很大的苦，只不过人生的路有点坎坷。可是，光是活在这世上，就已经很吃力了。

有人住高楼，有人在深沟；有人光万丈，有人一身锈；世人万千种，浮云莫去求；斯人若彩虹，遇上方知有。

一开始的时候，总觉得来日方长，什么都有机会，殊不知人生是减法，见一面少一面，来日不方长。

无论何人、无论何时、人们总要在乌云周围、寻索着浪漫的微光活下去。

我常幻想着"风雨故人来"的境界，在风飒飒雨霏霏的时候，心情枯寂百无聊赖，忽然有客款扉，把握言欢，莫逆于心。

对自己的要求很低：我活在世上，无非想要明白些道理，遇见些有趣的事。倘能如我所愿，我的一生就算成功。

要有最朴素的生活，与最远大的梦想。即使明日天寒地冻，路远马亡。

使我们憔悴的，不是愁，不是苦，而是时间。世上的一切人或事都是容易被遗忘的。没有什么可以永垂不朽，没有什么是永远不能失去的。曾经拥有的，我渐渐失去了；曾经的人，渐渐离开了。友情与爱情，也败给了伟大的时间。我们离散在岁月的风里，最后，不见了踪影。

应该是从喜欢里得到力量和快乐，而不是花光了力量和快乐去喜欢。

其实生活没那么复杂，种豆和相思，或许都得瓜，只要你敢试，世界就敢回答。

若将岁月开成花，人生何处不芳华。

家，只是一个字，却是在经历了纷纷扰扰的世间情、世间事，世间人纠缠喧嚣之后一个最温暖的去处。

我想和你在一起，不分秋冬，不顾冷暖，一起走过无数个四季。

愿你三冬暖，愿你春不寒，愿你天黑有灯下雨有伞，愿你路上有良人相伴。

要坚信，这个世间还有很多美好的事物值得自己去观望。所有追求的东西都能够如自己的心愿，让自己心事顺遂。所有得到的东西，都是自己原来期望的样子。

世间所有的美好莫过于如愿，愿所得皆所期，所失亦无碍，所遇皆良人，所行化坦途。始终记得：无论梦想是什么，只要有勇气去追求，有行动去付出，就一定能实现。

"人间"拍了拍你，愿你事事如意。